GÉRARD SCHMIDT JOACHIM RÖMER

Kölsch Kaviar un Ähzezupp

Gérard Schmidt   Joachim Römer

VOM ESSEN, TRINKEN UND
FEIERN IN KÖLN
MIT ALTEN UND NEUEN REZEPTEN

illustriert von Alex Ignatius

WIENAND VERLAG KÖLN

Verlag und Autoren
danken dem Kölnischen
Stadtmuseum für
vielfältige Unterstützung.

CIP-Titelaufnahme der Deutschen Bibliothek

Schmidt, Gérard:
Kölsch Kaviar un Ähzezupp: Vom Essen, Trinken und
Feiern in Köln; Mit alten und neuen Rezepten /
Gérard Schmidt; Joachim Römer. Mit farb. Ill. von
Alex Igantius. – Köln: Wienand, 1990
    ISBN 3-87909-206-0
NE: Römer, Joachim:

© 1990 Wienand Verlag Köln

Idee und Konzeption
Michael Wienand

Redaktion
Kirsten Diederichs

Gestaltung
Studio Vogel

Herstellung
Druck- & Verlagshaus Wienand Köln

ISBN 3-87909-206-0

Inhalt

Auf der Suche nach den Wurzeln der Kölner Küche

(S. 9)

ALLES LÄSST SICH NOCH VERFEINERN – WAT HEISS HE KÖLSCH? – TRINKE – LEBE – SCHÖN – IMMERDAR – RÖMISCHE KOCHKUNST: SAUCEN ÜBER ALLES – EIN TOPF ÜBER FRÄNKISCHEM FEUER – ERSTE HÖHEN MITTELALTERLICHEN TAFELNS IN KÖLN – DAS HEILSJAHR SCHREIBT DEN SPEISEZETTEL – KÖLN IM WECHSELSPIEL DER KÜCHENMODEN – ZWISCHEN ARM UND REICH KOCHT MAN BÜRGERLICH – DIE KÖLSCHE FODERKAAT IN DEN STARTLÖCHERN – KUSCHELEMUSCH ODER KÖLSCHE HARMONIE – KULINARISCHER WIEDERAUFBAU – KÜCHENSTARS UND KÜCHENSTERNE

Essen verbindet

(S. 24)

EINE STADT NÄHRT SICH AUS IHREN TISCHGEMEINSCHAFTEN – DIE RICHERZECHE – ZÜNFTE, GILDEN UND GAFFELN – SCHAUESSEN – DAS STAATSBANKETT NACH DER GOTTESTRACHT – „WIE DENN DIE KÖLNER BESONDERS MIT DEM SILBERGESCHIRR GLÄNZEN..." – DER KÖLNER REICHSTAG VON 1505 – DAS BANNERESSEN DES HERMANN VON WEINSBERG – NUR EIN POKAL BLIEB VOM ALTEN GLANZ – SCHAUESSEN AUCH BEI DEN PREUSSEN – DAS RATSSILBER – DAS „HERRENESSEN DES GROSSEN SENATS" – DER SILBERSCHATZ DER HERTA REISS

Im Schlaraffenland der Kölner Märkte

(S. 41)

STIFTUNGEN ZUM GUT GEDECKTEN TISCH – DREI MESSEN IM JAHR – STAPELRECHT UND STAPELHAUS – HANDEL UNTERM KÖLNER QUALITÄTSHIMMEL – MARKTTEUFEL LAUERN IN DEN FÄSSERN – DIE HERINGS-

STADT – DIE WEINSTADT – DIE HÄNDLER VOM „HIMMELREICH" – KÖLNER WEINHANDEL HEUTE – DER MITTELALTERLICHE ALTSTADT-BAZAR – EIN POET IM SCHLARAFFENLAND – MARKTROMANTIK, LEBE WOHL! – HISTORISCHER AUSFLUG ZU HERMANN VON GOCH

Feiern im kölschen Jahreskreis

(S. 67)

VON DER GEFAHR IRDISCHER PARADIESE – DER ALLTAG – MORGENS – MITTAGS – ABENDS – DER SONNTAG – DIE FESTE – ZU JEDEM NEUJAHR EINE BREZEL – MEHRMALS NEUJAHR IM JAHR – DER FASTELOVEND (S. 79) – BOHNENKÖNIGE UND -KÖNIGINNEN – DIE TOLLEN TAGE – JEKKENKOST – MUUZ UND MUUZEMÄNDELCHER – SINN FÜR KATZENJAMMER – FASTEN ODER DIE KULINARIK DES KÖLSCHEN HUNGERNS (S. 86) – AM ANFANG WAREN WASSER UND MEHLBREI – DIE SAGE VON DER WECKSCHNAPP – HUNGERTÜCHER – LOCKERUNG DER SITTEN – AM ROSENSONNTAG EINEN NACHSCHLAG VOM KARNEVAL – FASTEN AUF KÖLSCH – DIE JESUITEN WARBEN FÜR DAS „KRÜSTCHEN" – DIE SCHNEPFE ALS LOCKVOGEL DES TEUFELS – ERLAUBTES BEFLÜGELT DIE KULINARISCHE PHANTASIE – GEISTLICHE UND WELTLICHE SCHARMÜTZEL UM DEN KOCHTOPF – AUFSCHWUNG SCHON IN DER KARWOCHE – WIE EIN DONNERSTAG GRÜN WURDE – KARFREITAG – FASTEN HEUTE: KAMPF GEGEN DEN WINTERSPECK – MIT DEN TÜRKEN FASTEN – VORZEICHEN DER AUFERSTEHUNG ZUERST IN DER KÜCHE – OSTERN (S. 104) – DIE „HEILIGE MAHLZEIT" AM HEIMISCHEN TISCH – APFEL UND EI – HEIDNISCHE EIER – EIER ALS FREUDENKÜNDER – BÜRGERLICHE UND FEUDALE EIER – DER OSTERHASE IM WETTLAUF MIT DEN GLOCKEN – EIERBRÄUCHE – OSTERN HEUTE: LANGES WOCHENENDE ODER ZWEITURLAUB – FRÜHLINGS- UND SOMMERFREUDEN (S. 111) – MAITRANK UND WIBBEL – PFINGSTEN (S. 115) – REIGEN DER SOMMERFESTE – DIE KIRMESSE – AUFGESETZTER – DER HERBST: WEINLESE UND ERNTEDANK (S. 118) – DAS SCHWEIN ALS OPFERTIER – DER „FIRKESSTECHER" BRINGT ORGIEN INS HAUS – HEISSE MARONEN AM TOTENWEG – EIN OCHSE MIT GOLDENEN HÖRNERN – DIE MARTINSGANS ALS FROMME BETRÜGERIN – ADVENT (S. 128) – DER NIKOLAUS VERRÄT SICH MIT SPEKUlatius – **Weihnachten, Opferfeier und Kinderfest (S. 131)** – Silvester oder der kleine Karneval – **Feste im Kreise der Familie (S. 133)** – Familienfeste heute – Feiern ohne festen Anlass: **die Party (S. 139)** – Traumhafte Tischdekorationen

Die Kölsche Foderkaat
(S. 143)

Veedel und Palais als kulinarische Zentren – Kalorien „satt un jenoch" – Aus Küchengeheimnissen werden Rezepte – Das Kochbuch der Madame Dué – Die Cölner Köchinn – Der Kölnische Leckerfress – Die neue Kölnische Köchin – Der Fressklötsch – Essen aus politischem Protest – Vom „müffele" zum „vermaache" – Die Weetschaff – Kulinarische Grielächereien – Die Kölsche Foderkaat am Ziel

Wurst und Fleisch
(S. 161)

„Sag' ens Blotwoosch" – Die „Kotze" – Flönz und Blotwoosch – Flönz bei Millowitsch – Schweine als städtische Haustiere – Schweineboom und Fleischnot – Hämmchen sind immer hinten – „Trapp-Trapp"

Der Siegeszug des Ädappels
(S. 173)

Die Knolle aus dem Reich der Inka – Der königliche Kartoffelprotektor – Kartoffelferien – Von Österreich nach Köln? – Die Rievkochenallee – Rievkoche klassisch – Der kölsche „Himmel op Äde" – Neue Wertschätzung

Die Erbse und andere Gemüse

(S. 181)

GESCHÄTZTES SCHLUSSLICHT – VERGANGENHEIT MIT KONFETTI – EINE EWIGKEIT ALS VERFALLSDATUM – ERBSEN FÜR HEINZELMÄNNCHEN – DER „ÄHZENBÄR" – DIE ÄHZEZUPP ALS KULTGERICHT – KONSERVIERUNGSMETHODEN

Fisch

(S. 191)

„...UN FRIEDAGS JITT ET FESCH" – VIELFALT AUS ANGST VOR LANGEWEILE – STOCKFISCH UND LABERDAN IM KUSCHELEMUSCH – FISCHE MIT „HAUTGOUT" – „FRESCHE MAIFESCH" – NUR ZWEIMAL SALM IN DER WOCHE – MIESE MUSCHEL MIT DUNKLER VERGANGENHEIT

Getränke

(S. 201)

KÖLSCH IST NICHT „BIER" – DER IDEALE TOBE-TRANK – DIE BIERSUPPE ALS SONDERFALL – DIE KÖLSCH-KONVENTION – DER „SOORE HUNGK" ZIEHT DEN SCHWANZ EIN – E TÄSSJE TRUUS

Alte Küche – Neue Rezepte

(S. 209)

VOM „KÖLSCHE HILLIJESCHING" BIS ZUR „BIRNE DOMSPITZE"

Anhang

(S. 220)

VERZEICHNIS DER REZEPTE – PERSONEN-, ORTS- UND SACHREGISTER – VERZEICHNIS DER ABBILDUNGEN – BIBLIOGRAPHIE

Auf der Suche nach den Wurzeln der Kölner Küche

Toll trieben es die alten Römer. Das Dionysos-Mosaik (hier ein Ausschnitt) diente einst als Fußboden eines Kölner Speisesaals im 3. Jahrhundert.

ALLES LÄSST SICH NOCH VERFEINERN

Kein Zweifel: Aus der kölschen Küche dringen Geräusche zunehmender Geschäftigkeit. Im Speisesaal sitzen viele alte und neue Gäste, die zum Teil von weit her gekommen sind. Nach Ausschweifungen in die himmlischen Gefilde des „Hautgout" sind sie halb erschöpft, halb neugierig zu den diesseitigen Genüssen der bodenständigen Küche zurückgekehrt. „Lecker wor dat jo all", berichtet ein mittelalter Kölner von seinen teuren Orgien in den Tempeln des Lukull, „ävver dat ‚Ens-ruche-ens-lecke' han ich hinger mir." Deftig, kräftig und einfach schätzt er es wieder.

Oder doch nicht so ganz?

Niemand kehrt von einer erlebnisreichen Reise zum alten Trott zurück. Die kölsche Küche war auch keineswegs vergessen. Sie wurde nur in mancher Beziehung vernachlässigt, teils mit Recht, wenn man nur an die früher wenig attraktiven Zubereitungen von Brot-, Wein-, Bier- und Knudelsuppen denkt, zumal wenn sich damit gar noch ungute Erinnerungen an die mageren Kriegs- und Nachkriegsjahre verbinden.

Heute ist vieles anders. Unter der Devise „Alles läßt sich noch verfeinern" greift man ganz unbefangen auf die bekannten Bestandteile der heimischen Küche zurück und steigert sie von der Nahrung zum Genuß. Da kommt zum „Klatschkies" ein Güßchen „Olivenöl extra vergine", zum „soore Kappes" ein Löffelchen „crème fraîche", zum „Soorbrode" ein guter Schuß „Schwarzriesling", zum „Rievkoche" ein Scheibchen Lachs.

Alle früher geltenden Schranken von verbotenen und erlaubten Speisen, armer und reicher Küche sind gefallen; auch in der ansonsten konservativen „kölschen Küche" ist alles möglich, soweit es eben schmackhaft zubereitet wird. Gerade das aber provoziert die Frage nach den alten Grenzen, also den typischen Voraussetzungen dieser Küche. Die Neugier ist geweckt auf die historischen Speisekammern und Keller Kölns.

WAT HEISS HE KÖLSCH?

Für typische Verhaltensweisen des Kölners, für die Mundart, auch für den Karneval kann man relativ einfach sagen, was „kölsch" ist; in bezug auf die Küche ist das weitaus schwieriger. Denn Flönz z. B. (für die uralte Blotwoosch) gibt es erst seit den 1920er Jahren. Sauerbraten aus Pferdefleisch wurde erst nach 1860 eine „Spezialität". Die Kartoffel führte der Preußenkönig Friedrich der Große ein; und erst im 19. Jahrhundert setzte sie sich als Volksnahrungsmittel durch.

Damals hatte noch kein Mensch die Kölsche Foderkaat im Sinn. Erstens, weil man das Alltägliche noch nicht als das Besondere empfand; zweitens, weil die meisten Menschen beim Kochen noch nicht an „heimische" Küche dachten, sondern an ihren Geldbeutel und an ihre gesellschaftliche Stellung.

Arme Leute aßen immer und überall das, was auf Feld oder Markt billig zu haben war. Neben die Nahrung trat nur ausnahmsweise der Genuß. Das war bei den Reichen in der Regel genau umgekehrt: Die besseren Zutaten durften auch ruhig von weiter herkommen und etwas teurer sein. Ein Einkaufsbummel durch die verschiedenen kölschen Veedel zwischen Nippes und Lindenthal, Kalk und Rodenkirchen ist da auch heute noch aufschlußreich: mit der typischen Kölner Küche war und ist kein „Staat zu machen".

„Trinke – lebe – schön – immerdar"

Die Zweiteilung der Küche in arm und reich hat Jahrtausende gegolten und war schon im römischen Köln typisch. Während aber alle Zeugnisse über die Eß- und Trinksitten der armen Leute fehlen, gibt es über die Genußkultur der Oberschicht der alten Colonia archäologische Dokumente

Auch frisches Obst gehörte zu einem römischen Gelage. Ein mit Birnen gefülltes Prunkgefäß vom Dionysos-Mosaik

von erster Qualität. Obenan steht natürlich das Dionysos-Mosaik im Römisch-Germanischen Museum. Dieser 1943 entdeckte „Steinteppich" aus dem Speisesaal eines römischen Hauses vermittelt den Stellenwert der Gaumenfreuden – besonders der flüssigen –, denen sich die reichen Kölner in der Antike hingaben.

Beeindruckende Zeugnisse sind auch die einzigartigen Kölner Gläser. Sie verraten einen hochentwickelten Sinn für die Ästhetik bei Essen und Trinken, wie er vielleicht bei den Gelagen des römischen Feldherrn Lucullus im ersten vorchristlichen Jahrhundert geherrscht haben mag. Daran freilich

11

denkt man weniger. Unsere Vorstellungen von den Tischsitten der Römer sind mehr von den Orgien geprägt, die Petronius zur Zeit des Kaisers Nero in seinem „Gastmahl des Trimalchio" beschrieben hat. Derlei Übertreibungen waren sicherlich nicht gängige Sitte. Kaum hätten die funkelnden Muschelpokale und Schlangenfadengläser oder das himmelszarte Diatret-Glas (wenn es denn wirklich überhaupt je benutzt wurde) die unmäßigen Gelage prassender Emporkömmlinge überstanden. Der auf griechisch unter den Rand ornamentierte Spruch „Trinke – lebe – schön – immerdar" weist eher auf die eigentliche Zielsetzung kultivierten Genusses in der Antike hin: Essen und Trinken waren Anlaß für heiteren Austausch, philosophische Weltbetrachtung, schöngeistige Sprachspiele.

Eine Ahnung von Rausch und Luxus im antiken Köln hinterläßt das Diatret-Glas aus dem 4. Jahrhundert.

Römische Kochkunst: Saucen über alles

Was die Römer in Köln aßen, können die Archäologen des Rheinlands wohl anhand von Räucherkammern, Mahlsteinen, Feueröfen u.ä. rekonstruieren. Alle Spuren laufen jedoch zusammen in dem einzigen erhaltenen Kochbuch der Antike, „De re coquinaria" des Apicius, eines Zeitgenossen von Jesus von Nazareth. Dieses Buch wird auch für die römische Oberschicht Kölns seine Gültigkeit gehabt haben.

Fladenbrote, Gemüse, Obst, Nüsse, Fleisch, aber auch Fisch und Austern gehörten zu den gehobenen Genüssen, während Kornpasten und Hirsebrei die Grundnahrung der ärmeren Schichten darstellten. Interessant und charakteristisch sind die abwechslungsreichen Saucen. Ihre Kraft erhielten sie sowohl durch viele Kräuter und Gewürze, die sich durch Zerstampfen entfalteten, als auch durch die Zusätze, die – ähnlich unseren Brühwürfeln – separat hergestellt wurden und längere Zeit haltbar waren. Das galt besonders für Most und Wein, die balsamartig eingedickt und den Saucen zugesetzt wurden.

Unabdingbar war das „liquamen", ein salziger Extrakt aus Sardellensud, Oreganum und eingedicktem Most. Das klingt zwar recht interessant, dürfte jedoch jeden Geschmack dominiert haben. Aber die Römer – wie übrigens auch das ganze Mittelalter – schätzten noch nicht den Eigengeschmack von Speisen. Außerdem galten im Altertum wie im Mittelalter Gewürze als Statusmerkmale der Reichen. Ernährungshistoriker unterstellen zudem, daß die kräftige Würze manchmal wohl auch den bereits verdorbenen Geschmack der schwerer zu konservierenden Lebensmittel verdecken mußte. Trotzdem kann es auch als Geschmacksmode gelten, wenn man daran denkt, daß auch die heutige Sitte, gegrilltes Fleisch mit Barbecue-Saucen zu „veredeln", davon nicht allzuweit entfernt ist.

Was aus römischer Zeit an Kochkünsten überdauert hat, ist nur schwer nachweisbar. Vom Ende des Römischen Reiches bis zur Ankunft der völkerwandernden Franken hielten die seit dem 4. Jahrhundert ortsansässigen Juden das städtische Leben noch einigermaßen aufrecht. Ihre Küche folgte, wie man weiß, ganz eigenen und strengen Gesetzen, die für das Abendland und Köln später keine allgemeine Geltung erlangten.

Ein Topf über fränkischem Feuer

Mit der Ankunft der Franken am Rhein bekam die Kölner Küchentradition ein neues, schmaleres Fundament. Zunächst waren die Neuankömmlinge nicht sehr anspruchsvoll. Sie ernährten sich von Milch, Käse und Fleisch. Als Getränk schätzten sie Met, einen vergorenen Mischtrank ähnlich dem heutigen Bier, das mit Honig versetzt war. Sie hatten die Angewohnheit, Pferdefleisch zu essen, und auch die Blotwoosch erfreute sich einiger Beliebtheit.

Charakteristisch jedoch war das Zusammenkochen vieler Zutaten in einem Kessel: Der Eintopf klapperte erstmals auf den Feuerstellen des kulinarischen Weltgeschehens. Da der riesige Topf für die ganze Sippe immer wieder mit frischem oder gepöckeltem Fleisch, frischen oder getrockneten Gemüsen, Getreide und älteren Speisenresten aufgefüllt wurde, wird er wohl ständig eine kräftige und nahrhafte Suppe enthalten haben.

Ältere Kölner werden sich sofort an das „Kuschelemusch" erinnern. Damit verbinden sie gewissermaßen kuhstallwarme Kindheitsgenüsse, zu denen alle paar Abende die Speisenreste der letzten Tage zusammengekocht wurden. Kennt man dergleichen Zusammenhänge erst einmal, dann ist es nur eine Frage des Standpunkts, ob man von Arme-Leute-Küche spricht oder von uralten Küchentraditionen.

Erste Höhen mittelalterlichen Tafelns in Köln

Eine Höherentwicklung von Küche und Keller setzte im nachrömischen Köln erst wieder im 10. Jahrhundert ein. Als sich die Stadt zu den größten Europas entwickelte, als fast alle Handelswege durch das Wirtschaftszentrum West führten, als auf den Märkten praktisch alles zu haben war, was der bekannte Erdkreis hervorbrachte und handelnd ausgetauscht werden konnte – da bogen sich auch hier die Tische wie im Schlaraffenland.

Das gilt freilich nur für die etwa 40 reichsten Kaufmanns-Familien sowie für die Damen und Herren in den feudalen Stiften, allenfalls noch für einige wohlhabende Handwerksleute. Die meisten anderen Kölner wußten – und dachten auch so –, daß ihnen derlei Genüsse nicht zuständen, und aßen weiterhin Brei aus Getreide und Gemüsen, gelegentlich auch Fleisch und Fisch. Nur die Feste des Jahreskreislaufs brachten hier die ersehnten Abwechslungen.

Das Heilsjahr schreibt den Speisezettel

Gefeiert wurde teilweise buchstäblich auf Teufel komm 'raus. Die gottesfürchtigen Erzieher der damals sich kultivierenden Menschheit hatten alle Hände voll zu tun, die vielfältigen heidnischen Festtraditionen aus römischer und germanischer Vorzeit in den christlichen Griff zu kriegen. Aber sie schafften es, indem sie über Jahrhunderte beharrlich den Lebenslauf des Menschen zwischen Wiege und Bahre und den Kreislauf der Natur mit den Texten der Bibel und den Legenden der Märtyrer unterfütterten, bis die Natürlichkeit des Menschenlebens und die heidnische Deutung des Naturlaufs sich zur regelmäßig wiederkehrenden Folge des Heilsjahrs gerundet hatte. In ihm war jedes der früheren Feste aufgehoben, eingebettet, neu gedeutet oder neu begründet, und daraus ergaben sich für weit über ein Jahrtausend auch für Köln die Regularien für Essen und Trinken. Dabei wurde die Zahl der Festtage zwangsläufig erfreulich erweitert. Zwar gab es noch keine Freizeit in unserem Sinne, aber die Historiker haben ermittelt, daß auch damals nur an 260 Tagen im Jahr gearbeitet wurde. Weder in Freud' noch Leid brauchten die Menschen lange zu warten, bis die Eintönigkeit des Alltags wieder durch eine Kindtaufe oder eine Kirmes, durch eine Fastenzeit oder durch ein Hochfest – oder den Karneval – unterbrochen wurde.

Köln im Wechselspiel der Küchenmoden

Trotz Reichtums und weltweiter Handelsbeziehungen hat Köln nie ein kulinarisches Zepter über Europa oder wenigstens über die deutschen Lande geschwungen – auch in seinen mittelalterlichen Glanzzeiten nicht. Mit Blick auf Frankreich oder Italien glaubt man auch zu wissen warum: Es waren durchweg die Tische der Fürsten, von denen die höhere Geschmacksformung ausging. In Köln stand jedoch schon früh kein feudaler Tisch eu-

Das Zentrum der spätmittelalterlichen Küche bildete die gemauerte Kaminfeuerstelle. Der über ihr an einer Kette hängende Kessel aus Buntmetall und der drehbare Bratspieß gehörten zur Grundausstattung, ebenso die Dreifußtöpfe und die langstieligen Messingpfannen, die schon damals zur Herstellung von Pfannkuchen verwendet wurden.

15

Nicht nur per Handkurbel konnte man das Brathuhn wenden, auch Windflügel oder Federwerke sollten die Spieße drehen. Derweil konnte der Abwasch getätigt werden.

ropäischer Ausmaße mehr. 1288 wurde der Erzbischof als Stadtherr verjagt. Danach entwickelte sich die Stadt in erster Linie als bürgerliche Handelsmetropole weiter. Damit geriet die Kölner Küche für Jahrhunderte ins Wechselspiel feudaler kulinarischer Modeströmungen. Diese Theorie hinkt vielleicht in einem Punkt: Das Verschieben des erzbischöflichen Tisches nach Bonn hat dort nicht gerade nennenswerte Folgen gehabt. Der Begriff der „Bonner Küche" hat nach 1288 (und eigentlich bis heute) kein internationales Renommee erlangt.

Dafür gab es auch einsehbare Gründe: Im Mittelalter lagen die entscheidenden kulinarischen Startchancen nicht im Rheinland, sondern in Italien. Durch Rom, Ravenna und Konstantinopel (heute Istanbul) waren die Italiener der großen antiken Kultur näher als die nord-alpinen Völkerstämme, und durch den gewaltigen Kulturaustausch mit dem Orient war man südlich der Alpen damals schon etwas weltläufiger als hierzulande.

Eßkultur und Tischsitten, zu denen wir Heutigen am ehesten eine Verwandtschaft empfinden, kamen nach 1000 in den norditalienischen Stadtstaaten auf. Eine Voresserrolle hatte hier Venedig. Das Fundament des höheren Geschmacks entstand jedoch in Florenz. Als Katharina de Medici 1533 nach Frankreich zog, um dort Königin zu werden, nahm sie ihre gesamte Kücheneinrichtung nebst etlichen Köchen mit und spannte das toskanische Gaumensegel über ganz Europa aus.

Bald darauf schlug die vielleicht einzige historische Stunde der kölschen Küche. Katharinas Tochter, Maria de Medici, kam auf der Flucht vor ihren Feinden nach Köln. Wer weiß: Vielleicht hat sie sich für die Blotwoosch begeistert und hätte ihr zum internationalen Durchbruch verhelfen können. Aber Maria de Medici kehrte nicht mehr nach Frankreich zurück, weil sie 1642 hier in Köln starb. Ihr Herz wurde bekanntlich im Dom beerdigt. Damit war auch die Blotwoosch international gescheitert – was die Kölner freilich stets gut verschmerzt haben.

Just im selben Jahr wurde Ludwig XIV. König von Frankreich. „Sonnenkönig" wurde er genannt – nicht nur wegen seines politischen Anspruchs, sondern auch wegen seiner immensen Ausstrahlung auf die gesamte europäische Geschmacksbildung einschließlich Kochen und Essen. Die kulinarische Schubkraft, die vom Versailler Hof ausging und die beim Adel und später beim Großbürgertum ins Dekadente abhob, zog praktisch die gesamte internationale Oberschicht der europäisierten Welt mit sich.

Zwischen arm und reich kocht man bürgerlich

Für die Kölner des 18. Jahrhunderts ist dagegen eine andere, fast revolutionäre Geschmacksbildung charakteristisch. Die bürgerliche Küche, die sich seit dem Ende des Dreißigjährigen Krieges (1618–48) herausgebildet hatte, tritt ihren Siegeszug an. So wie das Bürgertum gesellschaftlich zwischen Adel und armen Leuten steht, so verbindet es Elemente des Bodenständigen mit höherer Kultivierung, verzichtet auf Exzesse der Verfeinerung und bejaht doch den Wert des Genusses. Hierbei haben die gepflegte Spartanik sowohl der ostelbischen Junkertische wie auch der (zunächst) zur Beschei-

*Hat sich die Heilige Familie auf der Flucht nach Ägypten von Flönz ernährt?
Die kölsche Bibelkunde hält der Wissenschaft nicht stand: Bei den*

Kringeln, die Joseph auf dem Stecken als Reiseproviant mitführt, handelt es sich eher um Brote. (Detail der Holztür, St. Maria im Kapitol, vor 1065)

denheit neigenden stadtsässigen Kapitalisten zusammengewirkt. Jedenfalls waren damit für viele Generationen die Grundlagen der Eßkultur der europäischen Mittelschichten gelegt.

Zu der Zeit war der Glanz Kölns allerdings schon lange verblichen. Eine Führungsrolle konnte das Zentrum des katholischen Konservatismus weder wirtschaftlich noch kulturell beanspruchen. So, wie um 1560 der Dombau erlischt, so stagniert die einst führende Reichsstadt. Kulinarisch gesprochen: Sie brät im eigenen Saft, und der ist eher ärmlich.

DIE KÖLSCHE FODERKAAT IN DEN STARTLÖCHERN

Auch wenn die bürgerliche Küche des späten 18. und 19. Jahrhunderts sich teilweise wieder ins Feudale steigert, so artikuliert sie in Speisenfolge und Tischsitten doch eine bemerkenswerte Eigenständigkeit gegenüber anderen Gesellschaftsschichten.

Etwas Vergleichbares tut sich in Köln im späteren 19. Jahrhundert. Die Kölner Küche verdichtet sich zu einem Ausdruck von Eigenständigkeit gegenüber der Fremdherrschaft und einer allzu stürmischen gesellschaftlichen Entwicklung. Einerseits gerät die Stadt durch die französische Besetzung (1794–1814) und die Einverleibung in Preußen (seit 1815) in eine Identitätskrise; andererseits füllt eine Bevölkerungsexplosion die Innenstadt mit armen Leuten, die den Lebensstil der Stadt weitaus mehr bestimmen als die Oberschicht, die nach der Niederlegung der Stadtmauer ab 1881 in neue Wohn- und Villenviertel (Neustadt, Lindenthal, Marienburg) abwandert.

In den ärmeren Stadtvierteln entsteht die Kölsche Foderkaat. In ihr verengt sich die durchaus breit gefächerte Kölner Küche zum Imbißverzeichnis, das erstmals gegen 1900 auch ausdrücklich in kölscher Mundart abgefaßt wird. Ihr haftet eine gewisse Opposition sowohl gegen die bürgerliche Höherentwicklung von Essen und Trinken wie gegen das Fremde, Nicht-Kölsche, an. Es ist denkbar, daß Köln eine der ersten regionalen und lokalen Küchen Deutschlands gewesen ist, die so zu einem eigenen Selbstbewußtsein gefunden hat.

KUSCHELEMUSCH ODER KÖLSCHE HARMONIE

Die Foderkaat umfaßt im Prinzip eine kräftige, deftige und schmackhafte Hausmannskost, in der sich viele Gerichte der „Arme-Leute-Küche" vom Mittelalter bis ins 19. Jahrhundert vereinigen: Blutwurst, Hämmchen, Erbsensuppe, Käse, Quark, Hering, Stockfisch, Reibekuchen u.v.a.m. Derlei gibt es allerdings nicht nur in Köln! Mit selbstkritischem Blick ist zuzugeben, daß das Speisenangebot sich nur wenig von dem anderer Landschaften und Städte unterscheidet. Die Eigenart liegt hier jedoch in der Vergangenheit, die sich in dieser Foderkaat manifestiert: Köln wurde nicht nur

Rechte Seite: „Jot esse un drinke hält Liev un Siel zesamme" – Foderkaat des Brauhauses „Zum Hirsch" (um 1910). Mit „Kaastemännche" bezeichnete man ein 25-Pfennig-Stück, wofür man immerhin „en Portion fresche Seemoschele" erhielt.

Kölsche Foderkaat, jet vör zo müffele,

vum

Fritz Weiden, Kölle, Sizilieftroß.

en Portion fresche Seemoschele	. . . .	1 Kaaftemännche
„ „ „ en ner fing Wingzaus	· · ·	4 Grosche
e Backche Zupp (heiß, heiß!)	· · · · · · · ·	1½ Grosche
„ „ met Hohnerei	· · · ·	1 Kaaftemännche
'ne Schnabbel Rindfleisch met jet Soores	· · · ·	4 Grosche
Levver, gebacke	· · · · ·	5 „
Niere, en lecker soor Zaus	· · · · ·	5 „
en Puut Ohße-Gehacks gebrode	· · · · ·	5 „
„ „ „ met Hohnerei drop	· · ·	6 „
Wiener Schnibbel met Schlot	· · · · ·	8 „
Karmenat vum Ferke met Gemös oder met Schlot	· ·	6 „
Pannekoche met Schlot	· · · · ·	5 „
„ met Ferkesspeck	· · · · ·	7 „
Spegeleier met enem Püütche Schlot un gebrode Ädäppel	· · ·	6 „
Hohnereier gestuv	· · · · ·	4 „
„ met ener Schiev Schink	· · · ·	6 „
Himmel un Äd met Blotwoosch un Levverwoosch	· · · · ·	5 „
Ferkespefferfleisch	· · · · ·	5 „
en Engkche Brodwoosch (su 3 Zoll), fresch vum Boor	· · ·	4 „
Blot= oder Levverwoosch, en der Pann gebrode	· · ·	4 „
Botteramme met jet drop:		
en Schiev Lachs, geräuch	· · · · ·	1 Kaaftemännche
e Portiönche Salzrümpcher	· · · ·	1 „
en Engkche Levverwoosch	· · · ·	1 „
„ „ met Ädäppelschlot	· · · · ·	3 Grosche
Wärm Wööschcher us Halverstadt	· · · ·	3 „
en Schiev Schink	· · · ·	1 Kaaftemännche
e Röggelche met Holländer	· · · · ·	1½ Grosche
nen halven Hahn, ohne Knoche	· · ·	1 „
'ne Mainzer Kies	· · · ·	1½ „
Solisten=Ei	· · · · ·	1 „
en Häufche Gehacks	· · · · ·	3 „
„ „ met Hohnerei un Hahnepeck	· · ·	4 „
Herring met Quallmänncher	· · · · ·	3 „

Diensdags un friedags: **Riefkoche** · · · · · · · · 3 Grosche
Samsdags: **Hämmche met soore Kappes un gequetschte Ädäppel**

dat all för 7 Grosche.

vom Gegensatz von arm und reich, sondern auch von den Kulturkräften Heidentum, Christentum und Aufklärung geformt, die einander zutiefst entgegengesetzt waren.

Die Kölner Küche ist dadurch charakterisiert, daß sie sich an keine ihrer formenden Kräfte verloren, sondern sich teilweise erst im Widerstand dagegen gebildet hat. Römische Sinnenfreude und mönchische Fastenübung, fränkisches Zusammenkochen und mittelalterlicher Marktreichtum sind die Ausgangsprodukte. Die freie Reichsstadt, die französischen Besetzer, die preußische Provinz und das Industriezeitalter haben soziale und politische Gewürze hinzugefügt. Bauern, Handwerker und Arbeiter haben des Ganze zu einer Art „Kuschelemusch" harmonisch zusammengekocht, dessen Geruch und Geschmack beim Kölner auch heute noch Wohlbehagen auslöst.

Kulinarischer Wiederaufbau

Der „kölschen Harmonie" wurde man sich im 19. Jahrhundert mehr und mehr bewußt, und sie wurde nachdrücklich als Merkmal der Eigenart begriffen und nach außen hin abgeschirmt. Heute, da diese Verkrampfung weggefallen scheint, kommen wohl auch auf die Kölner Küche neue, freiere Entwicklungsmöglichkeiten zu. Denn wer eine so vielfältige Küchen-Tradition hinter sich weiß, der tut sich leicht mit der Aufnahme neuer Koch- und Eß-Ideen. Das zeigte sich schon, als die Schrecken des Zweiten Weltkrieges überwunden waren und die Kölner, noch sehr behelfsmäßig behaust, sich anschickten, ihre Version der „Freßwelle" zu gestalten.

Zwei Adressen spielten damals im kulinarischen Bewußtsein der wenigen wohlhabenden Nachkriegs-Kölner die Hauptrolle: das heute verschwundene „Weinhaus Wiesel" im Blau-Gold-Haus am Dom und das „Weinhaus Wolff" in der Komödienstraße. Letzteres erlebte einen glanzvollen kulinarischen Wiederaufstieg: Als „Restaurant Poêle d'or" des unvergessenen Roland Bado ging es in die kölnische Gastronomiegeschichte ein.

Ihn und seine Familie verschlug es in den sechziger Jahren nach Köln, als in der Bundesrepublik die „Freßwelle" langsam abebbte und in Frankreich der Stern des Paul Bocuse aufging. Damals entrollten junge französische Köche, der Mehlsaucen und der langen Garzeiten überdrüssig, das Banner der „nouvelle cuisine", der neuen leichten und frischen Küche. Roland Bado fand, daß auch die Bundesrepublik reif sei für den neuen Trend.

Bado kochte zunächst an der Luxemburger Straße und später „An St. Agatha" in der Innenstadt. Mit mäßigem Erfolg, und manchen Abend blieb er auf seinen wertvollen Rohprodukten der neuen Art sitzen: frische Edelfische aus dem Atlantik, Wachteln, Lammrücken, „foie gras" (die fette Gänsestopfleber), lebende Hummer – und frische Froschschenkel.

Ohne die glaubte man nämlich damals nicht auskommen zu können. Wer in den sechziger Jahren als Kölner einmal „so richtig lecker französisch" essen gehen wollte, hatte in neun von zehn Fällen die zarten Beinchen im Sinn, ganz sicher aber die mit viel Knoblauch angemachte Buttersauce dazu. Die Kölner Feinschmecker erkannten sich an ihrer „Fahne", wenn sie sich am Morgen nach einem der damals so beliebten Schlemmer-Ausflüge nach Belgien in den Büros oder bei Empfängen trafen.

Nur zu Bado gingen sie nicht, die Kölner Genießer. Denn in Köln gilt der Prophet nichts im eigenen Land – und im übrigen muß es ja nicht jeder sehen, daß man gerade im Begriff ist, unanständig viel Geld fürs Abendessen auszugeben, nicht wahr? Roland Bado aber stand eines Tages mit seinem kleinen Restaurant als „das Wunder der Nouvelle Cuisine in Deutschland" in einer großen Illustrierten. Und von Stund an fuhren die großen Limousinen von nah und fern bei ihm vor. Bado kam wirtschaftlich aus den roten Zahlen, mußte erweitern und zog um – ins „Weinhaus Wolff".

Küchen-Stars und Küchen-Sterne

Es gab noch andere in den späten Sechzigern und den frühen Siebzigern, die den Kölnern den neuen Geschmack vermittelten und die dafür sorgten, daß hier über viele Jahre hinweg der kulinarische Himmel am höchsten war: Rino Casati entwickelte seine italienische Trattoria am Ebertplatz vom zünftigen Pizza-Imbiß zum heutigen Luxus-Restaurant; Alex Silberstein sorgte im „Chez Alex" mit seinen Pasteten und Fischen für Aufregung – und von vielen unbemerkt erkochte sich draußen in Merheim die Familie Robertz/Schönberner mit ihrem „Goldenen Pflug" den bis dato in der Bundesrepublik noch nie verliehenen dritten Michelin-Stern.

Es entspricht kölschem Wesen, daß aus dieser sensationellen Auszeichnung wesentlich weniger Aufhebens gemacht wurde als in München, wo Eckhard Witzigmann im selben Jahr ebenfalls mit dieser Ehrung bedacht wurde. Witzigmann gilt heute als Papst unter den Köchen – Herbert Schönberner vom „Goldenen Pflug" kennt kaum jemand mit Namen.

Es spricht nicht gegen die kölsche Küchen-Kultur, daß sich der deutsche Spitzenplatz im Laufe der Jahre wieder verlor: Kölner stehen nun einmal nicht gern im Scheinwerferlicht, wenn sie essen, trinken und genießen.

Essen verbindet

Eine Stadt nährt sich aus ihren Tischgemeinschaften

Wenn man zusammengehört, ißt man zusammen, und wenn man zusammen ißt, dann gehört man auch zusammen. Das gilt nicht nur für das Familienleben mit seinen vielen Festen, sondern auch für das politische Leben mit seinen historischen Stunden. Ginge es nur um Ernährung, könnte beispielsweise der Bundespräsident bei einem Staatsbesuch mit seinem amerikanischen Amtskollegen auch mal eben bei McDonalds vorbeifahren.

Wie wichtig Tischgemeinschaften sind, zeigt sich vielleicht nirgendwo deutlicher als an der Stadtentwicklung Kölns. Sie sind geradezu das Fundament allen gesellschaftlichen und politischen Lebens dieser Stadt. Köln war keine Stammesstadt, sondern ein Schmelztiegel für Zuzügler. Eine entscheidende Rolle spielte dabei wiederum das Christentum. Denn Jesus gründete mit dem letzten Abendmahl eine (religiöse) Tischgemeinschaft. Zu ihr erhielt man über alle familiären, sippenhaften, stammesmäßigen und sozialen Schranken hinweg einfach durch religiöses Bekenntnis Zutritt – jedenfalls der Idee nach.

Man würde dies heute einen Akt der Emanzipation aus allen vorausgehenden Bindungen nennen. Darin lag die wichtigste Voraussetzung zur mittelalterlichen Stadtentwicklung Kölns, das damit sogar der Prototyp einer abendländischen Stadt wurde. Denn in einer solch großen und mit jeder Not auf dem Lande weiter anwachsenden Menschenansammlung gab es für Neuankömmlinge ja keine der alten Bindungen an Familien, Sippen oder Dorfgemeinschaften mehr. Also bildeten sich Tischgemeinschaften von Gleichgesinnten, „Bruderschaften im Herrn", die sich dem Schutz eines Heiligen unterstellten.

Nach diesem Vorbild entstanden im Mittelalter praktisch alle Gemeinschaften – ob nun in Klöstern und Stiften oder in Handel, Handwerk oder Verteidigung (Schützenbruderschaften). Wie stark darin die Idee des christlichen Abendmahls wirksam war, zeigt sich am deutlichsten daran, daß im Mittelalter Christen und Juden, die ja immerhin die ältesteingesessenen Kölner waren, keine gemeinsamen Tischgemeinschaften hervorbrachten. Hier gab es kultische Schranken, die von keiner Seite überwunden werden konnten – was für die Juden schließlich die verheerende Folge hatte, daß sie 1424 aus der Stadtgemeinschaft der Christen ausgestoßen wurden. Erst als die Religion ihre alles dominierende Stellung einbüßte – also am Ende des Mittelalters – fanden sie wieder Zutritt zur Stadt. (Was dann allerdings im 20. Jahrhundert geschah, läßt sich nicht mehr unter dem Blickwinkel kultischer Tischgemeinschaften erörtern.)

DIE RICHERZECHE

Aus den christlichen Tischgemeinschaften erwuchsen wiederum politische Vereinigungen. Die erste, die um 1000 in Erscheinung tritt, ist die Richerzeche. Da ihre Mitglieder sich auf kölsch sozusagen „enen Däu" antaten, erkennt man auch heute noch am Namen, wer sie waren und wofür sie sich hielten: reiche Zecher. Ihnen wurde zwar schon früh gestattet, die Schöffen und Bürgermeister zu stellen, aber unter ihrem Tisch nistete der Aufruhr gegen den Erzbischof als Stadtherrn und Vormund der Bürgerschaft.
Ihr ausgeprägtes Selbstbewußtsein ist verständlich: Die Kölner Oberschicht des Mittelalters war eine Self-made-Gesellschaft. Sie verdankte zwar ihr Entstehen der Idee der Verbrüderung in der christlichen Tischgemeinschaft, aber die unterwarf sich keinem kirchlichen Herrschaftsanspruch. Das erklärt, warum der römische Katholizismus die stärkste formende Kraft der Stadt wurde und blieb, daß aber die Bürger den Erzbischof als Obrigkeit in keiner Weise dulden wollten. 1288 war Schluß: Die Schlacht von Worringen war das „Aus" für alle Kölner Erzbischöfe als Stadtherren.

ZÜNFTE, GILDEN UND GAFFELN

Aber auch die Reichen hatten nicht lange fröhlich Zechen. In ihrem politischen Windschatten organisierten sich die Handwerker zu Zünften, damals in Köln noch „Ämter" genannt. Daß wir hier an gute Esser geraten sind, verrät das Wort „zünftig", das auch heute noch ein deftig-schmackhaftes Essen bezeichnet. Die Kaufleute indessen, die nicht zur Richerzeche gehörten, schlossen sich zu einer Gilde zusammen. (Das Wort Gilde hängt in seinem germanischen Ursprung übrigens mit „Gelage" zusammen.) Auf dieser gesellschaftlichen Plattform entwickelten sich politische Vereinigungen, die sich „Gaffeln" nannten. Auch sie haben unüberhörbar etwas mit Essen zu tun.
Der Brauchtumsforscher Adam Wrede analysiert das Phänomen Gaffel in seinem „Kölnischen Sprachschatz" so: „Zugrunde liegt Gabel, die Zerlege-

Werkzeuge zur Förderung der Tischsitten: Die zweizinkige Urform der heutigen Speisegabel hielt sich noch bis ins 18. Jahrhundert.

oder Vorlegegabel, die im Mittelalter bei Festessen eine besondere Rolle spielte, namentlich in der italienischen Tischsitte. Das Wort dieses Tischgerätes wurde übertragen auf das Festessen, das man ‚die Gabel halten' nannte, sodann auf die Tischgesellschaften vorzüglich der Kaufleute und auf deren Gesellschaftshäuser."

Hier ist vor allem venezianischer Einfluß zu spüren. Schon im 11. Jahrhundert, als der Rest Europas noch mit Fingern in alle Schüsseln griff, wurde im Umkreis des mächtigen Dogen die Gabel benutzt. Da hatten Kölner Kaufleute, die vor allem auf den Straßen des Gewürzhandels dorthin kamen, wohl erstaunt zugeschaut, und weil sie nicht als Provinzler dastehen mochten, hatten sie die Sitte flugs mit nach Hause genommen, wo sie ihre Gemeinschaft nach dem modisch-anspruchsvollen Tischgerät benannten. 1396 konnten die Gaffeln die politische Macht an sich reißen. Zweiundzwanzig von ihnen unterschrieben nun als stadttragende Kräfte die Verfassungsurkunde Kölns, den Verbundbrief. Damit wurden die reichen Zecher zu rein kulinarischen Nutznießern zurückgestuft. Solange es die alte reichsstädtische Verfassung gab, bestanden auch die Gaffeln, die in ihren über die Altstadt verteilten prunkvollen Gaffelhäusern viel und zünftig tafelten. 1798 wurden die Vereinigungen von den Franzosen aufgehoben. „Jaffel" hat sich jedoch als Bezeichnung von Gemeinschaften bis ins 19. Jahrhundert gehalten.

Schauessen

Waren die Tischgemeinschaften Kölns in der Anfangszeit notwendige Voraussetzung zur Entstehung der mittelalterlichen Stadt, so schlug bei steigendem Wohlstand und höherem Selbstbewußtsein das Pendel bald auch in die andere Richtung: Essen wurde zur Demonstration von dem, was man war und was man hatte. Das machte das Tafeln anläßlich offizieller Begegnungen geradezu zu Schauessen, bei denen – in gemessenem Abstand – auch das gemeine Volk zuschauen durfte. Während aber die führenden gesellschaftlichen Gruppierungen wie Richerzeche, Gaffeln und Stifte zum Prassen und Protzen neigten, blieben Repräsentanten der Stadt selbst eigentümlicherweise bescheiden.

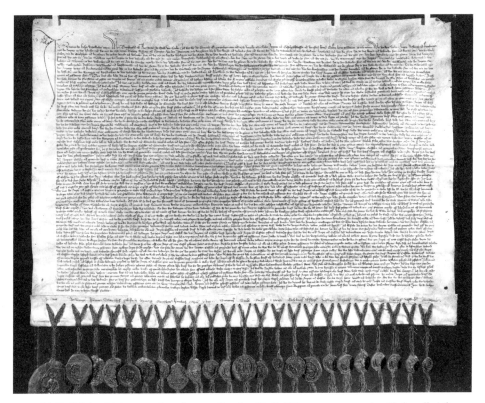

22 Gaffelsiegel hängen neben dem großen der Stadt Köln am sogenannten Verbundbrief von 1396, der über 400 Jahre lang als städtisches „Grundgesetz" in Kraft blieb.

Das 1612 errichtete Brauerzunfthaus mit Doppelstufengiebel und vorgelagertem Treppenturm. Im Vorgängerbau wurde unter anderen am 23. Juni 1505 Kaiser Maximilian I. bewirtet. Nach Auflösung der Zünfte zu Beginn des 19. Jahrhunderts diente der Bau als erstes protestantisches Gotteshaus in Köln, später zeitweilig auch als Heim des wohl trinkfesteren Kölner Männer-Gesangvereins, bevor es 1928 niedergelegt wurde.

Das stolze und prächtige Zunfthaus der Faßbinder (16. Jh.) mit seinen Giebelaufbauten in den Formen der niederländischen Renaissance kündete bis zum 2. Weltkrieg vom Reichtum eines einst blühenden Handwerks am Filzengraben.

DAS STAATSBANKETT NACH DER GOTTESTRACHT

Die „Gottestracht" war die wichtigste Selbstdarstellung des reichsstädtischen Köln. Das war eine Art Fronleichnamsprozession, die am Freitag nach weißen Sonntag, dem „Tag der Lanze und Nägel des Herrn", auf dem Hintergrund der bedeutenden „Ostermesse" stattfand. Alle weltlichen und kirchlichen Stände der Stadt nahmen daran teil und alle Domschätze sowie die wertvollsten Reliquien des heiligen Köln wurden zur Schau gestellt.

Selbstverständlich gab es anschließend ein großes gemeinsames Essen – ein Staatsbankett gewissermaßen. Dennoch zeigt der Ratsbeschluß vom 21. Juni 1409, der Speisenfolge und Teilnehmerkreis festlegte, eine bemerkenswerte Zurückhaltung:

„Van den gerichten zer selver zijt ys unser herren meynonge, dat man luytterdranck geve, as dat gewoenlich is. vort yecklichem manne ein schuttel moys ind ene gute schuttel mit salmenkloesen, item zom anderen gange yedermann eyne schuttel rijs ind zwen mannen eyne schuttel mit gelantijnen ind darby salmen gebraiden, of kan man salmen nyet gehaven, so mach man gebraiden rumpe myt vornen darvur geven ind darnach kesse ind eppel."

(*„Was die Speisen zu diesem Anlaß betrifft, so ist die Meinung unserer Ratsherren, daß man gewürzten Wein reiche, wie er allgemein üblich ist. Für jeden Mann eine Schüssel Gemüse und eine gute Schüssel mit Lachsklößen, ebenso zum nächsten Gang für jedermann eine Schüssel Reis und für je zwei Männer eine Schüssel mit Sülze und dazu gebratenen Lachs [Rheinsalm], oder wenn einer keinen Lachs mag, so soll man anstelle dessen gebratene Elritzen [kleiner Süßwasserfisch] mit Forellen geben und danach Käse und Äpfel."*)

„WIE DENN DIE KÖLNER BESONDERS MIT DEM SILBERGESCHIRR GLÄNZEN..."

Vergleichsweise bescheiden war auch das Prunkgeschirr der Stadt Köln. Wenn hier im hohen Mittelalter die Kaiser zu Besuch kamen, liehen die reichen Familien ihren heimischen Hausrat aus. Der war natürlich vom feinsten. Die jungen Freiherrn von Zimmern durften einen solchen 1532 in einer Art Tresorraum des Hauses Wasserfaß bewundern. Sie waren schon einiges gewöhnt, besaßen sie doch selbst eine Silbermine im Schwarzwald; aber hier gingen ihnen die Augen über:

„Das war vil silbers aldar und bei etlichen, nit den wenigisten, fürsten nit gefunden wurt, wie dann die Kölner, sonderlich mit dem silbergeschier, brangen, auch manches größtes vermögen ist. Ich hab dieses Wasserfaß silbergeschier domals hören uf dreisig dausent guldin schetzen, dann es waren in dem gardenrobbe zwo seiten vom boden an biß an die bünen hinauf mit eitelem silbergeschier uf schepften überstellt."

(*„Da war soviel an Silber drin, wie es bei manchen – und nicht den wenigsten – Fürsten zu finden ist, wie denn die Kölner besonders mit dem Silbergeschirr glänzen, das auch manches Bürgers größter Besitz ist. Ich habe damals gehört, daß das Silbergeschirr des Hauses Wasserfaß auf 30.000 Gulden geschätzt wurde. Denn es waren in dem Lagerraum beide Seiten vom Boden bis zur Decke mit edlem Silbergeschirr gefüllt, das auf Regalen übereinandergestellt war."*)

Ähnlich wie bei diesem Festmahl zu Ehren Kaiser Mathias im Jahre 1612 kamen auch in Köln bei derartigen Gelegenheiten die Silberschätze der Stadt zur Präsentation. (Kupferstich, 17. Jh.)

Der Kölner Reichstag von 1505

Sicherlich sind bedeutende Teile dieses Silbers bei einem der größten Schauessen gezeigt und genutzt worden, das die Stadt je erlebt hat. Anlaß war der Reichstag von 1505, zu dem Kaiser Maximilian gerufen hatte. Schon vorher hatte er den Kölnern zu verstehen gegeben, er wolle bei ihnen einmal gut essen. Daraufhin wurde der Gürzenich – damals noch ein Kaufhaus – ausgeräumt und prunkvoll ausgestattet. Über das Essen erfährt man in den Forschungsergebnissen eines „vaterländischen Geschichtsfreundes" aus dem Jahre 1828: „Das Essen bestand aus 18 Gerichten, von Fleisch und Fischpasteten kostbar zubereitet; die hohe Gesellschaft bestand aus 1366 Personen, welche von silbernen Schüsseln speisten..."
Der heutige Direktor des Stadtmuseums, Werner Schäfke, hat gute Gründe für Zweifel daran, daß das genannte Silber wirklich Eigentum der Stadt war. Nur einmal, und das nur im 14. Jahrhundert, hat die Stadt sich den eigenen Hausrat etwas kosten lassen. In den Rechnungsbüchern von

1372 ist verzeichnet: „Für zwei Silbergefäße zum Gebrauch der Herren (des Rates) 337 Mark und 8 Schilling – das entspricht dem Wert von etwa zehn guten Pferden", rechnet Schäfke im Katalog über „Das Ratssilber der Stadt Köln" nach. Bei den weiteren Anschaffungen erlegte man sich dann aber Zurückhaltung auf. „Zwei silberne Kannen, zwölf silberne Schalen und dazu noch 24 Schalen, die man ineinandersetzen kann; zwei Gemüseschalen, ein silber-vergoldetes ‚poetgin' und ein silbernes Mischgefäß, in dem die Gewürzmischung für den Wein angerichtet wurde. ... Hinzu kommen noch zwei als ‚amme' bezeichnete Trinkgefäße...; zum Schluß noch ein silberner Anrichtlöffel, wohl eine Kelle zum Ausschenken des gewürzten Weins. Das ist im Jahr 1446... das ganze ‚Ratssilber' der Stadt Köln, einer der reichsten Städte des Reiches", schreibt Schäfke. Im Vergleich: die Stadt Lüneburg verfügte über 200 Stücke Silbergeschirr.

DAS BANNERESSEN DES HERMANN VON WEINSBERG

Verwahrt wurden die Habseligkeiten der Stadt vom Burggrafen des Rathauses, heute würde man ihn Verwalter nennen. Der bekannteste Burggraf ist Hermann von Weinsberg geworden, weil dessen „Buch Weinsberg" die wichtigste kulturgeschichtliche Quelle unseres Wissens über das Leben in Köln in der zweiten Hälfte des 16. Jahrhunderts darstellt. 1571 wurde Weinsberg zum „Bannerherren" gewählt. Damit war er auf Lebenszeit Vertrauensmann zwischen den Gaffeln und dem Rat der Reichsstadt. Kein Wunder, daß zum Einstand gut zusammen gegessen wurde. Seinen pedantisch-liebenswürdigen Aufzeichnungen verdanken wir die Kenntnis von Gerichten und Speisesitten gehobener Kreise seiner Zeit. Im Hinblick auf das an anderer Stelle noch zu erörternde Problem des Überflusses in früheren Gesellschaften sei erwähnt, daß das Banneressen des Hermann von Weinsberg nur für sieben Personen zugerichtet worden sein soll.

„Anfänglich hat man auf jeden Tisch gesetzt einen großen Butterwecken und vier Schalen mit Zuckerbrot und vier goldene Becher mit Kaneeltrank (Kaneel = Zimt); darnach hat man dreimal angerichtet, zu jedem Gang und Tisch mit elf Schüsseln. Man hat vier silberne Bierpötte aufgesetzt und jedem ein Glas mit firnem (reifen) und einen irdenen Topf mit neuem Wein, der damals gar wunderlich gut und überaus köstlich war, und haben meistenteils Ratswein getrunken, auch wohl andern Wein und zum Braten Kaneeltrank in großen goldenen Bechern, und zu allen Gerichten besondere goldene Becher. Zum ersten Gang ward angerichtet in der Mitte eine große Schüssel, darin ein gebratener Schinken mit Korinthen-Pfeffer und rund umher zehn Schüsseln, darinnen Rindfleisch, Ochsenkeule, Zunge, Hennen, Grünfleisch, Binger Wurst, sauren Kappes, Pastetchen mit Lammfleisch und dergleichen. Zum zweiten Gang ward angerichtet in der Mitte eine große Schüssel mit einem gebratenen Hasen, Rehbollen, Wildbret vom Wildschwein, rund herum zehn Schüsseln mit Kaninchen, Kapaunen, Hühnern, Pfeffer, Schluffer, Schnepfen, Feldhühnern, Krammetvögeln, Wachteln, kleinen Vögelchen, Entvögelen, Oliven, Kapern und dergleichen. Zum dritten Gang in der Mitte eine

große Schüssel mit dreierlei Gebäck, darum herum zehn Schüsseln mit Krebsen, Hecht, Karpfen in Speck gesotten, Marzipan, Lampreten (Neunauge, aalartiger Fisch), Galantin (Fischsülze) und dergleichen, und dann auf jedem Tisch vierundzwanzig Schalen gehäuft mit Schöffenkuchen, Nürnberger Küchlein, Äpfel, Birnen, Haselnuß, Baumnuß, Trauben, Muskateller, Kastanien, Mispeln, Mandeln, Datteln, gezuckertem Koriander, Anis, Kaneelsteckeln und dergleichen. Von allen Sorten gab es immer zwei Schalen und Schüsseln jeden Gerichtes, ... und zwei Diener ... schenkten den Wein, neuen und firnen und Trankwein, aus silbernen Kannen; Meister Matthis, der Universitätskoch, hatte die Speisen gar wohl bereitet ...
Des Kaneelstranks waren vierzehn Quarten, darin acht Viertelpfund und drei Lot Kaneel, das Pfund zu drei Gulden; acht Lot Ingwer, fünf Viertelpfund Galgantwurzeln, fünf Pfund Zucker, eineinhalb Pfund und eineinhalb Lot Muskatblumen,

Nicht nur im Hause Weinsberg gab man sich im 16. Jahrhundert ausschweifenden Gelagen und üppigen Festessen hin, die fast immer in Völlerei ausarteten wie diese Bauernhochzeit. (Holzschnitt, um 1560)

Aus dem alten Ratssilber der Stadt Köln hat sich lediglich dieser Prunkpokal erhalten, auf dessen Deckel über dem Kölner Wappen Bauer und Jungfrau zu sehen sind.

Summa ungefährlich fünfzehn Gulden. Des Kochs Zettel belief sich mit den gebratenen Vögeln, Fischen und seinem Lohn auf siebzehn Gulden, sieben Albus. Dem Gaffelknecht einen Taler geschenkt, dazu seine Topf- und Gläser-Miete. Zum Fleischmarkt in die Halle sechs Gulden, dem Fladenbäcker sechs Gulden gegeben. Vertrunken ein ganzes Ratskerv und fünf Ratszeichen an Ratswein bei neunzig Quarten; daneben an anderm Wein im Kaneeltrank und in der Küche dreiundvierzig Quarten...

Und hat dies Essen, welches ich aus meinem besonderen Gelde und Beutel bezahlt, nicht mehr denn Summa vierundsechzig Gulden ohne den Ratswein, Bier, Brot, Holz gekostet."

Nur ein Pokal blieb vom alten Glanz

Als das alte Ratssilber 1795 als Tributleistung für die Franzosen eingeschmolzen werden mußte, brachte es nur 748 Gulden Ertrag. Nur durch einen Zufall blieb ein einziges Stück erhalten. Der mit dem Einschmelzen beauftragte Silberschmied konnte es nicht übers Herz bringen, einen wertvollen Deckelpokal zu opfern. Er ersetzte ihn stillschweigend durch die gleiche Menge Silbers. 1821 wurde das wertvolle Stück dem damaligen preußischen König Friedrich Wilhelm III. mit einem Willkommenstrunk überreicht. Einem wohl älteren Brauch folgend, durfte der Gast den Pokal denn auch gleich behalten. Irgendwann und irgendwie ist er in Berlin in die Hände eines privaten Sammlers geraten, von dem das Berliner Kunstgewerbemuseum ihn erstehen konnte. Dort ist das letzte Stück des alten Kölner Ratssilbers heute noch zu sehen.

Schauessen auch bei den Preussen

Damit endet aber keineswegs die Geschichte von Colonias Aussteuer. Vielmehr beginnt sie mit den Preußen erst richtig. Königs- und später Kaiserbesuche häufen sich. Lassen die Hohenzollern sich doch möglichst oft blikken, um die Kölner, die ihrer verlorenen reichsstädtischen Eigenständigkeit nachtrauern, mit ihrem neuen Los als preußische Provinzler zu versöhnen. Wie und in welchen Etappen ihnen das gelang, davon legt die Entwicklung der großen Schauessen des vorigen Jahrhunderts beredtes Zeugnis ab.

Zunächst kamen die Preußen den Kölnern gotisch und trafen sie damit an ihrer sensibelsten Stelle. Wer wollte etwas gegen die Vollendung des Doms einwenden?! Es dauerte nur von 1842 bis 1855, bis auch der Gürzenich neugotisch umgestaltet worden war. Der große Saal wurde nach dem Vorbild der Westminster-Halle in London wieder der festliche Bankettsaal der Stadt, in dem eine sorgfältig gesiebte Gesellschaft im Angesicht des lebenden Allerhöchsten dinieren durfte.

Nach der erfolgreichen Reichsgründung durch Preußen setzte sich in Köln nach 1871 langsam das Gefühl durch, daß man den offensichtlich von Gott gesegneten Landesherrn – es war Wilhelm I., damals gerade Kaiser – nicht von unwürdigem Tafelgeschirr speisen lassen dürfe. Zwar gab es da einen alten Prunkbecher, aus dem der selige Kaiser Franz, Gemahl der Maria Theresia, noch getrunken hatte; doch der hatte sich in den 1848er Jahren auf die bald unterdrückte bürgerliche Revolution erheben lassen und kam deshalb für die k.u.k. Lippen nicht mehr ernsthaft in Betracht. Deshalb lieh man sich für einen Kaiserbesuch 1877 erst einmal in Wesel ein Paar Prunkbecher aus.

Sehr viel mehr besaß die Stadt Köln auch noch nicht, als 1880 die Vollendung des Dombaus gefeiert wurde. Vor dem Hintergrund des noch tobenden Kulturkampfes und einer damit verbundenen kölschen Steifnackigkeit wurde das Festmahl im Gürzenich serviert. Die Speisekarte präsentierte sich großbürgerlich mit feudalen Einschlägen und Kölner Einsprengseln: Caviar und Venezianischer Salat, Hühnersuppe, feines Fleisch in Muscheln, Steinbutte mit Erdschwämmen, Schinken in Madeira, Fasanen und Sauerkraut, Kleine Erbsen mit Zunge und geräuchertem Lachs, Gänselebern mit Trüffeln, getrüffelte Kapaune, Rehziemer, eingemachtes Obst, Salat, Seekrebse, Eis und Kaffee.

DAS RATSSILBER

Sechs Jahre später stand Wilhelm, der Enkel, gerade am Start zum Endspurt auf den deutschen Kaiserthron. Da fand Oberbürgermeister Becker, daß man nun wirklich nicht mehr altes und zusammengestückeltes Geschirr verwenden könne, sondern daß alles schön, neu, prunkvoll, würdig und einheitlich aussehen müsse. Ein neues Ratssilber wurde beim Kölner Goldschmied Gabriel Hermeling in Auftrag gegeben. Stilistisch mußte es die 1855 begonnene Neugotik des Gürzenich abrunden. Bis zu Beginn dieses Jahrhunderts entstand dann Colonias silberne Tafelpracht, die auch den alten Kaiser Maximilian mit Bewunderung erfüllt hätte. In den wenigen Kaiseressen des frühen 20. Jahrhunderts gelangt die Idee des Schauessens noch einmal zur letzten Entfaltung – und verlischt.

Inzwischen hat sich das Ratssilber des 19. Jahrhunderts einen kunst- und kulturgeschichtlichen Rang eraltert, daß es nicht mehr durch Gebrauch abgenutzt, sondern nur noch im Museum bestaunt werden soll. Seit Beginn der 1980er Jahre legen reiche Bürger wieder zusammen und schenken der alten Colonia noch einmal eine neue Aussteuer. Mögen auch konservatorische Argumente das alte Ratssilber ins Museum gebracht haben, so ist doch nicht zu verkennen, daß die heutige Bürgerschaft vom blinkenden und blitzenden Aufblähen öffentlicher Pracht Abstand genommen hat. Das neue Ratssilber orientiert sich an Maßstäben eines modernen Designs.

DAS „HERRENESSEN DES GROSSEN SENATS"

Einmal ihm Jahr wird das neue Ratssilber für einen auserwählten Kreis Kölner Bürger geputzt und im Hansasaal des Rathauses eingedeckt: dann nämlich, wenn der Oberbürgermeister zum traditionellen „Herrenessen des Großen Senats" lädt.

Einige Prunkstücke aus dem Kölner Ratssilber:
1 Großer Adlerleuchter (Alois Kreiten, 1900), 2 Kleiner Adlerleuchter (Gabriel Hermeling, 1898), 3 Zuckerschale (Gabriel Hermeling, 1900), 4 Kredenz (Alois Kreiten, 1913), 5 Tafelaufsatz „Vater Rhein" (Gabriel Hermeling, 1900), 6 Prunkbowle (Christian Mohr, 1877)

Der mit den Kölner Bräuchen vertraute Leser wird schon an der Namensgebung erkennen, daß es sich dabei um ein Ereignis im Zusammenhang mit dem vaterstädtischen Fest, dem Karneval, handeln muß. Richtig! Denn im närrischen Köln ist auch der „Senat" in der Regel ein närrischer: So heißen die Förderkreise der Karnevalsgesellschaften, die mit mehr oder weniger großzügigen Spenden die Vereinskassen aufbessern.

Den „Großen Senat" gibt es in Wirklichkeit gar nicht. Es handelt sich vielmehr um den „Verein Heimatmuseum Köln e.V.", einen erlauchten Kreis aus Spitzenmanagern von Wirtschaft, Handel und Banken unter Vorsitz des ehemaligen Bürgermeisters und Textil-Unternehmers Jan Brügelmann. Der Verein ist sozusagen das finanzielle Rückgrat des Rosenmontagszuges, und das „Heimatmuseum" ist das Haus des Kölner Karnevals in der Antwerpener Straße, das ohne die Spendierfreudigkeit des Vereins ebenfalls nicht existieren könnte.

Unter diesen Auspizien haben die Herren des Vereins natürlich nichts dagegen, sich „Großer Senat" titulieren zu lassen. Und ihre Wichtigkeit für das große vaterstädtische Fest unterstreicht die alljährliche Einladung des Oberbürgermeisters.

Die Tischgesellschaft ist jeweils vierzig bis fünfzig Köpfe stark, und auf der Speisenkarte steht ein eher schlichtes Menü mit vier Gängen, von der „Ratskeller"-Küche zubereitet. Die eigentliche Attraktion des vornehmen Essens ist das Ratssilber. Und so mancher könnte sich als Platzteller auch das eigene, mit seinem Namen verzierte Stück vorsetzen lassen.

DER SILBERSCHATZ DER HERTA REISS

In unseren Zeiten ist es eine Frau, die den wohl umfangreichsten und wertvollsten Schatz an eigenem Tafelsilber in Köln hütet: Herta Reiss, Chefin des Gastronomie-Großunternehmens Hans Reiss KG, das seinen Sitz auf dem Kölner Messegelände hat.

Ursprünglich, in den frühen 70er Jahren, waren die ausgefallenen silbernen Schälchen, Platten, Karaffen und Becher nur für den allerexklusivsten Gästekreis des Gastronomie-Unternehmens gedacht. Repräsentative Essen für maximal 24 Personen sollten damit verschönert werden. Aus dem Elite-Geschirr sind bis heute mehr als zehntausend Teile geworden – Silberbesteck nicht mitgezählt!

Zum Silberschatz der Herta Reiss gehören Tafelplatten mit einem Durchmesser von anderthalb Metern, ebenso aber tausend winzige Suppenterrinen mit Glas-Einsatz – ausreichend für eine Portion, aber jedes mit silbernem Deckelchen. Fische aus Silber, die auf ihrer Schwanzspitze ein Schälchen mit Meeresfrüchte-Salat balancieren, kennen Kölner Festgäste ebenso wie Hummer- und Trüffelteller aus Italien, Einkaufspreis pro Stück rund 600 Mark.

Herta Reiss ist ohnehin im Begriff, ein Stück Kölner Gastronomie-Geschichte zu schreiben: Niemand ist wie sie auf große Veranstaltungen der Luxusklasse spezialisiert, und ein Sieben-Gänge-Menü für tausend Personen stellt sie zwar vor Probleme, aber unlösbar sind sie nicht. Als erste Frau überhaupt schaffte sie es, Mitglied der Vollversammlung der Kölner Industrie- und Handelskammer zu werden. Und wenn in Köln, Düsseldorf und Hannover zugleich große Messen sind (an diesen drei Plätzen ist die Hans Reiss KG gastronomisch tätig), dann wird sie kurzfristig zur diskreten Regentin von mehr als tausend guten Geistern in Küche und Service. Deshalb – und natürlich auch wegen des Silberschatzes – gehen die Kölner so gern zu Herta Reiss, wenn sie in großem Stil feiern wollen. Der neue Trend: Zwei, drei oder mehr Jubilare tun sich zusammen und laden ihre Gäste gemeinsam zu einem Fest ein – das dann ein ganz großes wird.

Eine für die damalige Zeit typische Marktszene von Pieter Aertsen (1508–1575)

Im Schlaraffenland der Kölner Märkte

Das Gärtchen hinterm Haus, aus dem die sparsame Hausmutter ihre Familie versorgt, ist eine biedermeierliche Vorstellung, die für Köln schon seit über 1000 Jahren nur als Ausnahme zutrifft. Typisch war hier der „Markt", auf dem man – mehr oder weniger – alles kaufen konnte. Das gilt freilich noch nicht für die Zeit der Völkerwanderung. Die Franken wohnten lieber in großen Höfen außerhalb der Stadt, und dort waren sie natürlich Selbstversorger. Einen Markt brauchten sie nicht.

Stiftungen zum gut gedeckten Tisch

Selbstversorger waren zunächst auch noch die Stiftsgemeinschaften, die für das frühe städtische Leben Kölns so wichtig waren. Sie unterschieden sich von Klostergemeinschaften dadurch, daß sie ihr Leben nicht nach der Ordensregel eines bestimmten Gründers organisierten, sondern ihre Mitglieder nur locker zum Chorgebet und zu den religiösen Feiern des christlichen Heilsjahrs verbanden.
Unabhängig davon waren die Stifte und einige der ältesten Klöster aber auch Versorgungsanstalten für unverheiratete Kinder führender Familien aus Adel und Patriziat. Viele übernahmen zwar kirchliche Ämter und Verwaltungsaufgaben, für deren Bewältigung eine größere Familie nur störend gewesen wäre. Doch wurden mit dem Beitritt auch andere Probleme

gelöst: Fand sich kein akzeptabler Schwiegersohn für eine flachbrüstige Tochter oder sollten etwaige Sprößlinge junger Ritter nicht die Erbfolge der Brüder durcheinanderbringen, dann stiftete der hochmögende Vater einer solchen religiösen Gemeinschaft einen Fronhof, einen Weinberg oder eine Mühle und gab seine Kinder bei Abt oder Äbtissin ab.

Auf diese Weise kamen im Laufe der Jahrhunderte sagenhafte Stiftsvermögen zusammen. Der Kölner Historiker Hermann Kownatzki hat einmal ermittelt, daß die Gesamteinkünfte eines solchen Stifts etwa denen einer

Gemüsemarkt bei St. Gereon. Der holländische Maler Gerrit A. Berckheyde hat anläßlich eines Köln-Besuches um 1650 die Stadt und ihr Leben in Skizzen festgehalten und diese später in Haarlem für seine sensiblen Architekturstücke verwertet, wobei er jedoch mit den topographischen Gegebenheiten recht willkürlich verfuhr. Im Hintergrund ist St. Maria im Kapitol zu sehen.

mittleren Grafschaft entsprachen. Und in Köln gab es derer elf! Von ihrem Reichtum und ihrer Kultur legen die noch erhaltenen goldenen Schreine Kölns beredtes Zeugnis ab wie auch die zwischen 950 und 1250 entstandenen religiösen Zentren dieser Gemeinschaften: die romanischen Kirchen. Die meisten Einkünfte der Stifte wurden in Naturalien erbracht. Dementsprechend war der Tisch nicht schlecht gedeckt. Das galt nicht nur für das, was auf dem Teller lag, sondern auch für das ganze „Drumherum". Jünglinge, die in St. Pantaleon aufgenommen werden wollten, mußten nicht nur „jet an de Fööß han", sondern es wurden beim Eintritt auch ganz ohne christliche Bescheidenheit vom Abt feine Tischtücher und Schüsseln gefordert. Verständlich, daß die Bewohner der Stifte sich mit Exklusivität gegen schmarotzende Emporkömmlinge absicherten. Zur Aufnahme ins herausragende Domstift mußte man 16 (!) hochadlige Vorfahren nachweisen. Für die anderen Stifte galten vergleichbare Regeln. Das Gemeinschaftsleben wurde – jedenfalls im späteren Mittelalter – locker gesehen. Von „ora et labora" sowie Armut, Keuschheit und Gehorsam fühlten sich die Stiftsherren und -damen nicht alle gleichermaßen angesprochen. Am Tisch des Herrn konnte man sich auch mal vertreten lassen. Weniger gern tat man das wahrscheinlich am Tisch des Abts. Die Geschichtsforscherin Edith Ennen nennt die Stiftsmitglieder „anspruchsvolle Konsumenten, . . . die kein asketisches, sondern ein ihrer adligen bzw. patrizischen Herkunft entsprechendes Leben führten."

Die Stifte waren Großhaushalte, die mit ein paar Dutzend anderen Häusern reicher Patrizier und stadtsässigen Adligen kulinarisch den Ton angaben. Bei den Festessen der Stiftsherren von St. Gereon im 12. Jahrhundert wird z.B. von Weizenwecken, Kuchen, Käse, Hühnern, Eiern, Bier und Wein in größeren Mengen berichtet. „Auf dem Speisezettel der Mönche von St. Pantaleon stehen um 1225 für die Festtagsmahlzeiten fette Suppen (saginatum sorbitum), Hecht (esox), Fleischpastete (artocreas), Kuchen (placenta) und plasma salsa (vielleicht gesalzenes Backwerk)."

Kuchen und Wein galten für die ärmeren Menschen des Mittelalters als himmlische Speisen, was noch aus manchem Märchen der Gebrüder Grimm herauszuhören ist.

Drei Messen im Jahr

Die Tafel-Berichte von den Stiften datieren schon auf eine Zeit, als nicht mehr alles von den eigenen Besitztümern geliefert wurde. Der Bau der riesigen Stiftskomplexe, die erzbischöfliche Hofhaltung und Hungersnöte auf dem Lande hatten seit dem 10. Jahrhundert die Menschen scharenweise in die Stadt gelockt und getrieben. Sie alle mußten essen. Da sie sich unmöglich selbst versorgen konnten, wurden sie zu Verbrauchern, denen das Angebot eines Produzenten oder Händlers entsprechen mußte. Die Versorgung der Massen, der Genußanspruch vermögender Kreise und das Erwerbsinteresse der Händler wurden die Motoren des Angebots. Bei den Dimensionen, in die Köln sich im 10. und 11. Jahrhundert hineinentwickelte, war das nur über einen weitausgreifenden Handel erreichbar. Der wiederum hatte eine große Eigendynamik, entwickelte die Märkte und machte das heilige Köln für Jahrhunderte zu einem lukullischen Paradies. Den Übergang von den mehr und mehr produzierenden Selbstversorgern zu den durchgehend beschickten Märkten bilden die Messen. Auch hier stoßen wir – wie fast überall bei den Grundlagen unserer Ernährungsweisen – wieder auf christliche Ursprünge. Ausgangspunkt der Messen waren die Namensfeste von Heiligen oder kirchliche Festtage, zu denen in den Kirchen besonders aufwendige Messen gefeiert wurden und an die sich ein Jahrmarkt anschloß. Der kultische wie der kommerzielle Aspekt haben sich in der Doppelbedeutung des Wortes „Messe" erhalten, aber auch in der für Köln so typischen „Kirmes" (Kirchmesse), die nur von lokaler Bedeutung war.

Schon vor 1000 entwickelten sich in Köln drei bedeutende liturgische Messen mit anschließenden großen Jahrmärkten, die Produzenten und Verbraucher, Händler und Käufer, Interessenten und Neugierige aus weiten Gebieten des Rheinlandes und sogar ganz Europa anzogen: die Ostermesse, die Messe zu Petri-Ketten-Feier am 1. August (in Erinnerung an die Überführung einer Petrus-Ketten-Reliquie) und die Severinsmesse Ende Oktober. Der Handel mit Versorgungs- und Luxusgütern sowie Wein ist nachgewiesen. Die Ostermesse ragte als bedeutendste über die anderen hinaus. Sie war der Rahmen der größten städtischen Selbstdarstellung des reichsstädtischen Köln: der „Gottestracht". Die Severinsmesse in der Zeit nach der Ernte dürfte Züge einer heutigen „Anuga" getragen haben.

Modell des Stapelhauses

STAPELRECHT UND STAPELHAUS

Die Lage zwischen niederem und oberem Rhein machte Köln auf natürliche Weise zum Umschlagplatz von Waren: Die beiden Abschnitte des Wasserweges konnten nicht mit denselben Schiffen befahren werden. Folgerichtig forderten die Kölner Handwerker und Kaufleute das Stapelrecht, das ihnen nach längeren Auseinandersetzungen am 7. Mai 1259 vom Erzbischof eingeräumt wurde. Danach durfte kein Händler – ob zu Lande oder Wasser – seine Waren nur mehr einfach umladen, sondern er mußte sie auspacken und den Kölnern drei Tage lang zum Kauf anbieten.

Die Folge war zwar ein Verfall der alten Messen, aber keineswegs ein Verfall des Handels. Im Gegenteil: „In Köln ist immer Messe", hieß es seitdem, nicht nur an bestimmten Festtagen. Dem Stapelrecht, das formell bis 1831 bestand, verdankte die Stadt fürderhin ihr fast unerschöpfliches Warenangebot und ihren Reichtum. Das hatte für die Verbraucher, zu denen notfalls

auch die Umlandbewohner gehörten, den Vorteil, daß Versorgungseng-
pässe und Hungersnöte hier nicht so hart durchschlugen wie anderswo.
Die Versorgungspolitik der Stadt hatte solche Zusammenhänge immer im
Auge.

Als juristisches und bauliches Herzstück des Kölner Handels wird allgemein das Stapelhaus angesehen. Der Name „Stapel" legt das natürlich
nahe. In Wirklichkeit aber war nicht ein einzelnes Gebäude, sondern das
ganze Hafen- und Zollgebiet zwischen Rhein und Stadtmauer der „Stapel". Hier wurden entsprechend dem Stapelrecht alle Waren ausgebreitet,
begutachtet, gehandelt, registriert und mit neuen Qualitätsausweisen versehen. Das Stapelhaus selbst entspricht nach unseren heutigen Vorstellungen am ehesten einer Großmarkthalle für Fisch und Fleisch, die einer besonders strengen Überwachung durch die Obrigkeit unterlagen. Dazu
dienten seit 1360 Baulichkeiten an der Mühlgasse und dem Fischtor. Zwischen 1558 und 1568 wurden an derselben Stelle Fischkaufhaus und
Fleischhalle (Schlachthaus) neu erbaut und unter einem Doppeldach zu-
sammengefaßt; der heute noch bestehende Treppenturm kam später
hinzu.

Über dem Eingang prangten zunächst nur die Hoheitszeichen der Stadt
Köln. Erst 1913 fügte man im Zuge einer Glorifizierung der vergangenen
Reichsstadt dreiundzwanzig Wappen altkölnischer Patriziergeschlechter
hinzu. Erst damit war das Stapelhaus zum Denkmal des Stapelrechts der
alten Reichsstadt erhoben worden. Seine tatsächliche Bedeutung hatte es
schon in der Franzosenzeit verloren. Nach unterschiedlichen Nutzungen
und einer fast totalen Kriegszerstörung (nur der Treppenturm blieb einigermaßen erhalten), wurde es nach Abschluß des Wiederaufbaus das Haus
des Kölner Handwerks.

HANDEL UNTERM KÖLNER QUALITÄTSHIMMEL

Der Stapelzwang hatte zwei Aspekte: Konsum nach innen und Zwischen-
handel nach außen. Die Kölner konnten stets über ein vergleichsweise fa-
belhaftes Warenangebot verfügen, aber das hätte der Stadt noch keinen
Reichtum verschafft. Der entstand vielmehr dadurch, daß Stadt und Händler sich aus dem Angebot die besten Stücke und Materialien herauspick-
ten, sie weiterverarbeiteten, neu verpackten und dann gewinnbringend
weiterverkauften.

Man mag das für bauernschlau halten, aber immerhin genoß der Endver-
braucher den Vorteil, daß die Kölner ihm für die Qualität der Waren bürg-
ten. Und der Ruf der „kölnischen Ware" war gut! Köln hatte als Marktstadt
bereits um 1000 ein solches Ansehen gewonnen, daß Kaiser Otto III. die
Stadt zum „Bezugsort" für Marktgründungen an Mosel, Rhein und Elbe
erklärte.

Worin lag das Geheimnis dieses Erfolges? Die Kölner hatten früh herausgefunden, welche Teufel allüberall das Warenangebot bedrohten: die natürliche Verderblichkeit der Lebensmittel und die durch Gewinnsucht ver-
derbte Natur des Menschen. Um diese Teufel auszutreiben, hatten sie ein

Das Viertel um Groß St. Martin, die ehemalige Rheinvorstadt, war über viele Jahrhunderte als Warenumschlagplatz das Zentrum der Handelsmetropole Köln. Auf dem Ausschnitt aus dem Stadtprospekt des Anton Woensam von 1531 erkennt man links am Rheinufer ein

„Oberländer"-Schiff, das zur Bergung der Fracht – vor allem Wein – am Kranen festgemacht hat; weiter rechts einige „Niederländer", mit denen holländische Heringe nach Köln und Rhein- und Moselwein bis nach Dordrecht gelangten.

rigoroses Kontroll- und Überwachungssystem geschaffen, das die Kölner Märkte zu Paradiesen des Handels machte, über dem sich der Qualitätshimmel wölbte. Bürgermeister und Ratsherren waren die Säulenheiligen, an die jeder Geschädigte sich hilfeflehend wenden konnte. „Vinnekiker", Marktmeister, -aufseher, -polizei und -diener, waren ihre Racheengel. Weithin erkennen konnte man sie am weiß-roten Stab und am „staide klaid", einer Dienstuniform, die als schwarzrotes „geteiltes Wams" beschrieben wird. Sie ließen die Augen gehen, musterten alles durch und steckten in alles ihre Nase. Was nur im geringsten verdorben oder verfälscht war, wurde des Platzes verwiesen oder kurzerhand in den Rhein geworfen. Wer nicht nach geltendem kölnischen Maß und Gewicht gemessen und gewogen hatte, wurde verhaftet, bestraft und zum „Stäupen" an den Kacks oder Käx, den Pranger auf dem Altermarkt, gestellt.

Die bannenden Kreuze gegen die betrügerischen Marktteufel hatten die Gestalt von Maßen, Gewichten und Stempeln. Sie wurden entweder in der Mittwochsrentkammer, das war die Stadtkasse, wie kostbare Reliquien gehütet und zu bestimmten Tagen zum Stapelhaus getragen, oder sie waren wie Weltgerichte in Form von „Münze" und „Waage" fest auf den Märkten und vor dem Stapelhaus installiert. Was durch das Fegefeuer kölnischer Kontrollen gegangen war, war von reiner oder geläuterter Qualität. Darauf konnte der Rest der Welt sich verlassen. Und auch die Kölner selbst hatten ihren Nutzen davon.

Eichgefäße aus Messing mit Stadtwappen (1660). Mittels der seitlich in den oberen Rand dieser Kannen eingeschnittenen Überlaufschlitze prüfte man in der städtischen Eichkammer den wahren Inhalt von Schenkgefäßen. Das „4 Eich"-Maß entsprach etwa 5,3 Litern.

Marktleben auf dem Altermarkt um 1660: Zwischen „Kappes" und „Daglicher Muß" und „Peffertz Kram" denkt ein armer Sünder im Käfig über sein Vergehen gegen die Marktordnung nach. Rechts neben diesem „Trillhäuschen", das vermutlich drehbar war, der Pranger, die Marktglocke und das Wachthäuschen.

Den Fischfreunden wohl bekannt war einst diese geschnitzte Heringsfrau, die in der ehemaligen Markthalle am Sassenhof über dem reichhaltigen und frischen Angebot thronte.

Marktteufel lauern in den Fässern

Die Verschränkung von Stapelrecht und Qualitätsanspruch hatte zur Folge, daß Köln eigentümlicherweise zum internationalen Handelszentrum für zwei Waren wurde, die für die Stadt selbst keineswegs typisch waren: Hering und Wein. Weder lag die Stadt direkt am Meer noch inmitten von Weinbergen, obwohl natürlich auch innerhalb der Stadt bis ins 19. Jahrhundert allerlei Wein angebaut wurde. Aber selbst wenn alle vierzigtausend Einwohner des mittelalterlichen Köln ausschweifende Weintrinker gewesen wären und alle sich nur von Fisch ernährt hätten, ließe sich der einst so hohe Rang dieser Nahrungs- und Genußmittel für das Ansehen der Stadt und für ihre damit verbundenen Einkünfte nicht erklären. Der wahre Grund liegt darin, daß die Kölner bei der Austreibung der Marktteufel – Verderben und Betrug – eine Rigorosität entwickelten, die europaweit Vertrauen schuf.

Die Heringsstadt

Der Hering (Fisch überhaupt) ist schon von Natur aus am stärksten dem Verderben ausgesetzt. Dementsprechend bedurfte es einer hohen Kunst, die Ware nach Konsistenz, Geruch und Aussehen annehmbar zu erhalten. In dieser Kunst hatten sich vor Köln zwar schon viele Städte – vor allem die in den Küstenzonen – versucht, aber volles Vertrauen hatte keine von ihnen gewinnen können. Teilweise lagen die Fischsorten kunterbunt durcheinander in den Fässern, teilweise waren sie aus sehr unterschiedlichen Fischgründen geholt und zu ungünstigen Jahreszeiten gefangen, teilweise waren die Verarbeitungsvorschriften nicht streng genug, teilweise waren sie mit Salz minderer Qualität nur unzureichend haltbar gemacht worden, und zu guter Letzt waren die entsprechenden Angaben auf den Fässern vor allem für den Laien nur schwer durchschaubar. Unterschiedliche Angaben über Fanggründe, Verarbeitung und Gewicht stifteten mehr Verwirrung als daß sie eindeutig informierten.
Hier entwickelte Köln rechtschaffenes Handwerk zur hohen Kunst weiter und schuf „Fässer mit Brandstempeln": Die Stadt schloß mit Zulieferstädten wie Breda, Dordrecht, Vlaardingen, Rotterdam, Schiedam und anderen Verträge, durch die Sorten, Beschaffenheit, Verpackung, Fang- und Lieferzeiten der Heringe genau festgelegt waren. Kamen sie in Köln an, gerie-

ten sie in die vereidigten Hände von etwa fünfzig städtischen Beamten. Die Fischpacker unter ihrem Vorarbeiter, dem Heringsröder, schafften die Tonnen und Körbe ins Fischkaufhaus. Der „Wirt" (Makler), der Kölner sein mußte, nahm die Lieferung in Empfang und kontrollierte sie auf ihren vertragsgemäßen Zustand. Dann wurden die Gebinde unter Aufsicht der Wirte und Wiegemeister geöffnet, sortiert, gewogen, gesalzen und in neue Holzfässer verpackt.

Die Stempel mit der Inschrift „Col" waren für den Zirkelbrand bestimmt (Juli bis September); die Ein-Kronen-Stempel für den sogenannten 1. Brand (Oktober) und die Stempel mit drei Kronen und den Buchstaben „ZB" für den 2. Brand (November bis Januar).

Jetzt erhielt die Ware die höheren Weihen, den „Kölner Brand". Dazu wurden die aussagekräftigen Kölner Brandstempel auf einer Feuerstelle zum Glühen gebracht und in die Fässer eingedrückt. Ein Faß trug immer mehrere Stempel. Aus ihnen ging hervor, daß das Faß in Köln nach den Regeln der Faßbinderzunft hergestellt, mit einer gleichbleibenden Zahl von Heringen einer bestimmten Qualitätsstufe und Größe gefüllt, mit bestem Salz haltbar gemacht und unter städtischer Aufsicht versiegelt worden war. Mit diesen amtlichen Vermerken gingen die Fässer an den „Faktor" (Exporteur), der ebenfalls Kölner sein mußte. Er verkaufte sie dann weiter an die Händler, die nicht nur aus allen Nachbarstädten, sondern auch aus Basel, Nürnberg, Augsburg, sogar aus dem österreichischen Linz, dem transalpinen Bozen und dem französischen Metz kamen. Es versteht sich, daß auch die Kölner selbst von der hervorragenden Ware Gebrauch machten und eine geübte Zunge ausbildeten, die dem Geschmack der Küstenbewohner nicht nachstand. Doch davon später noch einmal.
Vom Heringshandel profitierten zwei Berufsgruppen in besonderer Weise: die Salzhändler und die Faßbinder. Die einen waren in der Salzgasse ansässig, wo der Name bis heute die Bedeutung ihrer Ware für das alte Köln wiedergibt. Die anderen hatten am Holzmarkt ihr Zentrum. Gleich nebenan, am Filzengraben, übernahmen sie im Jahr 1537 ein Gebäude aus dem Besitz des alten Patriziergeschlechts der Overstolzen. Sie bauten es um, bereicherten es um eine Renaissancefassade und schufen damit eines der schönsten Kölner Zunfthäuser. Es wurde erst im Zweiten Weltkrieg zerstört.

Der fangfrische Fisch wurde zum Trocknen aufgehängt oder eingesalzen und für den Handel in Fässer und Kisten verpackt. (Holzschnitt nach Olaus Magnus, um 1555)

Die Weinstadt

Ihren Reichtum verdankten die Faßbinder nicht nur dem Fisch, sondern ebenso einer anderen Ware, die in Fässern gehandelt wird: dem Wein. Während der Fisch buchstäblich rheinaufwärts zog, nahm der Wein den umgekehrten Weg, und das mit dem Stapelrecht ausgestattete Köln war der Umschlagplatz.

Fisch und Wein verbindet ihre äußerst anfällige Qualität. Während man aber beim Fisch sofort riecht, wenn er nicht in Ordnung ist, merkt man das beim Wein – wenn überhaupt – erst sehr viel später. Dieser einfache Tatbestand verlockte Betrüger schon seit Jahrtausenden dazu, reinem Wein preiswerte Zusätze mit ins dunkle Faß zu geben, womit auch zwischen Wasser und Glykol schon immer sehr viel Geld verdient worden ist. Des Problems kann man bei Fischen durch Öffnen der Fässer, strikte Kontrolle und Weiterverarbeitung Herr werden; beim Wein ist das ausgeschlossen. Das haben Kölner Weinhändler wohl schon früh begriffen und sich konsequent Vertrauen erworben, welches von der Stadt durch ständige Kontrollen gefördert wurde. Der gute Geruch aus den Kölner Fischfässern mag dabei sogar als Kapital gedient haben. Zwischen 1350 und 1450 erlebte Köln

Auf seinem Transport in die Stadt mußte der Wein stets die Salzpforte passieren. Dort überprüfte der strenge Weinakzisemeister die Liefermenge und ließ sich von den Händlern gleich an Ort und Stelle die Weinsteuer bezahlen.

jedenfalls einen kometenhaften Aufstieg zu einem der führenden Weinhandelsplätze Europas. „Zwischen 1379 und 1384 betrug der durchschnittliche Weinimport nach Köln 13.830 Fuder oder fast 121.000 Hektoliter... Spitzenjahre erbrachten noch höhere Mengen", schreibt Franz Irsigler in „Zwei Jahrtausende Kölner Wirtschaft". Für 1425 weisen die städtischen Steuerbücher nahezu 31.000 Fuder aus, das waren über 270.000 Hektoliter, das entspricht 27 Millionen Literflaschen Wein.

Wie die Stadt Köln die Qualität der Fischlieferungen durch Verträge mit den Städten am Meer sicherte, so taten es die Großhändler für den Wein mit den Dörfern am Mittel- und Oberrhein. Teilweise wurden die Ernten

Die Faßbinder (Böttcher) hatten in den Glanzzeiten des Kölner Handels alle Hände voll zu tun, um besonders die Fisch- und Weinhändler ausreichend mit Fässern und Bütten zu versorgen.

auf zehn Jahre hinaus im voraus angekauft. Manche der Händler gingen sogar soweit, selbst Weinberge zu erwerben und von eigenem Personal bewirtschaften zu lassen. „... wie 1473 der reiche Englandfahrer Johann Kremer gen. up dem Berge in den fernen elsässischen Dörfern Rappoltsweiler und Hohweiler..."

„In welchem Stil die großen Kölner Weinhändler ihr Geschäft betrieben, kann am Beispiel des Godart Palm gezeigt werden, des bedeutendsten Kölner Weinhändlers im 15. Jahrhundert. Von 1465 bis 1470 und auch wohl in anderen Jahren beschäftigte er im Elsaß zwei Weinaufkäufer, einen Schlettstädter Faßbinder und einen Kölner... Seine durchschnittliche Jahreseinfuhr betrug 658 Fuder oder 5760 Hektoliter. Nach heutigen Maßstäben und Preisen könnte man von Millionenumsätzen sprechen. 1473 belieh er die Ernten der Weinbauern in Erpel, Unkel, Rheinbreitbach und Bruchhausen; in diesem Zusammenhang werden sogar Lehnsleute Palms genannt."

Die Händler vom Himmelreich

Was im Badischen oder im Elsaß, in der Pfalz oder im Rheingau, am Mittelrhein, an der Mosel oder an der Ahr an Wein eingekauft wurde, das konnten die Kölner zu keiner Zeit selbst trinken. Der weitaus größte Teil wurde exportiert bis nach Brügge und London, Stockholm und Novgorod. Damit gelangten nicht nur die Weingroßhändler zu großem Reichtum, sondern auch ihre Gaffel. Sie trug den schönen Namen „Himmelreich". Das hatte weniger mit den paradiesischen Wirkungen des Weins, sondern vornehmlich mit dem Namen ihres Gesellschaftshauses zu tun, das auch der Gasse „Auf dem Himmelreich" ihren Namen gab. Gasse und Haus „Himmelreich" verschwanden erst zu Ende des 19. Jahrhunderts, als das alte Veedel neben dem Heumarkt abgerissen wurde, um Platz für die inzwischen auch schon wieder verschwundene Markthalle auf dem Sassenhof zu schaffen. Trotz des weltweiten Weinhandels ist Köln dennoch keine eigentliche Weinstadt geworden. Der Handel schrumpfte nach 1450 peu à peu und pendelte sich in den darauffolgenden 100 Jahren auf jährlich etwa sechs bis sieben Millionen Liter ein. Hierbei spielt sowohl die Höherentwicklung der Ansprüche wie auch das Aufkommen des Bieres als Massengetränk eine Rolle.

Kölner Weinhandel heute

Die großen alten Kölner Weinhandelshäuser – Brungs, Duhr, Vanderstein-Bellen, Dahmen & Allinger beispielsweise – gibt es heute nicht mehr. Mit dem Ende des Brauches, den Wein beim Winzer im Faß zu erwerben und in Kölner Kellern auf Flaschen zu ziehen, verabschiedete sich auch die Stadt Köln als Weinhandels-Zentrum vom Markt. Die Winzer gingen dazu über, ihre Weine selbst in Flaschen abzufüllen und ihn auch selbst zu vermarkten. Der Rhein als Transportweg für die ungefügen Fässer war nicht mehr wichtig; ebenso gut ließen sich die Weinkisten und -kartons per Bahn und LKW in alle Teile des Landes verschicken. Neue Vertriebsformen setzten sich durch, die Weinprobe zuhause mit gleichzeitigem Verkauf kam in Mode – kurz: Im klassischen Weingeschäft war kaum noch Geld zu verdienen.

Einer der wenigen, die die neue Zeit überlebten, ist das Weinhandelshaus Fegers & Unterberg. Hier strahlt Kölns Stern als ehemalige Weinhandels-Metropole noch am hellsten, denn dem Freund edler Rotweine bietet sich das konkurrenzlos breiteste Angebot an Bordeaux-Weinen: Die Weinliste

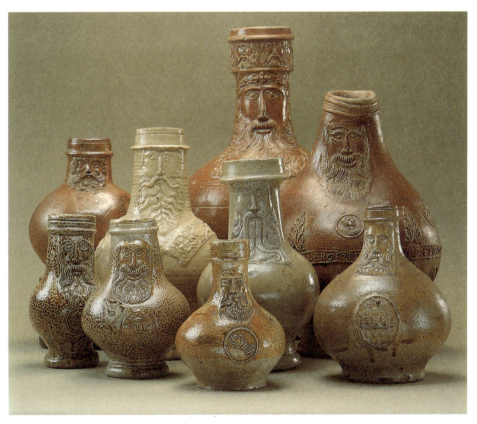

Die Bartmänner: würdige Herren mit wallenden Rauschebärten, voll des Weines. Als Zeugen rheinischer Trinkfestigkeit gelangten Wein- und Wasserkrüge aus den Kölner und Frechener Töpfereien seit dem 16. Jh. millionenfach in alle Welt.

von Fegers & Unterberg, allein in diesem Bereich 350 Angebote stark, geht alljährlich an rund 8000 Weinfreunde in der ganzen Bundesrepublik und darüber hinaus. Im Ladenlokal am Heumarkt treffen sich die „Wein-Nasen" aus allen Gegenden. Und alte Freundschaften, wohl vor Jahren auf französischen Wein-Verkostungen geschlossen, werden hier aufgefrischt. Dabei steht Fegers & Unterberg keineswegs für die neue Zeit. Als sich die Herren Fegers und Unterberg 1929 entschlossen, mit ihren Zigarren-, Spirituosen- und Weingeschäften in Köln und Dellbrück gemeinsame Sache zu machen und das Grundstück am Heumarkt erwarben, waren die großen Tage des Kölner Weinhandels schon beinahe am Ende. Fred Unterberg, der heutige Chef des Unternehmens, erinnert sich, daß bei Fegers & Unterberg noch bis 1968 Bordeaux-Weine im eigenen Keller in Flaschen gefüllt wurden – darunter heute so überaus rare Gewächse wie Château Palmer und Château Beychevelle.

Erst in den letzten fünfzehn Jahren gelang es Fred Unterberg, sich bei seiner Kundschaft – rund die Hälfte kauft nur per Post und kennt möglicherweise nicht einmal das nostalgische Ladengeschäft mit der „Köln-Tapete" aus den fünfziger Jahren – als Lieferant gehobener Weine zu empfehlen. F & U profitierte vom Wandel der Trinksitten, der sich mit wachsendem Wohlstand einstellte: vom Drang zum anspruchsvollen und daher beratungsintensiven Wein.

Zweimal im Jahr lädt Fegers & Unterberg zur Weinprobe, einmal für Bordeaux- und einmal für Burgunder-Weine. Dazu reisen die Weinfreunde von weither an und geben sich die Probiergläschen in die Hand. Die Proben sind professionell vorbereitet; jeder Wein ist mit einem numerierten Korken verschlossen, und jeder, der probieren will, erhält ein Blatt mit sämtlichen Daten. Stets eine der ganz seltenen Gelegenheiten, sich und seinem Gaumen einen Überblick zu verschaffen über das Angebot von Frankreichs großen Weinen.

Was hier über Frankreichs Rebensaft gesagt wurde, gilt in gleichem Maße für deutsche Gewächse. Sie haben ihren eigenen Freundeskreis. Die jungen deutschen Winzer bringen in diesen Jahren neue Weine im Zeitgeschmack auf den Markt, und Fred Unterberg, seit einem Jahr verstärkt durch Junior-Partner Christian Leve – führt die Weine mit ihren Liebhabern zusammen. So hält der kleine altmodische Laden am Heumarkt Kölns große Weinhandels-Tradition in Ehren.

Der mittelalterliche Altstadtbazar

Während sich zu Kölns Glanzzeiten der internationale Fernhandel weitgehend in den Lagerhäusern am Hafen abspielte, konzentrierte sich das kulinarische Angebot hauptsächlich auf den Marktplätzen und -gassen in der Altstadt. Daneben waren der Waidmarkt als Zentrum des Kölner Textilhandels und der Neumarkt, der schon seit dem 11. Jahrhundert für den Viehmarkt genutzt wurde, von untergeordneter Bedeutung. Der wichtigste Zugang zur Stadt war der vom Rhein aus.

Auf der ehemaligen Martinsinsel ließen sich die Händler und Kaufleute

nieder. Auf dem Platz vor der alten Römermauer, die die Schwelle von der Nieder- zur Oberstadt markierte, entstand der wichtigste Handelsplatz für die Versorgung der Bevölkerung: der Altermarkt. Er setzte sich durch die Straße „Unter Käster", in der die Waren in Kästen angeboten wurden, zum Heumarkt fort. Edith Ennen bezeichnet diese Flucht von Straßen und Plätzen für das 12. Jahrhundert als ein „ausgesprochenes Bazarviertel". Massivere Hütten nannte man „Jademme", leichtere Stände „Krom". Erst später werden die großen Kaufhäuser – wie der Gürzenich – gebaut. Sie sind im Laufe der Jahrhunderte das Zeichen, daß sich Angebot und Nachfrage langsam über die ganze Stadt verteilen und differenzieren.
Viele Straßennamen erinnern aber noch heute an das alte Marktzentrum: Altermarkt, Heumarkt, Eisenmarkt, Fischmarkt, Salzgasse, Holzmarkt, Buttermarkt, Hühnergasse. Andere, wie „An der Fleischhalle", sind verschwunden. Es erübrigt sich, die aussagekräftigen Namen noch einmal zu erklären. Bemerkenswert ist allerdings die Aufteilung des gesamten Marktes in bestimmte Sektionen.

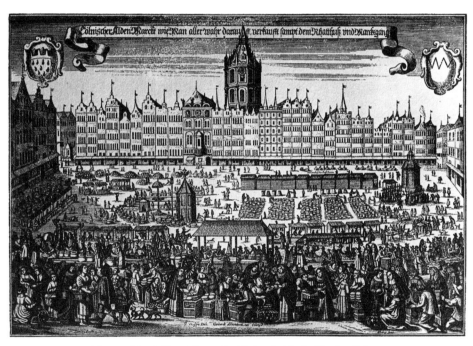

Altermarkt mit Darstellung der Verkaufsstände (Kupferstich von J. Toussyn, um 1660)

Ein Poet im Schlaraffenland

Im Jahre 1531 machte ein fahrender Buchhändler namens Johann Haselberg von der Insel Reichenau in Köln Station und geriet in das Leben und Treiben auf den Märkten der Altstadt. Seine Eindrücke faßte er in die nachfolgenden Verse, die Hugo Borger in unsere Sprache übertrug:

"Durch die Lintgasse tat ich gehn,
den alten Markt sah ich da stehn,
da fand man Laken von mancher Art,
Atlas, Camelot, Seiden und Samt,
viele Apotheken und Kräuterhändler;
Ringsumher trank man guten Wein und Bier,
Äpfel und Birnen waren da viel,
Käse, Butter, Kraut, Rüben, Brot und Mehl,
all dieser Speisen war ich froh.
Nahe dabei verkauft man Heu und Stroh.
Über einen weiten Platz ging ich aus,
da sah ich gar manches schöne Haus,

*Unter den Straßenhändlern, die mit Ihrem Durcheinander von
Ausrufen die Kölner Gassen und Plätze bestimmten, fanden sich*

gar guten Wein tat man da schenken:
Geld mußt der haben, der ihn wollt trinken.
Vier Garküchen standen in der Mitte;
alte Kleider zu verkaufen, war da Sitte.
Da findet man auch eine Fleischküche.
Eine schöne Fleischhalle sah ich erst:
deren sind fünf zu Köln, wie man wohl weiß.
Da verkauft man's Fleisch auch nach dem Pfund,
das findet man da feil zu jeder Stund...
Fünf Kaufhäuser und Waagen auch da sind,
denen laufen die Kaufleute nach geschwind,
um gut zu verkaufen mit dem Gewicht;
der Waagmeister weiß das wohl..."

auch überall solche, die für das leibliche Wohl sorgten. („Kölner Kaufrufe", Kupferstich von Franz Hogenberg, um 1589)

„Die Vielzahl kölnischer Märkte überraschte den Fremden", schreibt Brauchtumsforscher Max-Leo Schwering. „An der Ostseite des Altermarktes sah man Obststände. Hier gab es Gemüse aus dem Vorgebirge, Jülicher und bergische Butter, Getreide von Oberdeutschland, Käse aus dem Limburgischen. Das Angebot an Gewürzen, Sämereien, Ton-, Zinn- und Drechslerware war reich. Der Fleischmarkt arbeitete Hand in Hand mit dem Viehmarkt. Schon 1360 findet man in Rheinnähe das städtische Schlachthaus. Eine Fleischhalle wird 1373 am Heumarkt gegründet. Nicht zu vergessen der Fischmarkt mit den Salmbänken. – Schnepfen, Birkhühner, Wildenten, Fischreiher und lebende Hasen bot der Hühnermarkt feil." Auf dem Heumarkt waren außerdem der Kotzmarkt (Kotze = Innereien), die Brotbänke, der Getreidemarkt, der Flachsmarkt, der Zwiebelmarkt u.a.m. zu finden.

MARKT-ROMANTIK, LEBE WOHL!

Über ein Jahrtausend war die Altstadt das Zentrum der Nahrungsversorgung Kölns. Noch zu Beginn dieses Jahrhunderts wurde am Heumarkt die Großmarkthalle an der Stelle gebaut, an der heute das Maritim-Hotel steht. Sowohl die Halle als auch die gesamte Marktzone sind nach dem Zweiten Weltkrieg endgültig untergegangen.

Nostalgische „Wenns" und „Abers" haben sich inzwischen erledigt: Der Bevölkerungszuwachs, die gesellschaftliche Entwicklung, der allgemeine Wohlstand, die Fortschritte in den Konservierungstechniken, die Verbrauchergewohnheiten, – dies alles hätte mit der gleichen Sicherheit das Marktzentrum Kölns verschoben, wie ja auch der lebenspralle „Bauch von Paris" vor 20 Jahren in seine neue Randlage gedrängt wurde.

Der „Bauch von Köln" liegt jetzt in Raderberg, unmittelbar im Anschluß an den Güterbahnhof Köln-Bonntor. Die neue Zeit hat hier so grundlegende Veränderungen bewirkt, daß es „den" Großmarkt, wie man ihn noch vor zehn oder zwanzig Jahren kannte, nicht mehr gibt. Zwar ist es für Besucher nach wie vor ein Erlebnis, die Kisten mit der frischen Ware an den Ständen unter der großen Kuppelhalle zu sehen, den Geruch frischer Kräuter aufzunehmen und die „Typen" zu bestaunen, an denen jeder Markt auf der ganzen Welt so reich ist.

Das alles täuscht aber nicht darüber hinweg, daß die eigentlichen Markt-Geschäfte längst nicht mehr hier, sondern ein paar Schritte weiter in den umliegenden Bürohäusern gemacht werden – mit Ware, die den Großmarkt oftmals gar nicht erreicht, weil sie auf direktem Weg zum Kunden geht, der heutzutage ja meist Großabnehmer ist: Handelsketten verkraften leicht eine komplette Tieflader-Fuhre voll Erdbeeren, die früher einen ganzen frühen Vormittag lang an Hunderte von kleinen Einzelhändlern verteilt wurde.

Und wenn die neuen Groß-Händler wirklich einmal Ware auf dem Großmarkt in Empfang nehmen, dann verschwindet sie zumeist gleich in den modernen Lager- und Verpackungshallen, wo sie „SB-fähig" verpackt wird. Die Frage, wie die Zwiebel aus Neuseeland ins Netz kommt, beant-

Markttreiben auf dem Altermarkt um 1910

Die 1904 eröffnete Hauptmarkthalle am Sassenhof/Heumarkt. Bis 1940 befand sich der „Bauch von Köln" für Groß- und Kleinhandel im Zentrum der Stadt.

wortet sich hier: maschinell und in Millionen-Stückzahl. Ja, sogar der letzte Rest Markt-Romantik unter der großen Kuppel: der Schwatz beim Händler mit den Hunderten von Gewürzkräutern, wird durch das Knarzen des Computer-Druckers empfindlich gestört, der die Rechnung schreibt. Markt-Romantik, lebe wohl! So ist die zwangsläufige Entwicklung, die daher rührt, daß immer mehr Menschen Vorliebe und Geld für gutes Essen aufbringen. Die Folge ist die Einführung ganz neuer Techniken beim Einkauf und beim Vertrieb, bei der Beschaffung und bei der Lagerhaltung. Das führt leider auch zu fragwürdigen bis kriminellen Praktiken bei der Kälbermast, zu degenerierten Hühnern in Lege-Batterien und zu Fleischfabriken, in denen Tiere verarbeitet werden, die noch nie das Tageslicht gesehen haben. Ein Ergebnis ist, daß schöne rote Tomaten mit einem Mal nach nichts mehr schmecken und das Schnitzel in der Pfanne einfach ausläuft, statt saftig zu bräunen.

Aber die Sache hat auch ihre gute Seite: Wie sonst wäre es möglich, daß heute ganz normale Sterbliche ohne Einfluß bei Hofe in den Genuß kulinarischer Delikatessen kommen können, von denen noch unsere Großeltern nur zu träumen wagten?! Sicher: Erstklassige Produkte haben auch erstklassige Preise, und diese Tendenz ist steigend. Denn was sich nicht durch technische Maßnahmen beliebig vervielfältigen läßt, muß unter der Sonne der Verbrauchergunst immer teurer werden. Wer aber mit erstklassigen Zutaten kocht, hat schon den halben Erfolg im Topf – Spitzenköche wissen das.

Historischer Ausflug zu Hermann von Goch

Welche Produkte von den alten Märkten in die Küchen Kölns und wie sie von dort aus weiter auf die Tische kamen, ist nur wenig belegt. Mühsam müssen sich Historiker aus allen möglichen Quellen ihre Kenntnisse wie Mosaiksteine zusammensetzen. Als Glücksfall gilt deshalb das Pech des Hermann von Goch: Er wurde 1398 geköpft. Die Stadt Köln ließ für den Hochverrats-Prozeß, der zur Hinrichtung führte, alle Dokumente beschlagnahmen, die in Büro und Wohnung dieses erzbischöflichen Siegelbewahrers zu entdecken waren. Zufällig befand sich darunter auch ein minuziös geführtes Haushaltsbuch aus den Jahren 1391 bis 1394. Es hat sich bis heute im Historischen Archiv der Stadt Köln erhalten.

Als erzbischöflicher Notar und Verwalter verfügte Hermann von Goch auch privat über ein gewaltiges Vermögen. Ende des 14. Jahrhunderts gehörte er zu den reichsten Einwohnern Kölns. Im Jahre 1390 bezahlte er allein ein Viertel der städtischen Steuern. Zur Führung seines Hauses an der Glockengasse, in dem er mit einer elfköpfigen Familie wohnte und wo sich die Spitzen der damaligen Gesellschaft die Türklinke in die Hand gaben, benötigte er rund zwei bis drei Dutzend Bedienstete. Alle wurden, wie es damals so üblich war, vom Tisch des Herrn ernährt, wobei es zwischen noblen Gästen und einfachen Dienern – versteht sich! – erhebliche Abstufungen gab.

Als Grundbesitzer verfügte Hermann von Goch über manchen Gutshof auf dem Lande. Von dort, so vermutet man, wird vieles direkt in Küche und Keller gewandert sein, was das Haushaltsbuch nicht verzeichnet. Da aber die Ansprüche des Wohlhabenden an Leben, Genuß und Repräsentation höher waren, als die eigenen Besitzungen hergaben, mußten Köche und Mägde täglich noch viele Lebensmittel auf den Märkten in der Altstadt einkaufen. Darüber gibt das Haushaltsbuch in einmaliger Weise Auskunft. Insgesamt – so hat der Historiker Franz Irsigler ermittelt – wurden in Gochs Haushalt jährlich im Durchschnitt 1135 Mark für Essen ausgegeben. Zum Vergleich: Das Einkommen eines Handwerkers schwankte damals zwischen 160 und 200 Mark im Jahr (nicht zu verwechseln mit unserer heutigen Deutschen Mark!). „Der Jahresbetrag hätte ausgereicht, um z.B. 50 Schlachtrinder oder 227 Schweine zu bezahlen."

Nun lebte man bei Gochs nicht nur von Rind- oder Schweinefleisch allein. Das Haushaltsbuch nennt insgesamt 13 verschiedene Sorten, darunter auch Kapaune, Fasane, Schnepfen und kleine Vögel. Es muß ein Zufall

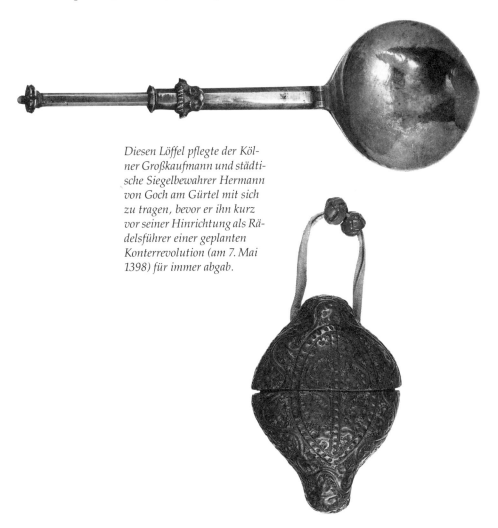

Diesen Löffel pflegte der Kölner Großkaufmann und städtische Siegelbewahrer Hermann von Goch am Gürtel mit sich zu tragen, bevor er ihn kurz vor seiner Hinrichtung als Rädelsführer einer geplanten Konterrevolution (am 7. Mai 1398) für immer abgab.

sein, daß nicht noch mehr aufgeführt ist. Das Wildbret, das damals ausschließlich eine Delikatesse der Gesalbten war, fehlt. Irsigler vermutet, daß zu Beginn der 1390er Jahre nicht viel Wild auf den Markt kam. Möglicherweise hat von Goch es aus eigenen Besitzungen am Markt vorbei bezogen, oder ging vielleicht sogar selbst zur Jagd.

Fisch wurde in etwa der gleichen Menge gekauft wie Fleisch – schwerpunktmäßig mehr in Fastenzeiten. Das Haushaltsbuch verzeichnet 23 verschiedene Sorten, wobei die Süßwasserfische (z.B. Aal, Schlei, Salm, Forelle, Krebse) genauso artenreich sind wie die Salzwasserfische (z.B. Hering, Scholle, Stockfisch, Stör). Der Seefisch hatte allerdings den größeren Anteil. Da er billiger war, dürfte er hauptsächlich auf dem Tisch des Gesindes serviert worden sein.

Enorme Summen verschlangen die Gewürze: 227 Mark im Jahr, das war rund ein Viertel des gesamten Lebensmitteletats. Zu den Gewürzen gehörten nicht nur Dill und Petersilie, sondern der in Köln damals eigentümlicherweise so beliebte Ingwer, der unendlich teure Safran (heute noch 12 000 DM das Kilo), Pfeffer, Zimt, Mandeln, Nelken, Muskat und Zucker. Der kam damals von den Kanarischen Inseln und war eine seltene und teure Delikatesse. Daher wurde zum Süßen Honig bevorzugt.

Erst an vierter Stelle der Ausgaben steht das Brot. Das will aber nicht allzuviel heißen, da Gochs wohl auch ihre eigenen Brötchen buken. Insofern ist es eher bemerkenswert, daß sehr viel Brot dazugekauft wurde. In erster Linie Weizenbrot, was als fein galt und für reiche Leute besonders typisch war; es ist aber auch Roggenbrot erwähnt. An Festtagen spielten die Kuchen eine große Rolle. Hier stößt man im Haushaltsbuch auf eine reiche Auswahl: Aniskuchen, Zopf, Strietzel, Krapfen, Osterwecken, Honigkuchen und Brezel.

Im übrigen wurde reichlich Gemüse und Obst gekauft. Beides kostete – soweit es aus Kölns Nachbarschaft kam – auch in größeren Mengen nur Pfennige. Bei Feigen oder Südfrüchten war das schon etwas anderes. Auch das damals in Küchen von Anspruch schon gern gebrauchte Olivenöl hatte seinen Preis.

Über die Zubereitung der Speisen gibt es in dieser Zeit praktisch keine Auskünfte. Kochbücher fehlen noch. Bekannt ist nur, daß man sehr üppig aß, daß Menge mehr als Qualität ein Zeichen von Wohlstand war, den man ganz ungeniert vor den Augen aller Öffentlichkeit auslebte. Dementsprechend waren die teuren Gewürze Statussymbole, mit denen man alle Speisen überzog, bis sie praktisch keinen Eigengeschmack mehr hatten.

Festzuhalten bleibt jedoch, daß Hermann von Goch nicht nur einen verwöhnten Gaumen hatte, sondern auch Geschmack für Deftiges aus der Arme-Leute-Küche. Auf dem Markt wurde nicht nur weißes Weizen-, sondern auch dunkles Roggenbrot besorgt. Als er sieben Jahre vor seiner Hinrichtung schon einmal im Gefängnis saß – es war die Bachpforte am Pantaleonswall –, da brachte ihm seine Verwandtschaft, so ist berichtet, einmal Sülze als Geschenk.

Feiern im kölschen Jahreskreis

Die „Fette Küche" von Pieter Breughel (1563)

Von den Gefahren irdischer Paradiese

Heutzutage warnen moderne Medizinmänner die im Überfluß lebende Menschheit immer wieder davor, jeden Tag zum Festtag zu machen. Damit erinnern sie ausdrücklich daran, wie Probleme des Überflusses ganze Weltzeitalter hindurch reguliert wurden: durch den Wechsel zwischen Alltag und Festtag. Nur waren es seinerzeit nicht Ernährungsphysiologen, die die Zivilisationskranken zur Vernunft, sondern Missionare, Mönche und Priester, die die schwachen Sünder über ihr Eßverhalten zur Seelenerhebung brachten.

Den Gefahren ständigen Wohllebens waren natürlich immer nur diejenigen ausgesetzt, die etwas hatten. Wenn bei üppig gedeckten Tischen auf den ersten Blick gern Kultur unterstellt wird, so erweist sich bei genauerem Hinsehen, daß viel und gutes Essen zunächst einmal nur die ungehemmte Befriedigung eines natürlichen Bedürfnisses ist: Je mehr jemand hat, desto mehr stopft er in sich hinein. Erst wenn er sich besserer Einsicht öffnet, wird er verzichten und Genuß kultivieren. Ein Weg dorthin war und ist, Ernährungsgewohnheiten in den Wechsel von Alltag und Fest einzufügen.

Dieser Rhythmus ergab sich für diejenigen, die nicht viel hatten, aus den umgekehrten Voraussetzungen. Die Eintönigkeit der alltäglichen Kost nährte das Verlangen nach Genuß. Alle mittelalterlichen Erzählungen vom Schlaraffenland, zu dem man sich durch süße Grießberge hindurchfressen muß, damit einem dort die gebratenen Tauben in den Mund fliegen, entsprangen der Sehnsucht nach hemmungslosem Genießen.

War das Schlaraffenland der Traum, so war das Fest mit seinen leiblichen Genüssen eine kurzfristige Verwirklichung des Paradieses im Diesseits. Aber es war auch ein wenig Trug dabei: Das Fest fesselte die Genüsse an bestimmte Tage, die nur nach einer festen Regel wiederkehrten. Noch heute gibt es Muuzemändelcher zu Karneval und Christstollen zu Weihnachten. Als der Mangel nachließ, nivellierte sich auch der Unterschied zwischen Alltag und Festtag. Heute gibt es alles zu allen Zeiten. Dennoch: Für viele Menschen hat das alte Heilsjahr seine Bedeutung für die Eßgewohnheiten nicht verloren.

Der Alltag

Die Ernährungswissenschaftler von heute haben grundsätzlich keine Einwände gegen die Küche der einfachen Schichten früherer Zeiten: Brei und Grütze aus Hafer, Gerste, Dinkel, Hirse, Weizen oder Roggen, bildeten die Grundlage des Essens überhaupt. Dazu kamen Rüben, Gemüse, Sauerkraut und Hülsenfrüchte – meist getrocknet.

Morgens

Brei gab es bereits zum Frühstück. Brot und Kaffee setzen sich erst im 19. Jahrhundert allgemein durch. Wen das seltsam anmutet, der sei nur daran erinnert, daß das heutige „Müsli", also das „kleine Mus", davon nicht so weit entfernt ist. Der Schweizer Arzt Bircher hat mit seinem berühmtem Rezept auf uralte Essensgewohnheiten zurückgegriffen. Auf Kölsch hieß das Müsli „Jöt", „Jrüt" oder „Brei". Seine Grundlage war geschrotetes Getreide, nicht „Haferflocken", die als gequetschter und gedampfter Hafer erst vor gut hundert Jahren in Mode kamen. Ob die „Jöt" so geschmeckt hat wie heute ein Müsli, darf aufgrund der Qualität der Zutaten bezweifelt werden. Es stellt jedoch eine Weiterentwicklung der „Jöt" dar.

„JÖT" ALS MÜSLI

(Für 3–4 Portionen)
1 Tasse geschrotete Sechskornmischung
1 Tasse Mineralwasser
1 Becher Joghurt
1 El Honig
1–2 El Rosinen
1 saurer Apfel
½ Tasse Nüsse
1 El Sonnenblumenkerne
1 Prise Anis oder Kardamom oder Zimt

Man rühre das Getreide abends kurz mit Mineralwasser an, so daß es über Nacht weich wird. Am nächsten Morgen die Nüsse hacken, den Apfel ungeschält reiben und alle Zutaten unter das Getreide rühren, bis ein dicker, einheitlicher Brei entstanden ist. Wer die Kalorien nicht zählt, kann auch ½ Banane zerdrückt mit hineingeben und das Ganze mit einem Löffelchen Crème fraîche oder einem Guß Sahne noch etwas verfeinern.

Statt der geschroteten Sechskornmischung kann man auch Weizenkörner befeuchten und einige Tage sprießen lassen.

„Jöt heiß Jöt, weil et dat jeden Dach jöt!"

Mittags

Mittags gab es Zusammengekochtes – meist auch auf der Basis irgendwelcher Getreide und/oder Hülsenfrüchte wie Erbsen, Linsen, Bohnen oder auch frischer Gemüse. Fleisch oder Wurst wurden fast nur an Sonn- und Feiertagen und auch dann nur in geringen Mengen gegessen. Fisch kam nicht ausschließlich, aber mit Sicherheit immer freitags und in Fastenzeiten auf den Tisch.

„Willkommen, ihr Zugvögel!"

Abends

Daß es früher in der Regel auch des Abends noch einmal Grütze gab – oft aus Buchweizen –, haben wohl schon damals viele als langweilig empfunden. Es ist eine durchaus neue Entwicklung, daß sich die Mehrzahl der Kölner täglich sattessen kann. Auch in guten Bürgerhäusern war noch bis lange nach dem Krieg Schmalhans fast täglich Küchenmeister. Und was der auf den Familientisch brachte, beschreibt Karl-Heinz Steinbüchel, Chef des Weinlokals „Im Walfisch" in der Altstadt: „Montags gab es die Reste vom Sonntag, dienstags Möhren mit Bratwurst und mittwochs nochmal dasselbe untereinandergekocht. Donnerstags war Putztag, da kam Sauerbraten auf den Tisch, freitags natürlich Fisch und samstags Eintopf." Steinbüchels kulinarische Kindheits-Erinnerungen kann sicher mancher nachvollziehen, der im Rheinland herangewachsen ist und die Vor- und Nachkriegszeit noch kennt. Wer später groß geworden ist, muß darüber nicht unbedingt froh sein: Der Speisezettel der Wirtschaftswunder-Kinder, die ja zumeist Schlüsselkinder waren, beschränkte sich mittags – wenn überhaupt – auf etwas Warmgemachtes und abends auf Schnittchen.

Der Sonntag

Vor dem Hintergrund von Not, Armut und Bescheidenheit versteht man leicht, daß und wie sehr die Feste als Tage besonderer und abwechslungsreicher Genüsse und des geselligen Zusammenseins herbeigesehnt wurden. Die erste und unterste Stufe der Wunscherfüllung war der Sonntag. Dann gab es auch in ärmeren Häusern mehr zu essen als in der Woche, und drei Gänge wurden aufgetragen: Suppe, Fleisch und „Nachtisch". Das war so sicher wie das Amen in der Kirche. Wie tief sich geregelte Eßgewohnheiten verwurzeln können, weiß jeder, bei dem es in Kindertagen zuhause sonntags Schweinebraten gab: Mit dem charakteristischen Geruch des Bratens wird er sein Leben lang den Sonntag verbinden.

SONNTAGS-SCHWEINEBRATEN NACH GROSSMUTTERS ART MIT SELLERIESALAT

(Für 4 Personen)
1 kg Schweinebraten
50 g Schweineschmalz zum Braten
1 Bund Suppengrün
Pfeffer, Salz, Majoran
1/8 l süße Sahne
Senf
Beilagen:
Selleriesalat und/oder beliebiges Gemüse

Das Fleisch in einem Topf im Schmalz knusprig anbraten; herausnehmen und beiseite stellen. Das Suppengrün fein putzen und im Bratfett anbraten. Mit etwas heißem Wasser ablöschen, Majoran hinzufügen und durchrühren. Schweinefleisch hineingeben und mit geschlossenem Deckel etwa eine Stunde lang im vorgeheizten Backofen bei 175 °C oder auf der Herdplatte garen.
Während der Braten brutzelt, den Selleriesalat zubereiten:

SELLERIESALAT

500 g Sellerieknollen
500 g festkochende Kartoffeln
4 El Essig
4 El Öl
Zucker, Salz, Pfeffer
1 Zwiebel

Sellerie waschen und weichkochen, dann schälen. Kartoffeln kochen und pellen. Beides in gleichgroße Stückchen schneiden.
Zwiebeln fein hacken, mit Essig, Öl, Salz und Pfeffer anmachen. Sellerie und Kartoffeln unterrühren und gründlich durchziehen lassen.

Die Sellerieknolle war in Köln ein preiswertes und hochgeschätztes Gemüse. „Fritzchen freu' dich, heute gibt's Sell'riesalat!" heißt im Rheinischen ein gutmütiger Spottvers, der auf die angeblich liebesfördernde Wirkung der Knolle anspielt.
Weil der Sellerie gekocht werden muß, bevor man Salat daraus machen kann, entstand zugleich eine wohlschmeckende Suppe – in den Erinnerungen mancher Kölner unauslöschlich mit dem sonntäglichen Mittagstisch verbunden:

SELLERIESUPPE

(Für 4–6 Personen)
1½ l Selleriesud
2 El Mehl
50 g Butter
1 Schuß Sahne
3 Eigelb
Pfeffer, Salz, Muskat

Aus dem Mehl und der Butter eine Schwitze bereiten und mit dem Sud ablöschen. Eine Viertelstunde köcheln lassen, damit sich der Mehlgeschmack gibt, und mit den Gewürzen abschmecken. Vom Feuer nehmen und mit den Eigelben und der Sahne binden.

73

KARAMELCRÈME ZUM NACHTISCH

(Für 4 Personen)
80 g Zucker
1/8 l Wasser
2 Eier
50 g Zucker
20–25 g Stärkemehl
1/2 l Milch
1 Prise Salz
1 P Vanillezucker
Schlagsahne nach Belieben

Karamel herstellen: Zucker in einem Pfännchen trocken bräunen, mit Wasser ablöschen, aufkochen lassen, bis der Karamel gelöst ist. Den Karamel zur Milch geben.
Eigelb, Zucker und Stärkemehl in einem Topf verrühren. Karamelmilch, Salz und Vanillezucker dazugeben. Auf dem Feuer abschlagen, bis die Speise einmal aufpufft. Vom Feuer nehmen und unter Rühren etwas abkühlen lassen. Eiweiß steif schlagen und den Eischnee unter die Masse heben.
In eine kalt ausgespülte Glasschale füllen und kalt stellen. Nach Belieben kann man noch etwas Schlagsahne unterziehen. Die Crème kann mit Arrak, Rum, Kirschwasser oder Fruchtsaft abgeschmeckt werden.

Über dem Sonntag standen die Festtage. Die Freude wurde gegenüber dem Sonntag noch dadurch gesteigert, daß ihnen eine wohlgeplante und längere Armseligkeit vorausging: das Fasten. Es war keineswegs nur vor Ostern vorgeschrieben, sondern auch vor Pfingsten, in der dritten Septemberwoche und in der Adventszeit. Das waren die sogenannten Quatemberwochen, in denen auch mittwochs, freitags und samstags zusätzlich gefastet wurde. Da die Fastenvorschriften mit dem Erreichen des Festtages schlagartig wegfielen, herrschten auf der Tafel plötzlich Fülle und Vielfalt, und man genoß sie in der Gesellschaft der Familie und des Freundeskreises. Es durfte geschwelgt werden, und dazu war das Beste vom Markt, aus Küche und Keller gerade gut genug. Ob man aber nun Sauerbraten oder Lamm, Schnepfen oder Schweinelendchen, Rindfleisch oder Truthahn, Suppenhuhn oder Rehkeule, Salat oder Spargel, Möhrchen oder Rübchen, Pudding oder frisches Obst auftischte, das lag am Geschmack, am Geldbeutel und – an der Jahreszeit. Kölsche Festessen können nicht allgemein festgelegt werden. Mit Sicherheit gab es eines nicht: Fisch. Davon hatte man während der Fastenzeiten genug gehabt.

Zu jedem Neujahr eine Brezel

Wann war Neujahr? Die Frage ist kein Blödsinn, denn so klar ist die Antwort von vornherein nicht – und schon gar nicht, wenn man an Sitten und Bräuche des Essens und Trinkens denkt. Nur für den Bürger des modernen Staates beginnt das Jahr mit Sicherheit am 1. Januar, weil dann die neue Steuerpflicht einsetzt. Im Laufe der Jahrtausende haben die Datierungen des Neujahrs oft gewechselt. Seit Urzeiten bedeutet „Neujahr" prinzipiell

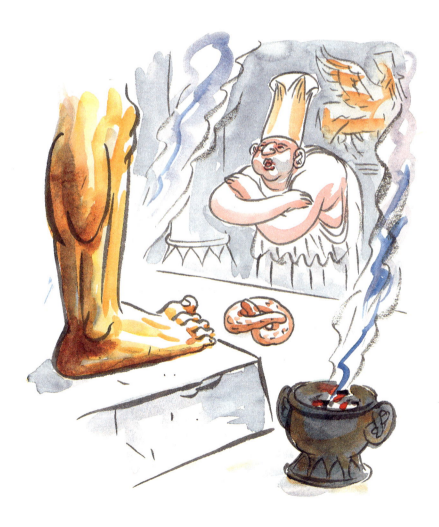

das Einsetzen einer neuen Zeitrechnung. Diese begann je nach Kulturstand der Zählenden entweder mit dem Wiedererwachen der Lebenskräfte in der Natur im Frühling oder mit dem Aufgehen eines neuen Sterns oder mit einem bestimmten Schattenwurf der Sonne oder mit dem Amtsantritt eines neuen Herrschers oder mit der Geburt eines Heilsbringers.

Haus „Zur Bretzel" am Altermarkt/Ecke Lintgasse aus dem Jahre 1580. Bereits 100 Jahre vorher hatte hier ein Backhaus gestanden.

Allen Neujahrsfesten gemeinsam ist das Feiern, Glückwünschen und das Spenden von Gaben, also das Schenken. Eine der ältesten Glücksgaben, die unter Menschen unseres Kulturkreises und auch in Köln bis zum heutigen Tag ausgetauscht werden, ist die Brezel. Ihren Ursprung hat sie im – später gebackenen – Brei, der jeweils zu Beginn einer neuen Zeit den Göttern als Speise dargebracht wurde. Vor allem unter ärmeren Leuten ersetzte das Brotopfer oft das sehr viel teurere Tieropfer. Volkskundler und Mythologen erkennen das sogar noch in der Symbolisierung des Brotes zum Leib Christi, der in dieser Gestalt dem Vater im Himmel geopfert wird. Das zu einer bestimmten Gestalt geformte Brot erwirkte schon im alten Babylon (aber auch in anderen Kulturen) das Wohlwollen von Göttern und Dämonen. Damit war es prädestiniert, zum Glückssymbol unter den Menschen zu werden. Auf die Art der Formung bezieht sich im speziellen Fall der Brezel schon der Name. Er leitet sich her aus dem lateinischen Wort „brachium" (Arm). Charakteristisch ist ja, daß sich die Enden der Brezel in der Mitte wie zwei Arme überkreuzen. Volkskundler nehmen an, daß sich diese Form schon auf früheren Kulturstufen aus der Beobachtung der Sonnenbahn entwickelt hat. Damit verweist die Brezel natürlich auf den alten Orient vor der Entstehung der Bibel, also auf Sumer und Babylon, wo die Deutung der Welt und die Schau in die Zukunft durch die Beobachtung der Gestirne erfunden wurde.

Egal, was die Brezel auch bedeutet: die frischgebackene Neujahrs-Brezel, bestrichen mit „guter Butter", wie man früher sagte, gehört in der Tat zu den göttlichen Genüssen des Jahreskreislaufs. Die Zubereitung nach der altertümlichen Weise, d.h. mit Hefe, hat sich bis heute erhalten:

KÖLNER NEUJAHRSBREZEL

500 g Mehl
30 g Hefe
60 g Zucker
¼ l lauwarme Milch
60 g Butter
1 Ei
1 Prise Salz
abgeriebene Schale einer Zitrone
1 Eigelb zum Bestreichen
Hagelzucker zum Bestreuen

Die Hefe wird mit der Hälfte des Zuckers in ein wenig lauwarmer Milch aufgelöst. Das Mehl in eine Schüssel sieben, in der Mitte eine kleine Mulde machen, die Hefemasse hineingeben, aber noch nicht vermengen, sondern an einem warmen Ort aufgehen lassen, bis sie Risse zeigt. Dann alle anderen Zutaten hinzugeben und zu einem Teig verarbeiten. Die Butter soll dabei flüssig, aber nicht heiß sein. Den Teig tüchtig kneten, dann auf dem Tisch kräftig schlagen, nochmals 15 Minuten gehen lassen und wieder kneten. Den Teig dann in drei Teile teilen, jeden Teil für sich rollen und alle drei Rollen zu einem längeren Zopf zusammenflechten. Dieser wird nun in die charakteristische Brezelform gebracht und auf ein mit Butter gefettetes Backblech gelegt. Den Teig ein letztes Mal gehen lassen, bis die Brezel groß genug ist. Abschließend wird sie mit dem verquirlten Eigelb bestrichen und nach Belieben mit Hagelzucker bestreut. Die Brezel bei Mittelhitze ca. ½ Stunde backen, bis sie goldbraun ist.

Die Brezel hatte im alten Köln eine viel größere Bedeutung, als man heute noch ahnen kann. Die Bäcker nahmen sie – wie übrigens auch die „Weck"(!) – in ihr Zunftwappen auf. Zu den typischen Festtagen schenkten die Bäcker ihren Kunden Brezeln. Ernst Weyden berichtet aus dem vorigen Jahrhundert: „Übergroß war die Freude an den riesengroßen Brezeln, mit welchen wir Kinder uns herumschleppten, hatten wir dem Patt (Paten) und der Godd (Patin) das ‚Glöcksillig Neujohr' gewünscht". In der Neujahrsnacht wurde in den Kölner Wirtschaften um Brezeln Karten gespielt. „Zur Bretzel" heißt heute noch ein Haus am Altermarkt, Ecke Lintgasse, das bereits 1487 als Backhaus erwähnt wird. 1580 wurde in die Hauswand der Spruch gemeißelt: „deis hous steit in Gottes Hand zu der bretzel bin ich genanndt". Es ist eines der ganz wenigen erhaltenen alten Häuser Kölns.

Mehrmals Neujahr im Jahr

Aus dem Zusammenhang von typischer Neujahrsgabe und verschiedenen Zeitrechnungen läßt sich erklären, warum die Brezel im Kölner Jahreskreislauf mehrmals auftauchte. Nach alten Berichten kam das mit Sicherheit am 1. Januar, auch am 6. Januar, merkwürdigerweise zu Lätare (Mittfasten), zu Ostern (ehe sie im 17. Jahrhundert von den Eiern verdrängt wurde), zu Pfingsten und gelegentlich wohl auch an Geburtstagen vor. Als Kleingebäck findet sie sich auch zu Weihnachten. Dementsprechend darf man unterstellen, daß denjenigen Festtagen, an denen Brezeln verschenkt wurden, immer auch eine alte, oft vergessene Zeitrechnung zugrundelag, daß solche Tage also Neujahrs- oder Geburtstagscharakter hatten. Bemerkenswert ist in diesem Zusammenhang auch, daß Wünsche zu neu anbrechenden Zeiten in Köln mit dem Wort „Jlöcksillig" eingeleitet wurden, also „Jlöcksillig Neujohr", „Jlöcksillige Poschdag", „Jlöcksillig Chreßkind". Verkürzt gesagt: Immer wenn es „jlöcksillig" hieß, konnten Brezeln gebacken werden.

Den früheren Zeitrechnungen, nach denen Feiertage zu Neujahrstagen wurden und an denen man also Brezeln verschenkte, ist Franz Peter Kürten nachgegangen:

„Wir wissen von drei verschiedenen ‚rheinischen Jahren'. Im 12. Jahrhundert begann das Jahr in der Erzdiözese Köln mit dem Weihnachtstag. (Dann)... galt

eine Zeitlang das Osterjahr, das nach der Weihe der Osterkerze begann. Der Kölner Chronist Hermann von Weinsberg schrieb noch 1571 nach dem Weihnachtsjahr; die Kölner Ratskanzlisten hielten es noch länger bei. Mit dem Osterjahr hatten die Lande rechts und links des Rheines von der Quelle bis zur Mündung allein im großen Reich gerechnet.

Die Diözese Trier sprang vom Weihnachtsstil ab und feierte mit den Florentinern den 25. März (Christi Verkündigung) als Jahresanfang. Man sprach vom Trierer Jahr, das bis Ende des dreißigjährigen Krieges, etwa 350 Jahre lang, gültig blieb. Von da ab kommt das Rheinland zum Circumcisionstil (circumcision = Beschneidung), und wie überall fällt Neujahr auf den 1. Januar, den Tag der Beschneidung des Herrn."

Auch heute sind die Unterschiede zwischen Jahreszeitrechnungen längst noch nicht vereinheitlicht. Das Kirchenjahr fängt nach wie vor mit dem 1. Adventssonntag an. In der orthodoxen Welt beginnt das neue Jahr noch immer mit Dreikönigen. Für einen echten Kölschen beginnt das Jahr jedoch im Grunde – schön verkehrt! – mit der „fünften Jahreszeit", dem Karneval.

Karneval ist eigentlich kein Fest, sondern ein Zustand, von dem die christlichen Feste wegführen sollten. Während nämlich im ehemaligen Heilsjahr der Christenheit alle Feste in Erinnerung an heilige Ereignisse und zur höheren Sittigung der Menschen gefeiert wurden, tobte im Karneval die Wiederkehr der heidnischen Subkultur. Daran haben auch 2000 Jahre Christentum nichts ändern können.

Bohnenkönige und -königinnen

An Versuchen, den Karneval christlich umzudeuten, hat es nicht gefehlt. So wurden zwischen Dreikönigen und Karneval für einen Tag weltliche Narrenreiche ausgerufen, die von den Geistlichen als Beispiele der Ver-

Der Narrenbischof

gänglichkeit irdischer Macht geduldet, gefördert, ja sogar selbst gespielt wurden. An diesen Tagen wählte man in Stiften und Klöstern jeweils aus dem Kreis der geistlichen Gemeinschaft einen „Narrenpapst" oder „Narrenbischof", der in parodistischer Weise den Gottesdienst leitete. Doch beim harmlosen Gottesdienst blieb es nicht. Mummenschanz, Tänze und Zechereien im Kirchenraum brachten die kirchliche Obrigkeit dazu, den Übermut in den eigenen Reihen zu verbieten. Die Abschaffung dieser klerikalen Narrenfeste gelang aber erst im 16. Jahrhundert. Theologisch galt das Narrenreich als „civitas diaboli", Teufelsstaat – im Gegensatz zur „civitas dei", dem Gottesstaat. Seit alttestamentarischen Zeiten gab es aber stets nur eine absolute Verkörperung des Teufelsstaates: Babylon, das Reich des absurden Turmbaus. Daher wird verständlich, warum die Herrscher der kurzfristigen Narrenreiche oft den Namen des wohl berühmtesten babylonischen Königs erhielten: Nebukadnezar.

Wer wird Bohnenkönig?

Oft trug ein König aber auch nur den Namen des Wahlverfahrens, mit dem er auf den Thron kam: Bohnenkönig. Dem lag ein alter Orakelbrauch zugrunde, der vermutlich schon in der Völkerwanderungszeit aus dem Angelsächsischen ins Rheinland eingedrungen und hier ins Christentum einbezogen worden war. Um den König ausfindig zu machen, wurde eine Bohne meist in einen Kuchen eingebacken. Die schwarzgefleckte Blüte und Frucht der Bohne galten in vorchristlicher Zeit als Symbole des Todes. Wer darüber verfügte, konnte mit den verstorbenen Ahnen in Verbindung treten und möglicherweise Schaden abwenden. Man verspeiste den Kuchen in der letzten der sogenannten Rauhnächte. Das war nach germanischem Glauben die letzte und gefährlichste Nacht „zwischen den Jahren", wenn die Geister los waren. Wer beim Kauen die Bohne fand, war der magisch Begabteste: Er hatte die Macht, Unheil zu bannen.

Im Christentum fiel die letzte Rauhnacht dann auf Dreikönige, und damit konnte der Brauch sich nicht mehr auf Dämonen beziehen, sondern wurde in den Bereich des Aberglaubens verbannt. Der Bohnenkönig wurde zum Narren und die ganze Veranstaltung – besonders in Köln – bekam karnevalistischen Charakter. Der Brauch ist in vielen weiteren Trivialisierungen bis in unsere Tage erhalten geblieben. Während er heute noch in Familien und kleinen Gruppen als geselliger Spaß gepflegt wird, wurden noch zu Beginn dieses Jahrhunderts bei den „Blumenspielen" der bürgerlichen Gesellschaft im Gürzenich mit großer öffentlicher Anteilnahme Bohnenköniginnen als Herrscherinnen über das Ballgeschehen gekürt. Die ursprüngliche Bedeutung ist allerdings niemandem mehr bewußt gewesen.

Die tollen Tage

Die „verkehrte Welt", die sich in den Narrenkönigreichen nach Dreikönigen ankündigte, erreichte in den tollen Tagen ihren chaotischen Höhepunkt. Der heidnische Urgrund revoltierte gegen das Christentum, die Kreatur im Menschen brach aus in eine Demonstration gegen den Zwang der Zivilisation. In der verkehrten Welt folgte man Trieben, Lüsten und Sehnsüchten. Karneval war stets die hohe Zeit der Unmäßigkeit. Hier geschah vieles, was dem Körper wohl nicht zuträglich war und auch seine seelischen Konsequenzen hatte – im guten wie im schlechten. Ernährungspriester und Diätapostel jedenfalls mußten zu allen Zeiten ins Sauerland in Urlaub fahren, um den Zusammenbruch ihrer Bemühungen nicht mit ansehen zu müssen. Oder sie waren so klug, an ihren Grundsätzen selbst vorübergehend jeck zu werden – was bekanntlich bis in die oberen Ränge der Geistlichkeit vorkam.

Zu Karneval wurde vor allen Dingen getrunken. Eigentlich ist es ein Trinkfest. Hierin erkennt man noch einen Ursprung in den Kulten des antiken Rausch- und Tobegottes Dionysos. Charakteristisch dafür ist noch heute, daß zwischen Weiberfastnacht und Aschermittwoch in erster Linie gemeinschaftlich getrunken und ausgelassen herumgetollt wird. Essen kann nur als Konsequenz des Trinkens begriffen werden. Alkohol hat bei leerem Magen sogleich verheerende Wirkungen, und auf die Dauer macht er unweigerlich hungrig.

JECKENKOST

Schon die Eßsitten der tollen Tage zeigen, daß hier seit altersher ganz andere Kräfte wirksam sind als die der christlichen Tischgemeinschaften. Bei genauem Betrachten läßt sich am Karneval sogar heute noch die Demonstration gegen die christliche Abendmahlsgemeinschaft erkennen. Karnevals-Mahlzeiten werden nicht zum gemeinsamen Verzehr gekocht wie das Osteressen. Jecken wollen nicht lange verharren, sondern rasch weiterziehen, vagabundieren. Deshalb sind die typischen Karnevalsgerichte bis heute Imbisse. Ihr „Nährwert" liegt darin, daß sie die Wogen des Alkohols in Kopf und Magen binden und glätten, seien die Happen nun süß, wie Muuze und Moppe, sauer wie Rollmops und Gurke, salzig wie Hering und Solei oder fett wie Kartoffelsalat und gebratene Würste.

Denn die Kunst des Karnevalfeierns liegt darin, völlig entfesselt zu toben, ohne zu kippen. Selbst im Eid der Roten Funken, die sich im Trinken gewiß mit am besten auskennen, lautet die Vorgabe eindeutig:

Bei Öllig, Böckem, ähde Nötz	Bei Zwiebel, Bückling, irdner Pfeife
Un bei der rut-wieß Funkemötz,	Und bei der rot-weißen Funkenmütze
Beim hölze Zabel un Gewehr	Beim hölzernen Säbel und Gewehr
Well treu ich sin dem Fasteleer,	Will treu ich sein dem Fasteleer,
Well suvill suffe, als der Mage	Will soviel saufen, wie der Magen,
Ohn' Biesterei kann got verdrage.	Ohn', daß es tierisch wird, kann gut vertragen.

Nein, bis zur „biestigen" Naturstufe des Viehs will der Fastelovendsjeck nicht zurückkehren, obwohl man heute ungeniert bestimmte Dinge schon einmal „tierisch gut" finden kann. In der Biesterei, also dem Vor-Humanen, kann der Kölsche kein Ziel erkennen. Wer sich sofort und nur sinnlos betrinkt und dann „en der Sod litt", hat nicht begriffen, worum es geht: nicht darum, die Kultur mit tierischen Kräften kaputtzutrampeln, sondern um das Recht des Naturwesens Mensch auf vorübergehende Befreiung vom Zwang jeder Zivilisation. Der Karneval hat seine Kultur – wenn sie auch nicht christlicher Herkunft ist.

MUUZ UN MUUZEMÄNDELCHER

Nichtchristlich sind mit Sicherheit auch die typischen Kölner Fastelovendsspezialitäten: Muuze und Muuzemändelcher. (Sie unterscheiden sich nur durch ihre Größe.) Weder aus ihrem Geschmack, noch aus ihrer Wirkung (z.B. auf den Alkohol) läßt sich ableiten, warum sie in der närrischen Zeit in Köln so beliebt sind. Also darf man schließen, daß auch hier wieder alte heidnische Zusammenhänge bestehen. So ist es auch! Die Muuz gehört zur Familie der Krapfen und ist damit – ähnlich wie die Brezel – ein sogenanntes Gebildbrot, wie es in vorchristlicher Zeit Göttern und Dämonen als Opfergabe dargebracht wurde. Hierbei tauchten Muuz und Krapfen vor allem im Frühjahr auf, und die Volkskundler erkennen mit gutem Grund in ihrer ursprünglichen (runden) Form das Sonnenrad des germanischen Gottes Fro. Aufschlußreich ist, daß sich in den Vororten Kölns, die ehemals Landgemeinden waren, der derbere Krapfen stärker erhalten hat als in der Stadt.

KARNEVALS-KRAPFEN

50 g Zucker
1 P Vanillezucker
4 Eier
500 g Mehl
1 P Backpulver
1 Prise Salz
evtl. Milch
1 Rumaroma oder ½ Tasse Rum
Rosinen (nach Belieben)
250 g Butterschmalz zum Ausbacken
Puderzucker zum Bestreuen

Zucker, Vanillezucker und Eier werden schaumig gerührt. Die Mischung aus Mehl, Backpulver und Salz dazugeben und alles zu einem Teig verarbeiten. Geben die Eier nicht genug Flüssigkeit her, so kann mit ein wenig Milch nachgeholfen werden. Der Teig muß schwer reißend vom Löffel fallen. Zuletzt werden die gut gewaschenen Rosinen und der Rum untergezogen.
Mit einem Eßlöffel gibt man den Teig in siedendes Fett. Dabei nehmen die Krapfen von selbst ihre runde Form mit den charakteristischen Zacken an. Wenn sie dunkel goldgelb sind, läßt man sie auf Küchenkrepp abtropfen und bestäubt sie mit Puderzucker.

In der Innenstadt hat sich der Krapfen zu den eleganteren Formen der Muuz und des Muuzemändelchens weiterentwickelt. Nicht nur weil sie kleiner und geformter, sondern auch weil die Zutaten etwas anspruchsvoller sind.

MUUZEMÄNDELCHER

50 g Butter
250 g Zucker
3 ganze Eier
3 Eidotter
675 g Mehl
1 Backpulver
50 g gemahlene Mandeln
1 Rumaroma oder ½ Tasse Rum
1 Spritzer Rosenwasser (in der Apotheke erhältlich)

Butter, Zucker und Eier werden zusammen schaumig gerührt und die Mischung aus Mehl und Backpulver untergearbeitet. Zuletzt werden die (am besten frisch gemahlenen) Mandeln, das Aroma und das Rosenwasser hinzugegeben. Man achte aber darauf, daß der Teig fest genug bleibt, weil er fingerdick ausgerollt werden muß.
Aus diesem Teig mit zwei Teelöffeln die Muuzemändelcher ausstechen.
Im siedenden Fett läßt man sie goldbraun werden. Nach dem Abtropfen auf dem Küchenkrepp eine Mischung aus Zucker und Vanillezucker darüberstreuen.

Sinn für Katzenjammer

Lehnt der Kölner auch das primitive Besäufnis zu Karneval ab, so hat er doch viel Verständnis dafür, wenn dem Jeck im Zuge des Tobens die Kontrolle verlorengeht. Zur Vorbeugung wie Nachbehandlung gibt es sicherlich tausend gute Ratschläge. Einen ganz markanten hat Franz Peter Kürten in seinem Werk „Volksleben und Lande am Rhein" aufgezeichnet. Die Schreib- (und Sprechweise) verweist nicht auf den städtischen, sondern den ländlichen Zungenschlag der Kölner Region.

REZEPT FÜR EIN KATZENJAMMERGERICHT AUS DER KÖLNER KAPPESBAUERNZEIT

Öllig, e Ponk,	Zwiebeln, ein Pfund,
En Schieve schön jeschnedde,	Schön in Scheiben geschnitten,
En zwei Liter Wasser got zerkoch,	In zwei Liter Wasser gut zerkocht,
Zwei Ponk Äepel drenn,	Dazu dann zwei Pfund Kartoffeln,
Ze Brei iesch knedde,	Zu Pürree erst geknetet,
Salz un Peffer	Dann Salz und Pfeffer
un och Essig noch	Und auch Essig dazu,
Un e halv Ponk	Ein halbes Pfund
Fresche Brotwueschspiele,	Frische Bratwurstenden
Fuffzig Grämmche Speck	Fünfzig Gramm Speck
Un fuffzig Schmalz.	Und fünfzig Gramm Schmalz.
Un sich dovan dann	Und damit sich dann so richtig
De Buch aankiele,	Den Bauch vollschlagen,
Wenn et rötsch un schmeck,	Wenn es rutscht und schmeckt,
Bis an de Hals. –	Bis man den Hals vollhat.
Dat es en altringsch Katzejammeresse,	Das ist ein altrheinisches Katzenjammer-Essen, so richtige Karnevalskost.
Su en richtije Fastelovendskoss.	
Minge Bestevaa hät dat ald gesse	Mein Großvater hat das schon gegessen
Un wued domet ald de Kater loss.	Und wurde damit schon seinen Kater los.

Fasten oder die Kulinarik des kölschen Hungerns

Der Kampf zwischen Karneval und Fasten – ausgetragen mit den handgreiflichen Argumenten Fleisch und Fisch (Kupferstich von Franz Hogenberg, 1558)

Unter dem Blickwinkel der Gaumenfreuden ließe sich die Fastenzeit am raschesten abhandeln, weil im katholischen Köln Schmalhans Küchenmeister gewesen sein soll und Genuß offiziell verboten war. Dennoch bringt gerade die Zeit zwischen Aschermittwoch und Karsamstag mit ihren alten Bräuchen und religiösen Vorschriften mehr Licht in Kölns kulinarische Krypten als mundwässernde Berichte von Hochfesten, zu denen sich die Tafeln bogen.

Die Strenge der Fastenzeit erwuchs in Köln aus dem krassen Gegensatz des Christentums zur heidnischen Vorzeit, die sich besonders im Treiben des Karnevals immer wieder Bahn brach. Das Fasten ergab sich ja nicht konsequent aus dem Karneval. Der Beweis ist nirgendwo besser nachzulesen als in dem biblischen Bericht des Matthäus (4,1–11) vom vierzigtägigen Fasten Jesu in der Wüste, der das Vorbild für die vorösterliche Fastenzeit war. Darin findet sich weder ein Anhaltspunkt dafür, daß in Jerusalem ein ausschweifender Rosenmontag stattgefunden hätte, noch daß Jesus deshalb aus der Stadt geflohen wäre, noch daß er dort eine Schuld gebüßt hätte. Vielmehr vollzog Jesus eine typische asketische Übung: Er hungerte. Das verschafft, wie jeder Yogi zu berichten weiß, Bewußtseinserweiterungen, mystische Erlebnisse und Willensstärke. Systematisches Hungern macht „high".

Es dauerte Jahrhunderte, bis aus der Asketenübung die Buße für diesseitige Fleischeslust geworden war. Diese Wende verdankt das Abendland den Mönchen. Das erste Kloster mit gemeinsamer Ordensregel (ora et labora) wurde 529 von Benedikt von Nursia auf dem Monte Cassino bei Neapel gegründet. Kaum 100 Jahre – also mitten in der Christianisierung der völkerwandernden Stämme – breitete sich das Fasten als mittelalterliche Bußpraxis über Europa aus: Fastend näherte sich der gebürtige Heide dem christlichen Gott. So tat es dann auch der Christ, wenn er ins Heidentum zurückgefallen war – wie zum Beispiel im Karneval. Im 13. Jahrhundert fördern besonders die Franziskaner die Vorstellung, daß mit dem Fasten das „übernatürliche" Leben beginnt. Darunter verstanden sie ein Leben in Freiheit von den Urtrieben. Man muß sich diese Vorstellung einen Moment auf der Zunge zergehen lassen, um ermessen zu können, in welche Spannungsfelder ein mittelalterlicher Kölner damit gestoßen wurde.

AM ANFANG WAREN WASSER UND MEHLBREI

Das kulinarische Ideal der Mönche war – wo nicht strengste Enthaltung herrschte – zumindest der totale Verzicht auf alle diesseitigen Genüsse. „Bis zum späten Mittelalter waren die Fastenbestimmungen sehr streng. Ursprünglich gab es in der Fastenzeit nur Wasser und Mehlbrei", heißt es in den Untersuchungen des Brauchtumsforschers Joseph Klersch.
Aus dieser kulinarischen Steinzeit datiert eine Sitte, die sich in Köln bis ins 19. Jahrhundert erhalten hat. Ernst Weiden berichtet über die Zeit um 1810: „Am Aschermittwoche holte sich jeder sein Aschenkreuz. Gegen Mittag tummelten sich die Bäckerburschen mit weißbehangenen Schüsseln, mit warmen ‚fosche Schößchen', eine Art Semmel, in den Straßen umher, dieselben ihren Kunden zu bringen, da, nach uraltem Brauche, in den kölnischen Familien am Aschermittwoche warme Schößchen zu Mittag gespeist und sonst bis zum Abende gefastet wurde."
Die „fosche Schößchen" wurden aus einem gröberen und dunkleren Mehl mit Wasser gebacken. Sie sind nicht zu verwechseln mit der „Weck" (Mehr-

zahl: „Wegge", später erst „Brütcher"), die aus feinerem Weizenmehl und der während der Fastenzeit verbotenen Milch hergestellt wurden. Während es „Schößje" nur in einer Ausführung gab, wurden „Wegge" gleich in vielen Sorten hergestellt: die Festsemmeln, „Pletz" (Platz) genannt, die Poschweck, Milchweck, Kurenteweck, Franzbrütche und viele mehr. Übrigens entstand aus ganz ähnlichen Zutaten die Neujahrsbrezel. Das Schlaraffenland ließ grüßen!

Die „Schößchen" markierten somit den Beginn, die „Wegge" das Ende des Fastens. Damit manifestierte sich in miteinander verwandtem Backwerk, das ursprünglich dem Gegensatz „arm–reich" zuzuordnen war, der Unterschied von Nahrung und Genuß, Buße und Haupterhebung, irdischem Jammertal und Visionen vom Paradies.

Das erklärt aber auch, warum im Kölner Brauchtum der Fasten- und Osterzeit die kleinen Brote bis weit ins 19. Jahrhundert eine doppelte Bedeutung hatten und eine viel größere Rolle spielten, als man heute noch ahnen kann. So flogen nach dem alten Volksglauben am Gründonnerstag die Kirchenglocken nach Rom, um beim Papst Weckbrei zu essen. Wenn sie in der Osternacht zurückkamen, brachten sie von dort den Kindern „Poschwegge", die Osterweckchen mit.

Die Sage von der Weckschnapp

Welch hohen Stellenwert die Weck hatte, geht aus einer alten Kölner Sage hervor. Danach wurde die Weck sogar als Folterwerkzeug schlimmster Natur eingesetzt. Eines der grausamsten Gefängnisse war der letzte Turm der Stadtmauer nach Norden: die Weckschnapp. Dies war nicht der Turm, der dort heute in der Nähe der Bastei erhalten geblieben ist. Die eigentliche Weckschnapp ragte vielmehr mit ihrem Fundament ins Rheinwasser hinaus. Sie war sicher ein Gefängnisturm, doch die Sage berichtet, daß derjenige, der dort eingesperrt wurde, dem Tod geweiht war. Der Verurteilte hatte nur die Wahl zu verhungern oder nach einer paradiesischen Weck zu springen, die hoch im Raum aufgehängt war. Wer jedoch mit dem letzten Mut der Verzweiflung danach sprang, fiel auf eine Falltür zurück, die sich unter dem Gewicht öffnete und den Todeskandidaten auf ein Rost mit aufgestellten Messern fallen ließ, das im Wasser angebracht war.

Hungertücher

In der Zeit, als strenges Fasten das höchste Ideal war, wurde der Sinn der sündigen Menschenkinder auf jede erdenkliche Weise auf das Jenseits gerichtet – besonders augenfällig durch das Hungertuch. Es verhüllte in der Fastenzeit den Blick auf den Altar und sollte eine Art spirituellen Hungergefühls hervorrufen.

Bezeichnenderweise hat das so stark vom religiösen Leben geprägte mittelalterliche Köln eine herausragende Stellung beim Aufkommen der Hungertücher: „Das älteste deutsche, auf Leinwand gemalte Hungertuch, von dem wir wissen, befand sich schon seit dem 12. Jahrhundert nachweisbar, in der Apostelkirche in Köln", berichtet Klersch. Es ist erst 1875 durch ein Feuer zerstört worden. Doch zu dem Zeitpunkt war die Kölner Tradition schon erloschen, wie Klersch feststellte: „Während die Hungertücher im benachbarten Westfalen als religiöser Volksbrauch bis heute durchgehend erhalten blieben, gingen sie bei uns in der Zeit der Aufklärung und der französischen Revolution unter."

Mit seinen Bildmotiven hielt das Hungertuch die Gläubigen zur Meditation an. In dieser Funktion sind nach dem Zweiten Weltkrieg auch in Köl-

Die Gottesmutter inmitten der Apostelschar zeigte das sogenannte „Fastentuch der Richmodis von Aducht" aus dem 12. Jahrhundert, das 1875 in St. Aposteln bis auf einen winzigen Rest verbrannte; unten das Bildnis der knienden Stifterin.

ner Kirchen (Maria Königin in Marienburg, St. Urban in Deutz, St. Bruno in Klettenberg) wieder Hungertücher aufgetaucht, die das Verhältnis der im Überfluß lebenden Menschen zu den Darbenden thematisieren – bildliche Mahnzeichen für die Not der Dritten Welt.

Lockerung der Sitten

Im Jahre des Herrn 1491 reformierte die Kirche die Fastenordnung und ließ den Gläubigen einen größeren Spielraum. Die fortschreitende Spezialisierung und Veränderung der Arbeitswelt, aber auch die immer gewaltiger werdenden Hungersnöte, Epidemien und Kriege hatten ohnehin ständig Ausnahmen notwendig gemacht. Dennoch ist bemerkenswert, daß diese Reform nicht von den damals mächtigen Reform- oder Bettelorden (Zisterzienser, Franziskaner, Dominikaner) ausging, sondern von der Kurie in Rom. Die Weltpriesterschaft, die jetzt die Renaissancepäpste hervorbrachte, hatte sich gegen die Mönche und ihr strenges Genußverbot ein wenig durchgesetzt.

Damit lockerten sich auch in Köln die Sitten. Die strenge Abstinenz vom Fleisch warmblütiger Tiere wie auch von Milch, Milchprodukten und Eiern wurde zwar aufrechterhalten, doch – so berichtet Hermann von Weinsberg aus dem Jahr 1576: „doch brauchte man zum Kochen Butter und Öl. An erlaubten Genüssen blieben dann Erbsen und mancherlei andere Gemüse, Heringe, Stockfisch, frische und gesalzene Flußfische, Nüsse, Äpfel, Feigen, Rosinen, Plätzchen und Kuchen."

Am Rosensonntag einen Nachschlag vom Karneval

Ein Tag ragte aus all dem Beten und Büßen der Fastenzeit als Freuden- und Feiertag heraus: Lätare, der vierte Sonntag der Fastenzeit. Der Name stammt vom Beginn der Messe, die mit „laetare Jerusalem..." „Freue dich Jerusalem..." begann. Der Tag hieß auch Rosensonntag. Diese Bezeichnung ging auf einen römischen Brauch zurück, nach dem der Papst an diesem Sonntag eine goldene Rose weihte und in einer bedeutungsvollen Geste mit politischer Absicht verschenkte. In heidnischer Zeit war dies der Tag, an dem der Winter zu Grabe getragen, gestoßen oder verbrannt und der Sommer geholt wurde. In christlicher Zeit wurde daraus auch der Brotsonntag, weil an diesem Tag das Evangelium von der wunderbaren Brotvermehrung gelesen wurde. Auf jeden Fall war es ein Freudentag, an dem das strenge Fasten gebrochen werden durfte.

Der Brauch, der heute verschwunden ist, wurde im vorigen und noch bis in dieses Jahrhundert besonders von den Karnevalsgesellschaften gepflegt. Man traf sich zum „Lätare-Essen", zu dem sich wieder einmal die Tafeln bogen.

Eine Speisekarte des Jahres 1842 nennt – in untadeligem französisch – Austern, Rinderfilet in Madeira-Sauce, Gänsebrust, Truthahn, Salm, Leberpastete, Fasan, Plum-Pudding und andere großbürgerliche Delikatessen.

„Lätare Colonia, äh – Jerusalem!"

Beim Lätare-Essen erinnerte man sich des verflossenen Fastelovends und ließ sich von lustigen Vorträgen und von Hanswurst-Spielen unterhalten. Unumgänglich war der gemeinsame Gesang. Der Vater des Malers Wilhelm Leibl, Domkapellmeister Carl Leibl, dichtete in der Mitte des vorigen Jahrhunderts zahlreiche Lätare-Lieder:

„Wacker, ihr Treuen, um hoch uns zu freuen,
Hat uns Lätare zum Feste vereint.
Becher, erklinget! Brüder, hoch singet
Jubelnd der Zeit, die der Freude geweiht."

FASTEN AUF KÖLSCH

Konkreter noch als Weinsberg gibt die Chronik der Freiherrn von Zimmern Auskunft darüber, wie man in Köln nach der Fastenreform von 1491 zwischen Aschermittwoch und Karsamstag leben konnte. Die Söhne dieses alten, im Breisgau ansässigen Adelsgeschlechts besuchten vom Dezember 1531 bis nach Ostern 1532 in Köln ihren Vetter Graf Thomas von Reineck, der als Canonicus dem noblen Stift von St. Gereon angehörte.
Über Essen wird verschiedentlich berichtet. So mochte der jüngere Graf Johann Christoph von Zimmern keinen Käse. Der Canonicus ließ ihm dann aber von seinen Köchen, die als „treffenlich guet" bezeichnet werden, eine Käsesuppe zubereiten, die dem jungen Freiherrn derartig gut mundete, daß er sie fast allein wegaß.
Vollends gingen den jungen Herren aber die Augen über, als sie in der Fastenzeit (!) mehr zufällig an einem Bankett des steinreichen Herrn Wasserfaß teilnahmen:

„Da wurde weder an Wildpret – sei es Federvieh oder anderes –, Konfekt, Obst, allerlei Schleckerbissen – kalt und warm –, an besten Weinen und Bier, noch an trefflicher Musik und unterhaltendem Gespräch gespart, selbst die Gesundheit wurde an diesem Ort nicht geschont, sondern leichtsinnig gewagt. . . . Das dauerte bis etwa vier Stunden nach Mitternacht gegen Tag, jedoch ohne die Fasten zu brechen. Denn gleichwohl hat niemand, so weit ich gesehen habe, Fleisch gegessen, nur die Fasanen, gebratenen Rehkeulen, Hasel- und Feldhühner; auch die Wildpretpasteten wurden versucht. Das Fleisch ließ man stehen, wollte doch niemand es anrühren. Es war Fastenzeit, und es wäre ungehörig gewesen."

DIE JESUITEN WERBEN FÜR DAS „KRÜSTCHEN"

Ein solches Entlaufen in die Genußsucht unter dem Anschein des Fastens mußte die Gralshüter mönchischer Lebensideale auf den Plan rufen. Und das geschah auch prompt. „Auf dem Provinzialkonzil von 1536 befaßte sich die kölnische Kirche mit dem Fastengebot. Das Fasten sei nicht um seiner selbst willen geboten, die Einschränkung von Speise und Trank solle Herz und Seele für den Dienst Gottes freier, lebendiger, und williger machen." Hier verschafften sich alte asketische Ideale wieder Gehör! 1536 – das war

die Zeit der Reformation. Es wundert wiederum nicht, daß gerade die Träger der Gegenreformation, die Jesuiten, als Kritiker leiblicher Genüsse auftreten. Als letzte der großen mittelalterlichen Ordensgründungen (1534) waren sie damals noch sozusagen blutjung. Bereits 1543 richteten sie in Köln ihre erste zentrale Niederlassung für Deutschland ein. Die Kirche St. Mariä Himmelfahrt und wesentliche Gebäude des heutigen erzbischöflichen Generalvikariats an der Marzellenstraße sind architektonische Zeugnisse aus dieser Zeit.
Von hier aus versuchten sie, das Rad der Geschichte aufzuhalten: „Um den locker werdenden Ansichten über das Fasten entgegenzutreten, warben die Jesuiten dafür, wieder außer sonntags an allen Tagen zu fasten und sich abends mit einem kleinen Imbiß, den man Kurstgin nannte, zu begnügen." Von „Kurstgin" ist übrigens das „Krüßje" der Kölschen Foderkaat übriggeblieben, das Wrede mit „Imbiß" übersetzt.

Die Schnepfenjagd war ein besonderes Vergnügen in der Fastenzeit. Wer sich jedoch beim Genuß des Fleisches erwischen ließ, hatte mit einer harten Strafe zu rechnen.

Die Schnepfe als Lockvogel des Teufels

Daß der durchschnittliche Mensch in Fastenzeiten den Versuchungen des Fleisches stärker ausgesetzt ist als sonst, steht natürlich auf der Rückseite des Fastenblattes. Zahlreiche Fastenaufrufe und amtliche Vorschriften sind beredte Zeugnisse dafür, daß Anspruch und Wirklichkeit auch in der christlichen Zeit Kölns nicht immer deckungsgleich waren. Da geistliche und weltliche Macht noch völlig einig Hand in Hand gingen, wurden die kirchlichen Fastengebote von der Stadt Köln überwacht und garantiert. „Die Stimmeister und Gewaltmeister waren angewiesen, diejenigen, die Fleisch kauften oder verkauften, auszumachen, zu bestrafen und die Ware zu konfiszieren."
Zu tun gab es genug. Unglücklicherweise hatte der Teufel z.B. die Schnep-

fenjagd just in der Fastenzeit freigegeben. Schnepfen zählten aber nicht wie Geflügel und Wildbret zu den Fleischarten, die – siehe das Nachtmahl des Herrn Wasserfaß – eigentlich keinem Fastengebot unterlagen. Dennoch belegt ein Jagdspruch aus dem späten Mittelalter, in welchem Zeitraum geschossen werden durfte:

„Reminiscere – putzt die Gewehre
Oculi – da kommen sie,
Lätare – das ist das Wahre,
Judica – sie sind noch da,
Palmarum – tralarum,
Quasimodogeniti – halt, Jäger, halt, jetzt brüten sie!"

(Reminiscere = 2. Fastensonntag; Oculi = 3. Fastensonntag ; Lätare = 4. Fastensonntag; Judica = 2. Sonntag vor Ostern; Palmarum = Sonntag vor Ostern; Quasimodogeniti = weißer Sonntag [Sonntag nach Ostern])

Also gab es Schnepfen, aber der Verzehr war untersagt. Welche Versuchung! Und wie dumm, wenn man, nachdem man ihr erlegen war, auch noch verpfiffen wurde! „Der Nadelmacher Jakob Spieß mußte 1602 zwölf Tage in dem gefürchteten Gereonsloch sitzen, weil er in der Fastenzeit in Gesellschaft Schnepfen gegessen hatte."
Verräterisch und folgenreich für ihre Herrschaft war wohl auch die Aussage einer Margareta von Lymburgh aus dem Jahre 1612. Vor den städtischen Richtern gab sie zu Protokoll, „in der letzten Karwoche sei ein Auswärtiger mit Schnepfen, Feldhühnern und Krammetsvögeln (Wacholderdrosseln) an das Haus ihrer Herrschaft gekommen. Sie habe ihn in Abwesenheit ihrer Herrschaft fortgeschickt und sei dafür, als die Herrschaft es erfuhr, gescholten worden, denn sie hätten in der letzten Fastenzeit wohl fünfmal Schnepfen gegessen."
Selbst die Aufpasser vom Dienst waren nicht immer immun gegen alle Versuchungen. Aus Ratsprotokollen geht hervor, daß zwei von ihnen 1611 acht Tage lang zwangsweise zur Urform des Fastens bei Wasser und Brot zurückkehren mußten, weil sie freitags in der Öffentlichkeit Fleisch gegessen hatten.
Wirte, die die Fastengebote umgingen, waren besonders harten Strafen ausgesetzt, weil sie ja andere beim Sündigen unterstützten. „Wegen Fleischessens in der Fastenzeit wurde 1560 der Wirt im Wilden Mann auf dem Thurnmarkt mit 100 Talern bestraft, ein Wirt auf Jülich wegen des gleichen Vergehens 1607 mit 25 Goldgulden."

ERLAUBTES BEFLÜGELT DIE KULINARISCHE PHANTASIE

Es wäre freilich gar nicht nötig gewesen, Geld, Existenz, Leib und Seele zu riskieren. Denn es blieb ja nicht gerade wenig, was trotz aller Vorschriften erlaubt war. Fisch bildete seit alters her die typische Fastenspeise, nicht

„Die Köchin" von Bernardo Strozzi (1581–1644). In mancher Kölner Küche setzte sich die Herrschaft über die strenge Fastenordnung hinweg, weil sie der Versuchung eines lecker zubereiteten Geflügelgerichtes nicht widerstehen konnte.

nur, weil er „kein Fleisch", sondern auch weil der Fisch ein Symbol für Christus war. Nach den Beobachtungen der alten Astronomen hatte mit der Geburt Christi das kosmische Weltzeitalter des Fisches begonnen, das erst in unserer Zeit von dem des Wassermanns abgelöst wurde. Somit erinnerte die Fischmahlzeit symbolisch jederzeit an das Abendmahl.

Ein weiterer Grund lag darin, daß Fisch als absolut rein galt, weil er sich in der Tiefe des klaren Wassers aufhielt und ernährte. Das gleiche Ansehen genoß übrigens kurioserweise der Biber, dessen Schwanz eine beliebte Spezialität war. Auch Bärenschinken war erlaubt. Ein um 1500 geschriebenes Kochbuch kennt zahlreiche Leckerbissen aus dem Wasser, die ganz schön raffiniert zubereitet wurden: Krebse kochte man nicht nur schlicht in Essigwasser und Salz, sondern man verarbeitete sie auch zu Krebskuchen, Krebsgemüse, gefüllten Krebsen und Krebspasteten. Ferner gab es gebratenen Aal, gefüllten Aal, Salm, viele Süßwasserfische, Fischwurst, Fischsülze und Fischmus mit Mandeln, um nur eine kleine Auswahl zu nennen.

Geistliche und weltliche Scharmützel um den Kochtopf

Der Kampf der Jesuiten um den Erhalt der christlichen Einheit unter römischer Führung war schon ein Rückzugsgefecht der mönchischen Lebensgestaltung. Einen noch schwereren Schlag als durch die Reformation und die Renaissance erhielt sie durch die Aufklärung, kurz gesagt: durch den Gebrauch des menschlichen Verstandes zur Erklärung der Welt. Diese Strömung, die zusammen mit Reformation und Renaissance das Ende des abendländischen Mittelalters markiert, setzte sich in Köln erst sehr spät durch, genaugenommen mit der Ankunft der französischen Revolutionsheere im Jahre 1794. Im Übergang treffen sich beide Kräfte zu einem Scharmützel um die Kölner Kochtöpfe:

„Als... die weltlichen Stände von Kurköln im Jahre 1791 beantragten, es möge mit Ausnahme der Quatembertage der Fleischgenuß an Fast- und Abstinenztagen gestattet werden, standen Stadt und Domkapitel geschlossen für die alte Ordnung ein, und der Antrag ging nicht durch", berichtet Klersch. Die Vorschriften, nach denen der Fisch die wichtigste Fastenspeise war, blieben noch einmal intakt.

Acht Jahre später kehrten sich die Verhältnisse um: Im März 1799 verboten die französischen Behörden, denen Köln unterstand, an den Abstinenztagen den Fischmarkt, um die Einhaltung der kirchlichen Fastengebote zu er-

schweren. Eine neue Zeit hatte begonnen, in der die Kräfte eines anti-kleri-
kalen Staates sich erfolgreich gegen die religiösen Mächte der Vergangenheit wandten.

Seitdem war es jedem Kölner freigestellt, wie er's mit dem Fasten halten
wollte. Die mittelalterlichen Sitten und Bräuche behaupteten sich indessen
noch lange, ja gewannen im 19. Jahrhundert eine ganz neue Dimension: In
ihnen manifestierte sich kölnisches Selbstbewußtsein und stille Opposition gegen die Franzosen mit ihrem Vernunftsglauben und die Preußen mit
ihrer protestantischen Religion.

Aufschwung schon in der Karwoche

Fastenzeit bedeutete seinerzeit nicht, daß das Leben in Köln 40 Tage lang
nur büßend und aschfahl durch den Staub gekrochen wäre. Zu Lätare
schon hatte man die Füße wieder auf freudigerem Boden. Spätestens ab
Palmsonntag war die Stadt lebendig wie ein Bienenstock. Die Palmweihe
in der Kirche war ein Ereignis, der Einzug Jesu auf dem Esel nach Jerusalem ein Schauspiel, das einen Stimmungsaufschwung bewirkte. Die für
Köln so typische „Römerfahrt" brachte Scharen von Menschen auf die
Beine. Da es sich dabei um keine zentrale Prozession handelte, sondern
um einen großen religiösen Stadtumgang, den fast alle Pfarreien und Stifte
selbst gestalteten, war die Stadt tagelang voll von geistlichen Umzügen,
Gebeten, Gesängen und Weihrauchduft.

Wie ein Donnerstag grün wurde

Der Donnerstag vor Ostern bezog seine Bedeutung seit eh und je aus der
Einsetzung des Abendmahls durch Christus. Ursprünglich hieß der Tag in
Köln „weißer" Donnerstag. Im frühen Christentum fand die Erstkommunion stets vor Ostern statt und war mit Taufe und Firmung verbunden, damit die Neulinge an der Osterkommunion teilnehmen konnten.

Das Laterankonzil von 1215 änderte die Bräuche und ließ den Eltern die
Freiheit der Entscheidung, ab wann ihre Kinder am Abendmahl teilnehmen sollten. Damit brauchte der Donnerstag vor Ostern nicht mehr „weiß"
zu sein. Bei den Katholiken bürgerte sich der „weiße" Sonntag nach Ostern
als Erstkommuniontag ein, während die Protestanten den Sonntag vor
Ostern bevorzugten. Der Donnerstag verlor aber keineswegs seine Stellung als Abendmahlstag, was sich in der Beibehaltung der Farbe aus-
drückte. Er wurde „grün" nach der auf diesen Tag entfallenden Bibelstelle
„Denn wenn man dies am grünen Holze tut..." (Lukas 23,31). Darauf
gründeten die Priester ihre Tradition, an diesem Tag grüne Meßgewänder
zu tragen. In dem skurrilen Bemühen, alle Lebenssphären nach solchen
Glaubensvorstellungen zu gestalten, entwickelte sich dann der bis heute
erhaltene Brauch, an diesem Tag auch grün zu essen. In der Regel war es
Spinat. Die Spiegeleier kamen erst im 17. Jahrhundert dazu. Zu Weinsbergs
Zeiten waren sie noch nicht gestattet.

Der traditionelle Spinat, fein gehackt und durchgekocht, mit einem Schuß Sahne auch zu „Rahmspinat" veredelt, ist heute unter dem Einfluß der französischen und italienischen Küche auch in Köln weitgehend durch den „Blattspinat" abgelöst worden.

DAS EINZIG WAHRE BLATTSPINAT-REZEPT

(Für 2 Personen)
500 g Blattspinat
100 g Schalotten
50 g Butter
Salz, Pfeffer, Muskat

Einen großen Topf Wasser salzen und zum Kochen bringen. Den Blattspinat putzen und in das sprudelnd kochende Wasser geben. Sobald das Wasser wieder kocht, ist es höchste Zeit, den Spinat herauszunehmen und unter fließendem kalten Wasser abzuschrecken. Die Spinatblätter mit beiden Händen vorsichtig ausdrücken. Möglichst in einer gußeisernen Pfanne die Butter schmelzen und die fein gewürfelten Schalotten darin glasig dünsten. Ausgedrückten Spinat hinzufügen und unter vorsichtigem Wenden erwärmen, dabei mit Salz, Pfeffer und ein wenig Muskat abschmecken. Sofort servieren.
Wird auch nur der geringste der angegebenen Handgriffe unterlassen, mißlingt der Spinat und hinterläßt eine häßliche grüne Pfütze. Auch im Umgang mit Muskat wird gern gesündigt: Die Kunst besteht darin, das Gewürz nicht vorschmecken zu lassen.

KARFREITAG

Auf den Hoffnungsspinat des Donnerstags folgte am Freitag noch einmal ein kulinarischer Absturz, der allerdings in Kurzfassung noch einmal ursprüngliche Zielsetzung und geschichtlichen Verlauf des christlichen Fastens nachzeichnete. Dieses war ja eigentlich der Verzicht auf jede Nahrungsaufnahme. Dementsprechend war Karfreitag der Tag strengsten Fastens. Noch in der ersten Hälfte des 19. Jahrhunderts gab es morgens überhaupt nichts zu essen, mittags ein Schößchen mit einer Tasse Kaffee und abends ein Fischgericht, auch wohl sogenanntes „Verwenndbrut", das heutzutage als „Armer Ritter" bekannt ist und besonders von Kindern auch an anderen Tagen des Jahres gern gegessen wird.

„ARME RITTER" (VERWENNDBRUT)

(Für 4 Portionen)
8 Scheiben altbackenes Weißbrot
Ca. 1/3 l Milch
2 Eier
1 Prise Salz
1 El Zucker
Semmelbrösel
Zimt und Zucker zum Bestreuen

Die Weißbrotscheiben auf einen großen Teller legen. Die Milch mit Eiern, Salz und Zucker verquirlen, über die Weißbrotscheiben gießen und einziehen lassen. Die Scheiben in Semmelbröseln wälzen und in Butter braun braten.
Mit Zimt und Zucker bestreut servieren.

Unter der Geistlichkeit begann ein vierzigstündiges Trauerfasten bis zur Verkündigung der Auferstehung. Soweit sich die streng gläubigen Katholiken nicht ohnehin anschlossen und auf jede Nahrungsaufnahme verzichteten, hielten sie sich an Brot und Wasser. Diejenigen, die die Selbstkasteiung nur rituell betrieben, wichen auf Fischgerichte aus. Im Laufe der Jahrhunderte entwickelte sich sogar eine gewisse Vielfalt, die Hering mit Sauerkraut und Stockfisch mit Kartoffeln ermöglichte. Dennoch hielt die Köchin sich gern an die Gebote der Mutter Kirche; sie hatte fürs lange Wochenende ja schon alle Hände voll zu tun.
Der Karfreitag trug übrigens für die Katholiken nie die gleiche Bedeutung wie für die Protestanten. Das hat in Zeiten, in denen die beiden Glaubensgruppen in Opposition gegeneinanderstanden, dazu geführt, daß Katholiken am Karfreitag demonstrativ arbeiteten und dabei einen Lärm verbreiteten, der für die Protestanten anstoßerregend sein sollte. Dies ging soweit, daß der preußische Staat gegen Ende des 19. Jahrhunderts die provozierende Karfreitagsarbeit der Katholiken per Gesetz verbot.

FASTEN HEUTE: KAMPF GEGEN DEN WINTERSPECK

Spätestens seit Ende des letzten Krieges spielt das Fasten im Leben der Kölner keine Rolle mehr – ganz gleich, wie „hillig" die Stadt auch immer gewesen sein mag. In den ersten Nachkriegsjahren, als jeder nach der Wiederherstellung seines früheren Körpergewichts trachtete, wäre Fasten geradezu ein Rückschlag gewesen. Und als dann die kulinarischen Genüsse immer reichhaltiger und besser wurden, die Schaufenster immer voller

und die Künste der Köche immer raffinierter – wer wäre da nicht schwach geworden?
An die Stelle der Enthaltsamkeit aus religiösen Gründen sind aber in jüngster Zeit gesundheitliche Motive getreten. Zum ersten Mal in der deutschen Geschichte werden in der Bundesrepublik alle satt, muß keiner hungern, haben (fast) alle ihr gutes Auskommen. Und es kam, wie es kommen mußte: Immer mehr Menschen werden zu dick.
Diät ist angesagt. Von Risikofaktoren ist die Rede, unter denen das Übergewicht als Hauptfeind langen Lebens gilt. Verzicht wird verlangt, Enthaltsamkeit ganz ohne den stützenden Beistand der Kirche, sondern einzig und allein aus Gründen der Vernunft. Dies alles, wohlgemerkt, vor appetitlichsten Auslagen, übervollen Regalen im Lebensmittelhandel und angesichts köstlicher Versprechungen auf den Speisekarten der Gastronomie.
Da strickt sich jeder sein kleines Diätprogramm, läßt hier die Butter und da den Alkohol weg, geht zu den „Weight Watchers" oder ernährt sich nach der klassischen Formel „FdH". Die Erfolge sind durchaus zweifelhaft – es ist wie mit dem Rauchen: Am besten, man hört ganz auf oder gar nicht.
Einer, der sich – zeitweise – für das Ganz-Aufhören entscheidet, ist Gert

Gert von Paczensky beim Nichts-Essen

von Paczensky. Der Gastronomie-Journalist und Restaurant-Kritiker ist seit einigen Jahren Kölner, und originellerweise residiert er im selben Haus wie das „Chez Alex", einer der feinsten kulinarischen Tempel Kölns.

Paczensky hatte nicht immer Gewichtsprobleme: In jüngeren Jahren moderierte er, spitzbärtig, das kritische Fernsehmagazin „Panorama". Als dann später die Kulinarik sein Thema wurde und sich – quasi als unvermeidliche Berufskrankheit – das Bäuchlein rundete, mußten Gegenmittel ersonnen werden.

Er entschied sich für das Totalfasten – Nulldiät hieß das eine Zeitlang. Seit fast dreißig Jahren enthält sich der Mann mit der feinen Zunge alljährlich vier bis sechs Wochen lang jeglicher Nahrungsaufnahme. „Fasten ist von hohem Nutzen für die Organe", erläutert er. Zu hohe Blutzucker- und Leberwerte, mit denen er zu kämpfen hatte, haben sich durch das Fasten von selbst reguliert. Von seinem Gewicht verliert der konsequente Faster rund 20 Pfund. (Wie schnell er sie nach der Kur wieder „drauf" hat, steht auf einem anderen Blatt.)

„Der Faster ist bester Laune, wenn er es richtig macht", entgegnet Paczensky auf die Frage, ob man denn immer hungrig nicht sehr übellaunig werde. Nein, sagt der Journalist, er arbeite weiter wie sonst, verfiele auch nicht in Trance.

Der Tip vom Fasten-Profi: Man sollte die Fastenkur sicherheitshalber mit dem Hausarzt durchsprechen und sich die unverzichtbaren Mineralien und Spurenelemente in Tablettenform geben lassen – falls sie nicht ohnehin schon in ausreichender Menge im Mineralwasser enthalten sind, das man beim Totalfasten in großen Mengen trinken muß.

Und noch etwas rät Gert von Paczensky: „Fasten Sie nicht in einem Sanatorium! Dort reden die Leute unaufhörlich davon, was sie zuletzt gegessen haben – und was sie wieder essen werden, wenn die Fastenzeit vorbei ist."

Mit den Türken fasten

Ramadan heißt der Fastenmonat der Mohammedaner. Sein Termin wechselt, weil er nach dem Mondkalender bestimmt wird. Da das Mondjahr zwei Wochen kürzer ist als das Sonnenjahr, liegt eben auch der Ramadan jedes Jahr zwei Wochen früher als im Jahr davor. So kann er im Laufe der Zeit sowohl in den Hochsommer, als auch auf Weihnachten fallen. Als moralische Unterstützung im Kampf gegen den Winterspeck ist der Ramadan deshalb nur bedingt geeignet.

Vorbilder gäbe es genug: In Köln leben allein über 65 000 Mohammedaner, zumeist Türken. Wer das Viertel um den Eigelstein mit Schwerpunkt Weidengasse kennt – und welcher Feinschmecker schätzt die Gegend nicht als kulinarisches Einkaufs-Paradies?! – der kommt vielleicht darauf, die zu üppig geratene Figur mit Hilfe Mohammeds wieder ins Lot zu bringen.

Nur: Viele Türken sind ohnehin nicht gerade die Orthodoxen unter den Söhnen Allahs, und in der Fremde, bedingt auch durch die Arbeit, bleibt so mancher heimatliche Brauch auf der Strecke. „Nur etwa ein Drittel meiner Landsleute in Köln lebt zum Ramadan nach den Regeln des Koran", schätzt

„Gleich ist sie unten!"

der Türke Enis Akisik, der auf der Weidengasse das türkische Spezialitäten-Restaurant „Bizim" betreibt.

Mohammedanisches Fasten verbietet die Aufnahme jeglicher Nahrung – sei sie flüssig oder fest – zwischen Sonnenauf- und Sonnenuntergang. Danach darf gegessen und getrunken werden. Weil der Magen dann erst einmal wieder ans Arbeiten gewöhnt werden muß, steht am Anfang – im Orient ebenso wie in Köln – die

MOHAMMEDANISCHE FASTENSUPPE

2 Zwiebeln
2 Tomaten
3 EL Butter
1 l Fleischbrühe vom Lamm
100 g Tarhana (Mischung aus Mehl, Joghurt und Tomatenmark; in türkischen Lebensmittelgeschäften erhältlich)

Zwiebeln würfeln und in der Butter andünsten. Tomaten enthäuten und filieren und auf die Zwiebeln geben. Mit der Fleischbrühe aufgießen. In einem Extratopf Tarhana mit etwas Fleischbrühe anrühren und langsam, unter ständigem Rühren, in die Suppe geben. Aufkochen lassen. Man serviert die Tarhana mit darüber gestreuten Bröckchen Schafskäse und gerösteten Brotwürfeln. Dazu ißt man das typische Fladenbrot, das im Orient nur zu Ramadan genossen wird.

Und weil nach jeder Fastenzeit ein Fest kommen muß, freuen sich die Türken von der Weidengasse auf das bald auf Ramadan folgende Zuckerfest (bei dem eine Unmenge Süßigkeiten gegessen wird) ebenso wie auf das Schlachtopferfest sechs Wochen später.

Vorzeichen der Auferstehung zuerst in der Küche

Das Barometer, auf dem man ablesen konnte, daß trotz offizieller Menschheitstrauer um den Gottessohn doch schon bessere Zeiten zu erwarten standen, war der Küchentisch. An Gründonnerstag kündigten die Spiegeleier schon die neue Zeit an, und die Hausfrau nahm den Festschmaus für Ostern in Angriff. Schließlich konnte sie ja nicht erst einkaufen gehen, wenn sie hörte, der Herr sei erstanden. Aber auch aus einem anderen Grunde mußte sie früh fertig sein: Karsamstag kam der Herr Kaplan ins Haus und segnete die Speisen. Mancher Geistliche hat dabei wohl auch selbst buchstäblich einen Segen davongetragen – in Form eines Schinkens. Dann sagten die Nachbarn – liebevoll, wie die Kölner gelegentlich ja sein können – der Schinken wäre zum Segnen „usjeliehnt" (ausgeliehen) worden.

Ostern

Für die Verwandten und Freunde der Kölner Familie Effertz werden Ostern solche Eierhasen gebastelt und so bemalt, daß sie dem Beschenkten möglichst ähnlich sehen.

Das Osteressen kann man mit gutem Recht als „das" christliche Mahl schlechthin bezeichnen. Ihm lag ja, wie keinem anderen Fest, die Idee der heiligen Tischgemeinschaft selbst zugrunde: am eindrucksvollsten dadurch bekräftigt, daß alle zuerst zum Tisch des Herrn gingen und die Kommunion vollzogen und dann im familiären Kreis lange beim Essen zusammensaßen. Im Gegensatz zum Auseinanderlaufen im Karneval ist Ostern bis heute das Fest des Zusammen-Essens. Das bezieht sich natürlich auch auf andere christliche Hochfeste.
Da das Zusammen-Essen mit allen Verwandten, Freunden und Bekannten aus praktischen Gründen nicht möglich ist und war, waren die hohen christlichen Festtage in Köln doch zumindest Feste des Zusammen-Kommens: „Nach Anhörung der Messe am Ostersonntage hielt man den Feierlichen Rundgang, um in der Familie und Freundschaft einen ‚Jlöcksillige Poschtag un noch vil Folgen, Allelujah!' zu wünschen." Oder man traf am Nachmittag zusammen, um Ostereier zu essen und Wein dazu zu trinken. Der Gruß „jlöcksillig" markiert leitmotivisch einmal wieder den Beginn einer neuen Zeit. Zeitweise war ja der Auferstehungstag des Herrn auch ein alter Neujahrstag.
Wer glaubt, wir erzählten hier mehr Kirchen- als Küchengeschichte, der unterschätzt, wie stark Köln eben weit über ein Jahrtausend vom Zyklus des christlichen Heilsjahres geprägt wurde. Das wird nirgendwo deutlicher als an der Bezeichnung des Festes. In Köln nannte man es früher ganz selbstverständlich „Posche". Damit hielt die Mundart die Erinnerung an das hebräische Pessah-Fest, an dem Christus auferstanden sein soll, aufrecht. Der Festname „Ostern" entwickelt sich parallel dazu im Hochdeutschen aus dem germanischen „Ostara", was entweder der Name der Göttin des aufgehenden Lichts oder die Bezeichnung für die germanische Frühlingsfeier war. Daß seit der zweiten Hälfte des 19. Jahrhunderts das hoch-

deutsche „Ostern" innerhalb weniger Generationen einen so wichtigen alten Begriff wie „Posche" verdrängen konnte, darf als Indiz dafür verstanden werden, wie weit die christlichen Gestaltungskräfte in Köln an Bedeutung verloren.

Die „Heilige Mahlzeit" am heimischen Tisch

Das Osteressen war im katholischen Köln nichts weniger als ein heiliges Mahl im Familienkreis. Man achtete sorgsam darauf, daß alle Speisen gesegnet waren. Noch bis in unser Jahrhundert wurde in katholischen Familien der Ostertisch von Hausvater oder -mutter mit Weihwasser besprengt. Dazu diente der Palmzweig vom Sonntag zuvor. Nun kamen auch die Speisen auf den Tisch, die schon am Karsamstag durch den Kaplan eine besondere Segnung erfahren hatten. Um sicher zu sein, daß sie nicht zufällig mit ungesegneten vertauscht worden waren, färbte man solche Speisen von alters her. Das war natürlich besonders dann geboten, wenn von bestimmten Nahrungsmitteln eins aussieht wie das andere. Und damit wären wir bei der typischen Osterspeise: dem Ei.

Apfel und Ei

Aus der alten Fastenordnung geht hervor, daß die katholische Kirche ein eher gespanntes Verhältnis zum Ei hatte. Noch zur Zeit Hermanns von Weinsberg (um 1570) war das Ei als Fastenspeise verboten – auch am Gründonnerstag. Hierbei mögen frühere Berührungsängste der christlichen Priesterschaft mit anderen Religionen eine Rolle gespielt haben. Die meisten anderen Priesterschaften sahen im Ei den Inbegriff des Lebens überhaupt. In ihren Schöpfungsberichten war deshalb auch die Welt einem Ei entsprungen. Demgegenüber spielte im Schöpfungsbericht der jüdisch-christlichen Priester nicht das Ei, sondern eher der Apfel eine Rolle. Man verzeihe die theologische Ungenauigkeit, die sich hier aus dem kulinarischen Blickwinkel ergibt. Aber darin wird deutlich, daß Fastenordnungen nicht auf bloßes Hungern oder Diät gründeten, sondern daß auch die Konkurrenz zwischen Priesterschaften eine erhebliche Rolle spielte.

Heidnische Eier

In heidnischer Zeit – sicher auch noch bei den Franken in Köln – hatte das Ei magische Eigenschaften und wurde für Weissagungen und Sympathiezauber verwendet. Das läßt sich aus Eiern als Grabbeigaben genauso sicher schließen wie aus den heute noch bekannten Eierkronen bei ländlichen Frühlingsbräuchen. Es war früher kein Scherz, sondern eine glaubensähnliche Überzeugung, daß der Genuß von Eiern die männliche Potenz hob. Kein Wunder, daß wiederum die christlichen Zivilisatoren am Ende der Völkerwanderungszeit gegen den Eierkonsum vor allem in Zeiten religiöser Steigerung Einwände erhoben. Die starke Vorliebe der alten Heiden für Eier mußte deshalb während der christlichen Fastenzeit unterdrückt werden und durfte sich erst zu Ostern, wenn das heidnische Ei durch „Taufe" ein christliches geworden war, wieder ausleben.

Eier als Freudenkünder

Mag es nun daran gelegen haben, daß dergleichen Erinnerungen an die römisch-germanische Vorzeit geschwunden waren, sei es, daß die freischarrenden Hennen nach der Fastenreform von 1491 plötzlich produktiver wurden und alljährlich ein größerer Eierberg abgetragen werden mußte – jedenfalls zeigt sich an der Lockerung der strengen Fastenvorschriften, daß sich um 1600 das Verhältnis der christlichen Geistlichkeit auch zum Ei entspannte. Es gesellte sich fürderhin an Gründonnerstag in Gestalt eines Spiegeleis zum Spinat.

Die freudigen Vorboten des kommenden Festtages steigerten sich: „Am Ostersamstage", so hielt Ernst Weyden für das 19. Jahrhundert fest, „färbte man allenthalben die ‚Poscheier', wie man die Ostereier nannte, mit welchen man sich am Ostertage untereinander beschenkte. Die buntbemalten, mit allerlei Sprüchen beschriebenen Ostereier wurden von uns Kindern als wahre Kunstwerke bestaunt."

Bürgerliche und feudale Eier

Hier spielt allerdings schon nicht mehr die ältere religiöse Bedeutung des Färbens von Nahrungsmitteln eine Rolle, sondern die Vorliebe des bürgerlichen Zeitalters zur kunstgewerblichen Ausgestaltung des Lebens. Damit aber schlagen ganz behutsam, wie das bei Eiern geboten ist, schon lange existente gesellschaftliche Abstufungen in künstlerische Gestaltung um. Vom schlicht gefärbten Ei des Tagelöhners bis zu den Edelsteineiern der russischen Zaren spannte sich um die Ostereier ein unendliches Netz von Phantasie, Kunstfertigkeit und Statussymbolik, wobei letztere in diesem Jahrhundert fast vollständig verschwunden ist.

Früher aber galt großer Eierkonsum als Merkmal von Reichtum. Noch im bürgerlichen Kochbuch der Henriette Davidis, das von rund 1850 bis 1950 die bürgerliche Küche dominierte, wurden in Kuchen Dutzende von Eiern verbacken. Das erklärt sich keineswegs nur aus geschmacklichen oder chemischen Gründen. Zusammen mit Weizenmehl und Zucker gehörten die Eier zu den erlesenen Genüssen, derer die Staubgeborenen höchstens an Festtagen teilhaftig wurden. Und ähnlich wie die weißen Weizenweckchen und die Süßigkeiten wurden die Eier an bestimmten Tagen – ein Stückchen Himmel – zum Geschenk vor allem für Kinder.

Der Osterhase im Wettlauf mit den Glocken

Der Osterhase, der die Eier bringt, kommt in Köln erst um 1880 auf. Dieser Kinderglaube hat sich dann rasch verbreitet und gilt heute allgemein. Früher erzählte man, daß die Eier von den aus Rom zurückkehrenden Glocken

mitgebracht werden. Dies war eine Weiterentwicklung des alten Glaubens, daß die Glocken nach Rom fliegen, um dort Weckbrei zu essen und den Kindern Osterwecken mitzubringen. Dahinter steht, wie Franz-Peter Kürten glaubhaft darstellt, die Vorstellung von der Glocke als Person: „Glocken sind ja immer als vollwertige Mitbürger angesehen worden, sind getauft, sind Pfarrkinder, haben Stimme und Seele. Also haben sie auch ab und zu eine Stärkung nötig."
Diese holten sie sich in Rom zwischen Gründonnerstag und der Osternacht. In diesem Zeitraum wurden sie durch Klappern und Ratschen vertreten. Diese dienten aber nicht nur als akustische Zeichen für die Stationen der Messe, sondern auch als Geräuschinstrumente beim Heische-

„Mir bringst du nie ein Weckchen mit!"

gang, mit dem sich die Meßdiener am Karfreitag und Karsamstag in der Gemeinde ihren Lohn für die Leistungen des zurückliegenden Jahres holen. Auch heute wird der Brauch hier und da noch gepflegt. Beim „Abklappern" der Häuser erhalten sie in erster Linie Eier, aber auch wohl andere Naturalien oder ganz einfach Geld, das sie untereinander aufteilen.
Im 19. Jahrhundert verloren die Glocken ihren menschenähnlichen Charakter. In dem Maße, wie sie sich zu Eierbringern wandelten, wurden sie zu technischen Apparaten. Man vergaß das Motiv der stärkenden Nahrungsaufnahme. Der Romflug wurde zur Inspektion in der Religionsgarage: „... in Rom prüft man auch ihre Stimme, sieht ihre Zunge nach und ‚schmärt ihr Oge'", heißt es seit dieser Zeit.

Eierbräuche

Mit der österlichen Wertschätzung der Eier verbanden sich viele Bräuche. Das „Suchen" ist der bekannteste und am weitesten verbreitete. Beliebt bis zum heutigen Tage ist auch in Köln das Eierkippen. Schon Ernst Weyden berichtete davon: „... an allen Ecken der Stadt sah man Knabengruppen mit dem Eierspiele, kölnisch: ‚Kippen', beschäftigt, und mit welcher Emsigkeit! Die Spieler suchen einander die Spitzen der Eier einzuschlagen, ‚Spez' oder ‚Aasch'; der sie einschlägt, gewinnt das Ei des anderen. Sind die Spitzen eingeschlagen, nimmt man auch die Seiten, man ‚huddelt'. Die armen Magen der Knaben! Ich entsinne mich noch, daß sich ein Bäckerlehrling in meiner Nachbarschaft an hartgesottenen Eiern zu Tode aß."

Ostern heute: Langes Wochenende oder Zweiturlaub

Ganz, ganz leise sind die alten Osterbräuche im Begriff, sich zu verabschieden. Sie suchen das Weite irgendwo auf der Autobahn zwischen Köln und München, im Flugzeug nach Mallorca oder auf die Kanarischen Inseln.

Denn Ostern ist in der mobilen Wohlstandsgesellschaft zum willkommenen Anlaß zu einem verlängerten Wochenende oder zu einem Kurzurlaub geworden. Und seitdem die Kultusministerkonferenz die Osterferien so ausgedehnt hat, daß sie schon fast als zweite große Ferien gelten können, ist auch der Gedanke an eine österliche Urlaubsreise nicht mehr fern. So kommt es, daß zu Ostern in Paris, Rom oder Fuerteventura mehr Kölner anzutreffen sind als rund um den Dom: Dort machen dann die Holländer und die Belgier ihren Osterspaziergang.

Nur die Daheimgebliebenen sind es, die die alten Bräuche am Leben erhalten – das Eierfärben am Karsamstag beispielsweise, das Eierverstecken und -suchen im eigenen Garten oder im Stadtwald, das Osterfrühstück mit Weidenkätzchen und Osterglocken, Küken aus Plüsch und Schokoladenosterhasen. Und besonders das Mittagessen im Familienkreis am Ostersonntag ist ein Festtagsbrauch, der Tradition bleiben wird.

Der Klassiker unter den österlichen Festtagsbraten ist das Lamm:

OSTERLAMM

(Für 6 Personen)
1 Lammrücken (ca. 1½ kg)
1–2 Knoblauchzehen
½ Tl Salz
Pfeffer
300 g kleine Möhren
300 g Zwiebeln
⅓ l Rotwein
⅓ l Sahne
Beilage:
Kleine Pellkartoffeln, in Butter und Rosmarin angebraten

Den Lammrücken mit Knoblauch einreiben, in Butter von allen Seiten anbraten, würzen und ca. 8 Minuten bei 225 °C im vorgeheizten Backofen weitergaren. Den Rücken aus dem Ofen nehmen und warmstellen.
Den Bratenfond mit kleingeschnittenen Möhren und Zwiebeln auffüllen und einmal aufköcheln lassen. Mit dem Rotwein ablöschen und die Sahne dazugießen. Die Sauce mit dem Pürierstab kurz pürieren und dann sofort abseihen.
Auf heiße Teller einen Spiegel Sauce geben. Den Lammrücken auslösen und in Medaillons aufschneiden, auf die Sauce legen und sogleich servieren.

Aber weil der liebe Gott es so gewollt hat, daß Ostern nicht nur die Zeit der jungen Lämmer, sondern auch die der Milchzicklein ist, macht sich in Köln – unterstützt vom Verkaufsgeschick unserer besten Gastronomen – auch die Ziege auf dem Ostertisch immer deutlicher bemerkbar.

Wer jetzt die Nase rümpft, unterliegt dem gängigen Vorurteil aller Genießer, die zum ersten Mal mit dem Gedanken an Ziegenfleisch konfrontiert werden: Man denkt an die strenge Ausdünstung dieser Tiere und an Ziegenkäse, hat mit dem Verzehr von Hammelfleisch schon genug Geschmacksprobleme – und überhaupt ... nein, danke.

Wie gut Milchzicklein schmeckt, wenn es wirklich eines ist und wenn der Koch oder die Köchin ihr Handwerk verstehen – das zeigt das nachfolgende Rezept von Klaus Zimmer, unter dessen Leitung früher im Restaurant „St. Georg" und heute im Weinhaus „Im Walfisch" die österliche Alternative entsteht:

GEFÜLLTE KEULE VOM MILCHZICKLEIN

(Für 2 Personen)
1 Ziegenkeule
1 Stange Lauch
2 große Möhren
2 Zucchini
1 Schweinenetz (beim Metzger erhältlich)
frischen Rosmarin, Thymian, Knoblauch
Kräuterbutter
Marinade aus:
Ca. 1 l Rotwein
1 Zwiebel
1 Stengel Petersilie
2 Lorbeerblätter
50 g frische Rosmarinstengel
Beilage:
Zwiebelbrot

Die Ziegenkeule wird hohl ausgelöst und drei bis vier Stunden in die Marinade eingelegt. Lauch, Möhren und Zucchini in Würfel schneiden und blanchieren. An die Stelle des Knochens kommt dann das Gemüse in die Keule. Schweinenetz ausbreiten und die zusammengelegte Keule in das Netz einpacken.
Ca. 25 Minuten bei 250 °C im vorgeheizten Ofen garen. Mit frischen Kräutern, Kräuterbutter und Zwiebelbrot servieren. Dazu paßt jede Art von Salat oder Gemüse.

Frühlings- und Sommerfreuden

Der Grundrhythmus der Kölner Eß- und Trinkgewohnheiten war im Wechsel der Feste zwischen Neujahr und Ostern angeschlagen: Festlicher Überschwang und Maßhalten bis hin zum Fasten lösten einander ab. Dieser Rhythmus durchzog das Leben auch im übrigen Jahreskreislauf und klingt sogar heute noch deutlich nach. Jeder Sonn- und jeder Feiertag ist die verkleinerte Form des Auferstehungsfestes, und immer, wenn Kölner feiern, kehrt – meist zu fortgeschrittener Stunde – ein wenig karnevalistisches Heidentum zurück. Da, wo das Christentum noch praktiziert wird, behielt auch das Fasten seinen Stellenwert, allerdings hat es seit 200 Jahren seinen typischen Charakter für Köln mehr und mehr eingebüßt.
Über dem alten Rhythmus entfaltete nach Ostern der Sommer seinen Reiz mit eigenen Festen: die Gottestracht, die Erstkommunion, die Maifeiern, die Brautzeit- und Hochzeitsbräuche, Fronleichnam, Himmelfahrt, Pfingsten, Kirmes und Petri-Ketten-Feier. (Das war der 1. August, an dem nach 950 drei Glieder der Petruskette aus Rom nach Köln gebracht worden waren. Vor den Gebeinen der Heiligen Drei Könige war die Petruskette Kölns wichtigste Reliquie.)
Zu diesen Festen spendete die Natur ihre Gaben reichlich und unterstrich damit den heiteren Charakter der wärmeren Jahreshälfte. Dies empfand man nicht nur auf dem Lande, sondern auch in einer Stadt wie Köln weitaus lebhafter als heute, wo sich mit Hilfe von Jumbo-Jets und Tiefkühltruhen praktisch alle Unterschiede zwischen Anbaugebieten und Jahreszeiten überwinden lassen. Allerdings haben Feinschmecker sich bislang nicht davon abbringen lassen, jungen Kartoffeln, frischen Erbsen, überhaupt allem, was möglichst frisch, natürlich gereift und ohne konservierende Behandlung auf den Tisch kommt, den besten Geschmack zuzusprechen.

Maitrank und Wibbel

Als besonderer Genuß der Jahreszeit wurde der „Kräutertrank" geschätzt. Gewürzter Wein und Punschgetränke gehörten das ganze Jahr über so selbstverständlich zum Essen, daß noch im Ratssilber eigene Gefäße zum

111

Mischen des Weines dienten. Was nun besonders die Kräutertränke von Frühjahr und Sommer betrifft, so sind unter englischem Spracheinfluß daraus allgemein Bowlen geworden. Damit hat sich aber eine Ungenauigkeit eingeschlichen. „Bowle" bezeichnet heute alles, was im Sommerhalbjahr an Kräutern und Früchten mit Wein gemischt wird. Eigentlich sollte man den Maitrank von der Fruchtbowle unterscheiden. Der Bericht Ernst Weydens vom Beginn des 19. Jahrhunderts liefert die Erklärung.

„Mit dem Mai kam auch der ‚Maitrank', der altrheinische Kräuterwein. War auch der Zucker, der Kaneel (Zimt) noch so teuer, einmal in der Saison mußte in jeder deftigen Familie wenigstens ein Maitrank angesetzt werden. Die Kräuter, einige zwanzig an der Zahl wurden in der Glaserhütte auf dem Domhofe oder in Jakorden auf der Machabäerstraße geholt und mußten wenigstens vierundzwanzig Stunden ziehen. Zu diesem Zwecke hat jede Familie eine blaue steinerne Rumpfkanne, die, wenn der Maiwein angesetzt, mit einer Schweinsblase zugebunden wurde. Noch eine besondere Würze gab man dem Maitrank durch Zitronen und Zimt in Stangen . . .
Bei den Maitrankpartien wurde der Maitrank aus großen, grüngläsernen, geringten Humpen getrunken, welche nach alter Vätersitte in die Runde gingen. Die Maitrankhumpen haben die Form eines Fäßchens und vier Vertiefungen im Bauche, in welche man beim Trinken Daumen und Mittelfinger setzte, um die Last zu bewältigen. In den stammkölnischen Familien hieß der Maitrankhumpen der ‚Wibbel'. Auf dem Knaufe des Deckels war eine elastische Feder mit einem silbernen Vogel angebracht, der sich natürlich, nahm man den Deckel ab, bewegte, kölnisch ‚wibbelte', woher die Benennung. Solange der Vogel wibbelt, muß der, an welchem die Reihe, trinken, und sie trinken oft so lange in der Runde, bis keiner mehr den Vogel wibbeln sieht."

Auch wenn der „Punsch" als Ursprung angenommen wird, so ist doch die von Weyden beschriebene Mischung nach heutigem Geschmack abenteuerlich und nichts weniger als eine Wohlstandsbarbarei. Es ist zu vermuten, daß schon damals das Mißverständnis über den Sinn des Kräutertranks so weit fortgeschritten war, daß man in ihn alles hineinbraute, was teuer war. Und so sind auch heute noch viele Bowlen mit Zutaten ruiniert, die den Ursprungsgedanken verfälschen. Um ihm wieder auf die Spur zu kommen, muß man sich einfach folgendes klarmachen: Es geht nicht darum, einen neuen, edlen Wein zu verkosten, sondern das, was man hineintut, in veredelter Weise zu genießen. Der Sinn besonders des Maitranks bestand darin, auf diese Weise und mit steigernder Wirkung, die ersten Gaben der Natur zu genießen.

MAIBOWLE

Von den zahlreichen Maitränken ist bis heute die Maibowle sowohl mit ihrer zeitlichen Fixierung auf die erste Maihälfte wie auch mit ihrer Konzentration auf den Waldmeister übriggeblieben.

Jemand, der aus mehreren Gründen jeder Vermischung von Wein mit irgendetwas anderem abhold sein muß, ist der weithin bekannte Kölner Weinhändler Fred Unterberg. Dennoch hat er Sinn für den Maitrank. Er schlägt einen leichten, halbtrockenen Mosel-Riesling vor, von dem man 4 bis 5 Flaschen mit einer Flasche guten Sekts mischt. 3 Sträußchen Waldmeister setzt man mit ½ Flasche Wein vorher separat in einem kleinen Krug an und würzt die Maibowle mit dem Kräuteraroma aus dem kleinen Krug. Es versteht sich, daß Fred Unterberg auch hierbei zurückhaltend ist. Er hat aber Verständnis dafür, wenn man den Geschmack des Waldmeisters ein wenig kräftiger schätzt.

Pfingsten

Unter den Frühlings- und Sommer-Festen nahm Pfingsten einen Rang ein, der dem von Ostern entsprach. Die Ausgießung des Heiligen Geistes vierzig Tage nach der Auferstehung wird ja als Ursprung der Kirche angesehen. Die frühere Empfindung, daß damit wieder einmal eine neue Zeit angebrochen ist, signalisiert die „Pfingstbrezel", von der Ernst Weyden noch im vorigen Jahrhundert berichtet. Bemerkenswert ist auch, daß die Burschen der Bauernbänke auf Heischegängen durch die Stadt zogen und Eier zum Geschenk erhielten, daneben aber auch Wurst, Speck, Tabak, Schnaps und Geld. Gleichzeitig kam im Pfingstfest der Gedanke der „Heiligen Mahlzeit" besonders zum Tragen. Nicht umsonst ging die sogenannte Quatemberwoche voraus, eine Bußwoche also, in der am Mittwoch, am Freitag und am Samstag Fasten vorgeschrieben war.
Am Sonntag und während der ganzen Festzeit pflegte man wieder die Gemeinsamkeit beim Essen, und auf den Tischen herrschten Vielfalt und Fülle. Nur das Beste war gut genug. Neben mehreren Gängen und einem guten Stück Fleisch war jahreszeitlich schon immer ein Gemüse besonders begehrt, das nicht zuletzt wegen seines Preises als Delikatesse galt: der Spargel.
Bis heute wird von den Bauern die alte Regel eingehalten, ihn nur bis Johannistag (24. Juni) zu stechen. Die Gründe sind praktischer Natur: Später im Sommer wird der Spargel bitter und holzig, und wenn die Triebe nicht ausreichend lange schießen können, läßt die Ertragskraft der Pflanze im nächsten Jahr nach.
Die Kölner dürfen sich glücklich schätzen, fast vor ihren Stadttoren ein bedeutendes Spargel-Anbaugebiet zu wissen: das Dörfchen Alfter bei Bonn

mit seiner langen Spargel-Tradition. Schon auf dem Weg dorthin sieht man zur Spargelzeit die ausgedehnten Felder, meist des Wetters wegen mit schützender Plastikfolie bespannt. Nur die Spargelstecher sieht man nicht, denn der Spargel wird hier wie auch anderswo bereits am frühen Morgen gestochen, bevor die Sonne die empfindlichen Spargelköpfe blau färben kann.
Das Spargeldorf Alfter wird in der Zeit um Pfingsten gern von den Kölner Feinschmeckern aufgesucht. Viele schwören auf „Spargel-Weber", das traditionsreichste Spargel-Lokal im Dorf, wo aber wegen der großen Nachfrage schon einmal volles Haus gemeldet wird und dann gelegentlich die Sorgfalt hinter den Erwartungen der Kölner Gäste zurückbleibt.

Als Alternative empfiehlt sich die Einkehr bei „Weber am Bähnchen" – zwar das schlichtere Lokal, aber der Spargel ist dort ebenso frisch, und die Preise sind deutlich niedriger.
Wer es besonders exquisit mag, der kehrt im „Herrenhaus Buchholz" oberhalb von Alfter ein. Das herrschaftliche Landhaus bietet bis zu 25 verschiedene Spargel-Zubereitungen, von der Suppe über die kalte und warme Vorspeise bis hin zum Hauptgericht. Hier läßt sich Spargel in Vollendung schlemmen.
Der wirkliche Spargelfreund aber ißt sein Stangengemüse auch gern daheim. Das hat den Vorteil, daß er sowohl die Qualität der Rohstoffe als auch den Garpunkt selbst bestimmen kann. Schon beim Einkauf macht er die

klassische „Nagelprobe": Mit dem Daumennagel wird die Schnittstelle der Spargelstange eingedrückt. Tritt Flüssigkeit aus, darf der Spargel für frisch gehalten und getrost gekauft werden.

Noch ein weiterer Grund verleitet den Spargel-Liebhaber zum heimischen Verzehr: Niemand braucht schließlich zu wissen, daß er statt der Normalportion von etwa einem Pfund auch gern das Doppelte des edlen Gemüses verdrückt. Ohnehin kommt für den überzeugten Spargel-Esser keine andere Zubereitung infrage als die mit zerlassener Butter, zwei bis drei jungen Pellkartoffeln und ein bis zwei Scheiben nicht zu dünn geschnittenem gekochtem Schinken, der in der warmen Butter auf dem Teller so richtig seinen Wohlgeschmack entfaltet.

DAS KLASSISCHE SPARGELREZEPT

(Für 2 Personen)
1 kg Spargel (mittelgroße Stangen)
100 g Butter
Salz
Zucker
Beilagen:
Roher und gekochter Schinken
Pellkartoffeln

Die Spargelstangen sorgfältig von oben nach unten schälen. Vorteilhaft sind dabei die neuen Spargelschäler, die auf Druck reagieren und es ermöglichen, in der Nähe der Köpfe wenig und unten viel Schale zu entfernen. Holzige Stellen am Fuß der Stangen abschneiden.

Einen großen Topf mit Wasser salzen, einen Stich Butter und eine Prise Zucker hinzugeben, zum Kochen bringen. Wirklich frischer Spargel braucht höchstens 15 Minuten, normal sind 20 Minuten Garzeit. Keinesfalls länger garen, denn der Spargel soll noch etwas Biß behalten.

Während des Kochens die Butter in einem kleinen Topf auf milder Hitze schmelzen. Talg abschöpfen und vorsichtig abgießen, so daß der weiße Bodensatz im Topf zurückbleibt.

Den Spargel mit den gekochten und gepellten Kartoffeln, dem Schinken und der zerlassenen Butter auf heißen großen Tellern servieren.

Reigen der Sommerfeste

Der Pfingstmontag ist heute einfach ein beliebter freier Tag. Früher bildete er den Auftakt zu den großen und typischen Sommerfesten der Stadt: den Landpartien, den Kirmessen und den Schützenfesten. Bis 1770 war sogar der Pfingstdienstag noch Festtag, an dem abermals eine große Prozession durch die Stadt zog, und die „Hölzgesfahrt" brachte am Donnerstag einen weiteren Höhepunkt der Woche.

Der Gang oder die Fahrt hinaus in Wald und Flur war ein alter fränkischer Brauch, mit dem die wiedererwachte Natur begrüßt wurde. Zeremonielle Formen entwickelten sich nach 1000, als die Richerzeche die Gestaltung der

Holzfahrt übernahm, wozu natürlich auch ein offizielles Festessen zum Abschluß des Tages gehörte. Nach der Revolution von 1396 übernahmen die Gaffeln die Gestaltung des Tages, und der Rat richtete das Festessen aus. Im Laufe der Jahrhunderte wurde der alte fränkische Brauch umgedeutet. Man unterschob ihm nun die Sage von der Holzfahrt des Marsilius in römischer Zeit. Marsilius soll die Stadt von der Belagerung eines römischen Kaisers errettet haben, indem er eine Ausfahrt zum Einholen von Holz vortäuschte, um das kaiserliche Heer überfallen zu können. In dieser Umdeutung bekundete die Kölner Bürgerschaft damals schon ihren Stolz auf die römische Vergangenheit.

Der „Hölzgesdag" verlor gegen Ende der reichsstädtischen Zeit seine Bedeutung. Übrigens ist der Vatertag in Köln keinesfalls aus dem fränkischen Brauch herzuleiten. Er stammt aus den Niederlanden und breitete sich erst Mitte der 1930er Jahre aus.

DIE KIRMESSE

Von den alten Festen Kölns blieb bis zum heutigen Tag die Kirmes als unverwechselbares Hochfest der mittelalterlichen Kirchengemeinden erhalten, aus denen im 19. Jahrhundert die Veedel hervorgingen. Der Reigen der Kirmesse begann am Pfingstmontag mit St. Gereon und endete Ende September mit St. Maria in der Kupfergasse. An jedem Wochenende wurde in einem anderen Veedel gefeiert.

Auf Messe und Prozession folgten Unterhaltung und geselliges Beisammensein, später ging man zu Tanz und Spiel über, und am Schluß steigerte sich das Fest zum Besäufnis und nicht selten zur Schlägerei. Von den Eß- und Trinkgewohnheiten her betrachtet, war die Kirmes eindeutig eine Art christlicher Sommerkarneval. Am Samstag wurden „gewaltige Mengen an Kuchen und Torten" gebacken. Dazu gab es auch die „Kirmesweck", die ihre Vorläuferinnen in Brezel und „Poschweck" gehabt hatte.

Am Sonntag selbst wurde zwar in vielen Familien vormittags richtig gekocht und gemeinschaftlich gegessen, aber spätestens im Laufe des Tages setzte sich die Imbißkost der Jecken durch: Fleischscheiben, Frikadellen, Reibekuchen, Würstchen, Kartoffelsalat und – bezeichnenderweise! – Krapfen und Muuze. Die Konsequenzen zunehmenden Trinkens mußten bewältigt werden, und quirlige Beweglichkeit befreite sich von den Bindungen an Tisch und Mahlzeit – eben wie zum Karneval. Man zog von Tür zu Tür, wo im Hausgang ein Fäßchen angeschlagen war, man traf sich in der Weetschaff und „tat sich gütlich an hartgesottenen Eiern, Handkäschen und Lebkuchen... Der eigentliche Kirmestrank war Bier mit Zitronenscheibchen und Muskatnuß", berichtet wieder einmal der auskunftsfreudige Chronist Ernst Weyden für das 19. Jahrhundert. Noch heute greifen die beliebten Kirmesse kulinarisch auf das Altbewährte zurück. Sind auch Grillfeuer und Champignonpfannen hinzugekommen, so handelt es sich dabei doch nicht um Weiterentwicklungen, sondern nur um Ausweitungen uralter Sitten des Essens und Trinkens.

Aufgesetzter

Unter Trubel und Tanz drehte sich das Jahr schon in seinen Niedergang weiter. Der Johannistag markierte nicht nur den endgültigen Sieg der Naturkräfte, sondern signalisierte auch das Heraufziehen der kürzer werdenden Tage. Diese Gegenbewegung des Jahreslaufes kündigte sich auch wieder zuerst in der Küche an: Für die kältere und dunklere Jahreszeit mußte aus der Fülle des Sommers rechtzeitig vorgesorgt werden. Sobald die Natur die erste Frucht hergab, begann die Hausfrau auch schon alles, was sich haltbar machen ließ, für den Winter zu dörren und einzusalzen, in Essig einzulegen, mit Zucker einzudicken und in Gläser einzukochen. War der Maitrank der leichte Wein, aus dem die junge Natur leicht und flüchtig duftete, so wußte die Hausfrau im Juni einen Trank zu bereiten, der auch in der finstersten Jahreszeit die volle Kraft der Natur verströmen konnte: der Aufgesetzte. In ihm wurde die Naturkraft zur Heilkraft und zum Genuß. Noch heute ist der Aufgesetzte eine Winterdelikatesse, die mancher Kölner dem Rumtopf vorzieht.

AUFGESETZER „TANTE BERTA"

400 – 500 g schwarze Johannisbeeren

2 El weißer Kandiszucker

Ca. ½ Fl guter Korn

1 leere, saubere, dunkle Flasche

(Die präzisen Mengen hängen von der Flaschengröße ab.)

Die gut gereiften und fehlerfreien Johannisbeeren werden gewaschen und auf Küchenkrepp abgetrocknet. Dann füllt man mit ihnen die Flasche bis zur Hälfte, gibt darüber den Kandiszucker und füllt mit Korn auf. Die Flasche wird behutsam geschüttelt und in den Vorratsschrank oder den Keller gestellt. Im Winter wird der Inhalt durch einen Filter oder ein Leintuch gegossen und wieder in eine Flasche gegeben.

Der Herbst: Weinlese und Erntedank

Spätsommer und Frühherbst brachten noch viele Feste, bei denen Essen und Trinken eine besondere Rolle spielten. So wurde am 6. August, dem Namenstag des Heiligen Sixtus, um eine gute Weinernte gebetet. Im Dom, in St. Severin und in St. Gereon zelebrierte man sogar eine Traubenweihe. Als es in Köln selbst noch viele Weingärten gab – also bis ins 19. Jahrhundert –, hatte dieser Tag einen hohen Stellenwert.

Der Erntedank als protestantisches Fest nahm in Köln nie eine größere Bedeutung an. Meist Anfang Oktober, nach Einbringen der Ernte, wurden die Gaben des Feldes vor dem Altar ausgebreitet, gesegnet und anschließend in der Gemeinde verschenkt.

Das Schwein als Opfertier

Zwischen dem Michaelstag und Weihnachten wurde bei vielen Kölner Familien traditionell ein selbst gemästetes oder eigens gekauftes Schwein geschlachtet. Man mag das spontan für eine Vernunftsentscheidung halten, da Fleisch leicht verderblich ist und man es deshalb besser in der kühleren Jahreszeit verarbeitet. Dennoch deutet die präzise Zeitangabe auf eine andere Ursache hin.

Zunächst einmal ist zu würdigen, daß das Schwein nicht nur ein geschätztes Fleisch liefert, sondern daß es auch als Glücksbringer gilt. Auch heute noch kann man „Schwein haben". Diese Glückssymbolik verrät – genau wie bei der Brezel – daß das Schwein in Urzeiten eine Opfergabe gewesen sein muß.

So war es in der Tat im alten Babylon, wo vor fünf- und sechstausend Jahren viele der Sitten entstanden sind, die sich in zahlreichen Wandlungen teilweise bis in unsere Zeit erhalten haben. Was wir Herbst nennen, war in babylonischer Zeit der eigentliche Jahresbeginn, der auf den Zeitpunkt der herbstlichen Tag- und Nachtgleiche fiel (23. 9.). Hier bedeutete Herbst aber nicht einfach den Tod der Natur, wie wir es heute in der Regel empfinden, sondern den Beginn des Kampfes gegen die dunklen Mächte der Unterwelt, an dessen Ende neues Leben und neue Heilshoffnungen standen. Eine entscheidende Etappe in diesem Kampf war erreicht, wenn der Heilsbringer geboren wurde, und das geschah nach dem alten astronomischen Glauben der Babylonier zur Zeit des tiefsten Standes der Sonne (21. 12.), das heißt also, „wenn die Sonne wieder siegreich wird".

Wie jede Jahreszeit, so hatte auch die zwischen herbstlicher Tag- und Nachtgleiche und kürzestem Tag eine eigene Gottheit. Sie hieß Nabu und kämpfte gegen die Mächte der Unterwelt. Nabu wurde in römischer Zeit mit dem Gott Merkur gleichgesetzt. Da die Christen die Vorstellungen vom Kampf der guten Geister gegen die Unterwelt und den Beginn neuer Lebenshoffnung durch die Geburt des himmlischen Kindes bruchlos übernahmen, brauchten die alten Gottheiten nur durch christliche Nachfolger ersetzt zu werden. Und so wurde der Erzengel Michael, der als Sieger über Tod und Teufel gilt, zum späten Nachfolger des Nabu. Damit war der Zeitraum von Ende September bis Weihnachten festgelegt.

Als Neujahrsgabe für den babylonischen Gott Nabu diente das geopferte Schwein, und Schweine wurden ihm während seiner Herrschaft bis zur Wintersonnenwende dargebracht. Als das Christentum die alten Götter jedoch gestürzt hatte, lebte der Brauch des Schweineschlachtens fort, aber das Schwein verlor seinen Charakter als Opfertier. Darüber wandelte es sich zum Glücksbringer, der uns noch aus jedem Marzipanschweinchen anstrahlt, das ein blitzendes Geldstück in der Schnauze hält. Das Sparschwein dürfte allerdings der Nachfolger des Hausschweins sein, das man das ganze Jahr hindurch mit Küchenabfällen mästete.

*Beim Schlachtfest ist jede helfende Hand willkommen – Monatsbild „Dezember"
von Hans Wertinger (um 1530).*

Der „Firkesstecher" bringt Orgien ins Haus

Eine inzwischen völlig verschwundene, aber jahrhundertelang typische
Erscheinung für Köln waren die Hausschlachter, auf kölsch „Firkesstecher" genannt. Zwischen Michaelstag und Weihnachten hatten sie alle
Messer voll zu tun. Wenn sie kamen, herrschte in Haus und Gasse Hochstimmung. Die plötzlich anfallende Menge des Fleisches und die Notwendigkeit, alles schnell verarbeiten zu müssen, mobilisierte viele helfende
Hände. Deshalb wurden zum Schlachttag die ganze Verwandtschaft,
Freunde und Nachbarn zur Hilfe geholt. Teils, weil ihnen Dank gebührte,
teils, weil nicht alles Fleisch haltbar gemacht werden konnte, teils aber
auch, weil die rasch verderblichen Teile frisch am besten schmeckten, entwickelte sich der Schlachttag fast zwangsläufig zu einem Fest: Harte Arbeit
wurde mit genußreichem Überfluß vergolten, dem man sich besten Gewissens hingeben durfte. Alles dampfte, duftete und schmeckte so frisch und
lecker, wie Panhas, Würste und Fleisch eben nur an Schlachttagen lecker
sein können. „Mer kunnt sich vermaache." Welche Freude das Schlachtfest
auslöste, ist noch aus den Versen von Ferdinand Franz Wallraf von 1813 herauszulesen: „Hant staats Lück en Kölln söns e Ferke geschlaach / Dat gov
för de Nohbern ne löstigen Dag."

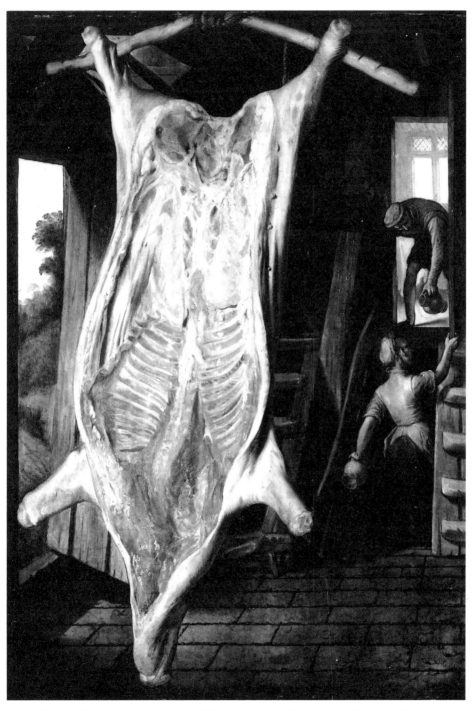

Das geschlachtete Schwein – ein Anblick, der unseren Vorfahren das Wasser im Munde zusammenlaufen ließ. Das erstaunliche Bild malte der Flame Joachim Beuckelaer im Jahre 1563, also zu einer Zeit, als die Kunst noch wesentlich durch religiöse Bildthemen bestimmt wurde.

Noch heute verheißen Signale „eigene Schlachtung", „Schlachtfest" oder „Schlachteplatte" den Liebhabern deftiger Kost – und das waren die Kölner schon immer – die weltlichen Genüsse eines diesseitigen Paradieses. Die darin immer noch nachwirkende magische Verheißung war früher wesentlich stärker und hatte einen guten Grund: Vor dem festlichen Genuß lagen Phasen eines urtümlichen Grauens. Besonders, wenn das geschlachtete Tier längere Zeit zum Haushalt gehört hatte, mußten mit der Tötung auch gefühlsmäßige Hemmnisse überwunden werden. Der Schuldkomplex wurde auf alle verteilt, die von dem getöteten Tier leben wollten. So erwachten auf tiefsten Erinnerungsstufen Bilder urzeitlicher Opferfeiern, bei denen die Teilnehmer gemeinsam hineingriffen in die blutwarmen Innereien des gerade geschlachteten Opfertieres, das dann gemeinsam verspeist wurde. Die sich steigernden seelischen Spannungen und ihre Entladungen gaben auf früheren Kulturstufen den Orgien ihren Sinn und ihre Wucht. Davon stieg in den alten Schlachtfesten noch etwas empor.

Die Hausschlachtungen gingen mit der Übervölkerung Kölns seit der Mitte des 19. Jahrhunderts systematisch zurück und wurden schließlich verboten. Im Zeitalter automatischer Tötungsanlagen ist es mit Leichtigkeit möglich, sich beim Öffnen eines hygienisch verpackten Vakuumpakets nicht einmal mehr gedanklich mit dem blutigen Vorgang zu besudeln, der zum Verzehr von Fleisch unumgänglich ist. Der Erlebniszusammenhang zwischen Opferfeier und Fest verschwand. Die weltliche Lust am Schweinefleisch aber ist in Köln geblieben.

Heisse Maronen am Totenweg

Der Gedanke, daß der Mensch nach dem Tod nicht einfach ins Reich der Schatten eingeht und vergessen wird, sondern daß die Schatten eines Tages besiegt werden und ein neues Licht der Hoffnung aufgeht, ist älter als das Christentum. Die Vorstellung, daß man den Toten in den Tagen des wenigen Lichts besonders beistehen muß, hat die Kölner seit der Ankunft der Franken am Rhein bewegt. Vom Beginn des Mittelalters an war deshalb der November der Monat, in dem die Kölner sich den Verstorbenen widmeten und an Allerheiligen auf den Gräbern Lichter aufstellten.

Dieser uralte Brauch nahm allerdings erst in der französischen Zeit die Ausmaße eines Volksfestes an, als nämlich nach einem Dekret Napoleons alle innerstädtischen Friedhöfe aufgehoben und ein Zentralfriedhof in Melaten angelegt wurde. Damit gewann die Aachener Straße zwischen Hahnentor und Melaten für das ganze 19. Jahrhundert – zumal mit zunehmender Bevölkerungszahl – den Charakter eines Totenwegs, auf dem sich mit Höhepunkt im November ein reges Treiben entfaltete. Joseph Klersch berichtet:

„Da Allerheiligen gesetzlicher Feiertag war, gingen und kamen die Kölner an diesem Tag in zwei Kolonnen nach und von Melaten. Vom Tor bis zum Friedhof waren Stände aufgebaut ... Da im Volk Allerheiligen praktisch als Anfang des Winters betrachtet wurde, gab es zwischen den Ständen mit den Gaben für die Toten als Besonderheit für die Lebenden Italiener mit den ersten heißen Maronen und

Frauen, die die von den Kindern sehr begehrten Kastanien anboten. Sie waren auf einer Schnur gereiht und zum Kranz zusammengebunden."

Melaten verschob, wie der Denkmalpfleger Ralf Beines erzählt, die Sitten hinsichtlich des alten Reu-Essens oder Leichenschmauses. Im Mittelalter war es üblich, daß alle Verwandten, Freunde und Nachbarn daran teilnahmen, die auch zum Friedhof mitgegangen waren. Nach 1810 war der Weg zum Friedhof aber wesentlich weiter, so daß die größere Trauergemeinde den Toten schon am Hahnentor verabschiedete, während der engere Kreis

„Prost, Jupp!"

weiterzog nach Melaten. Die Zurückgebliebenen zerstreuten sich keineswegs, sondern kehrten zum „Fell versuffe" zumeist im Brauhaus „Hahnenbräu" ein, das deshalb im Volksmund auch „Lichenbräues" hieß. Spät nachmittags oder abends unterschied sich die Stimmung im Saal kaum noch von der einer Karnevalssitzung.
Aber auch die engere Trauergemeinde kehrte wegen der weiten Entfernung in der Regel nicht ins Haus der Hinterbliebenen zurück, sondern fand sich nach dem Begräbnis in einem Wirtshaus in Melaten ein. Das machten sich schlaue Wirte auch gleich zunutze, indem sie sich selbst früh genug als „gute alte Freunde" der Verstorbenen unter die Trauergäste mischten und deren Schritte anschließend in das richtige Lokal zu lenken wußten. So gesehen ist Napoleon der große Förderer der Gastronomie an der Aachener Straße gewesen.

123

Ein Ochse mit goldenen Hörnern

Einen besonderen, fast 500 Jahre alten kulinarischen Brauch Kölns stellt das Ochsenessen der Goldschmiede dar, das traditionell im Oktober oder November stattfindet. Die sogenannte „Koelhoff'sche Chronik" berichtet davon schon im Jahre 1499. Danach soll im November 1496 ein Kaufmann einen großen Ochsen aus Friesland nach Köln gebracht haben, den der Rat den Gaffeln als Trophäe für ein Wettschießen aussetzte. Die Gaffeln nahmen damals noch die Verteidigung der Stadt wahr. Das Preisschießen fand auf dem Neumarkt statt. Dabei schoß ein Mann namens Johann Helman, Mitglied „der gesellschaff van dem gulden horne ind van der goultsmede

Der vom Rat der Stadt Köln gestiftete große Preisochse...

gaffel" den Vogel ab. Die Gaffel richtete ein Festessen aus, an dem der Rat, die Gaffeln, die Richter und Schöffen sowie weitere Gäste teilnahmen. Das Ochsenschießen hat daraufhin als Wettbewerb zur Förderung der Verteidigungsbereitschaft noch fast zwei Jahrhunderte stattgefunden, bis der militärische Schutz Kölns nach dem Dreißigjährigen Krieg auf die Stadtsoldaten, die „Funke", überging. Im Jahre 1550 hat ein Nachfahr des siegreichen ersten Schützen das Ochsenschießen auf dem Neumarkt auf drei großen Bildtafeln verewigen lassen, die heute noch im Stadtmuseum aufbewahrt werden. Darauf ist der Ochse nicht nur mit goldenen Hörnern abgebildet, sondern die Hörner ragen sogar plastisch aus dem Bild heraus. Der Brauch des Ochsenschießens ist zwar schon lange vergangen, aber das Ochsenessen der Goldschmiede findet als Meisteressen heute noch statt.

Die Martinsgans als fromme Betrügerin

Ein Wirt, der heute den Eindruck vermitteln will, alten Küchentraditionen zu folgen, setzt zum Martinstag Gans mit Rotkohl und Klößen auf seine Speisekarte. Der Brauch geht auf ein Geschnatter zurück, mit dem eine Gans den heiligen Martin gewarnt haben soll, als er gegen seinen Willen Bischof von Tours werden sollte. Dafür wurde sie nicht nur zum Symboltier des Heiligen, sondern auch an seinem Namenstag in die Röhre gesteckt. Das wäre eigentlich gar nicht nötig gewesen. Denn die Röhre war schon lange gefüllt – mit dem Schwein, genauer gesagt: einem Spanferkel. Schon Joseph Klersch hat das bemerkt und erklärt, daß in germanischer und kel-

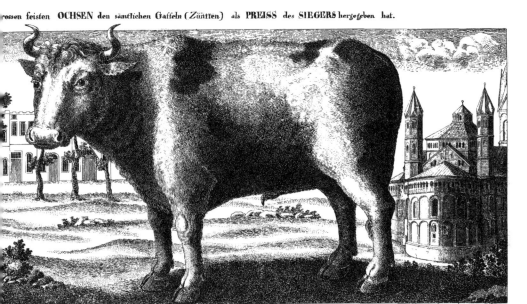

...für ein Schießspiel der Zünfte im Jahre 1496 auf dem Neumarkt.

tischer Vorzeit im November (wieder einmal) ein Neujahrsfest gefeiert wurde. Es orientierte sich am bäuerlichen Wirtschaftsjahr nach der Ernte. Da wurde in Gestalt eines Schweins ein Vegetationsgott getötet und verzehrt, um die Fruchtbarkeit für das neue landwirtschaftliche Jahr zu fördern. Dieser zeitliche Einschnitt hat im Mittelalter den Brauch hinterlassen, dem Herrn auf Martinstag die Naturalabgaben, den Zehnten, abzuliefern. Gleichzeitig wechselte dann auch je nach Bedarf das Gesinde die Herrschaft, was immer Anlaß genug war, zusammen zu feiern.
Das Schwein als heidnischer Vegetationsgott hat die christlichen Zivilisatoren der alten Germanen gewurmt. Im christlichen Sinne war er nicht umzudeuten, und so blieb nur die Alternative, die Erinnerung daran zu verdrängen. Und da haben sie die Gans des heiligen Martin gefragt, ob sie nicht zu

einem frommen Betrugsopfer bereit wäre. Sie war! Sie hat ihre Aufgabe nicht schlecht erfüllt, sonst hätte sie das Schwein nicht so erfolgreich aus der Röhre drängen können.
Der Reiz der Gans liegt nicht nur in ihrem Fleisch, von dem Koch und Köchin immer wieder hoffen, daß es zart und nicht zäh ist, sondern auch in ihrer Füllung, für die es eigentlich keine Grenzen der Phantasie gibt. Klersch berichtet von früher:
„In besseren Familien gehörte zum Martinsfest die mit Äpfeln, Rosinen und Kastanien gefüllte Gans, wozu Most oder junger Wein getrunken wurde. Auch in den Weinstuben ging es an diesem Abend bei firnem (altem) und neuem Wein lustig zu. Wo der neue Wein ausgeschenkt wurde, waren die Häuser mit grünen Kränzen geschmückt."
Manuel Gasser, ein Schweizer Gourmet und Globetrotter, der in den 70er Jahren in seinem „Köchel-Verzeichnis" manch exklusive Küchenerfahrung ausgeplaudert hat, berichtet von mehreren Füllungen, die ein nach Italien verschlagener russischer Adliger sich ausgedacht hat. Er könnte seine Ideen in Köln gesammelt haben:

„Die Gans wurde mit gestoßenem Kümmel und Salz innen und außen eingerieben und gefüllt mit einem Pfund in heißer Fleischbrühe aufgequellter Buchweizengrütze. Das Tier wurde zugenäht und in eine Bratpfanne gelegt, deren Boden mit kleingehackten Zwiebeln bestreut war. Es wurde mit etwas Fleischbrühe und dann mit der ausgebratenen Brühe fleißig begossen. Als der Braten gar war, wurde er aus der Pfanne genommen, die Sauce mit einem Löffel Mehl verrührt und nachdem das Fett abgeschöpft war, mit Fleischbrühe verdünnt.
Bei der nächsten Gans wurde die Buchweizengrütze durch feingeschnittenes

Sauerkraut ersetzt, das mit Butter und vier gehackten Zwiebeln gedünstet worden war. Und die dritte erhielt eine Füllung aus kleingeschittenen Äpfeln, denen Salz und reichlich Majoran beigefügt waren."

KÖLNER MARTINSGANS

(Für 4–5 Personen)
1 Gans (ca. 3,5 kg)
Salz, Pfeffer, Majoran
Füllung:
500 g Maronen
3 saure Äpfel
100 g Rosinen
¼ l Rotwein
Beilagen:
Apfelrotkohl
Kartoffelklöße

Die Gans waschen, abtrocknen und mit einem Gemisch aus Salz, Pfeffer und Majoran innen und außen einreiben.
Die Kastanien einritzen, im Backofen rösten, schälen. Äpfel schälen, vierteln, entkernen und in feine Scheiben schneiden. Kastanien und Apfelscheiben mit den Rosinen mischen, damit die Gans füllen und anschließend zunähen.
Mit der Brust nach unten in einen Bräter legen und bei 200 °C gut 1 Stunde im vorgeheizten Backofen garen. Dann die Gans wenden und weitere 30 Minuten braten. Während des gesamten Bratvorgangs regelmäßig mit dem Bratfett übergießen. Inzwischen die Kartoffelklöße nach untenstehendem Rezept herstellen (oder – auf einfachere Art – aus der Fertigpackung zubereiten).
Die Gans warmstellen und die Sauce anrühren: Gänsefett abgießen und anderweitig verwenden, Bratenfond mit Rotwein und etwas Wasser ablöschen und zum Kochen bringen. Durchsieben und in einer heißen Sauciere zusammen mit der Gans, den Kartoffelklößen und dem Rotkohl servieren.

ROHE KARTOFFELKLÖSSE

1½ kg rohe Kartoffeln
Ca. 400 g gekochte Kartoffeln
¼ l Milch
Salz
geröstete Semmelwürfel

Die rohen Kartoffeln schälen und in eine Schüssel mit Wasser reiben. Dem Wasser etwas Essig zusetzen, damit sich die Kartoffeln nicht verfärben. Die Masse im Kartoffelsäckchen sehr fest auspressen und die abgesetzte Stärke dazugeben. Sofort mit kochender Milch oder kochendem Wasser übergießen. Die gekochten, gestampften Kartoffeln beifügen, salzen, und alles zu einem Teig verarbeiten. Dem Teig können einige Eßlöffel Grieß zugegeben werden.
Aus dem Teig Klöße formen, in die Mitte geröstete Semmelwürfel geben. Die Klöße in kochendes Salzwasser einlegen und 20–25 Minuten langsam kochen lassen.

Advent

Der Advent kündigte das letzte Hochfest des Jahres an: Weihnachten. Man sollte allerdings nicht übersehen, daß diese Jahreszeit theologisch zwar nie die gleiche Höhe erreicht hat wie Ostern oder Pfingsten, daß sie aber in Volksglauben und Familienleben den obersten Platz eingenommen und bis heute erhalten hat. Das ist kein Zufall. Denn im alten Orient und im antiken Rom, wo sich das Christentum gebildet und entwickelt hat, stand in der Naturbeobachtung der Sonnenlauf im Mittelpunkt. Das brachte schon früh religiöse Anschauungen hervor, die theologisch stärker auf das Frühjahr konzentriert waren. Demgegenüber setzte man sich in den Ländern nördlich der Alpen, wo Winterstürme, Kälte, Schnee und Nebel herrschten, noch bis weit in die christliche Zeit hinein mit Geistern und Dämonen der Natur auseinander. Wechselnde Kalenderzählungen machten bald den und bald jenen Tag zum schlimmsten oder zum hoffnungsvollsten im Hinblick auf den Sieg der guten Geister der Natur. Erst als das Christentum sich durchsetzte, ließ die Angst vor den Dämonen nach. Sie ging aber nicht einfach verloren, sondern wandelte sich in freundlichen Kinderglauben, während sich der Zusammenhalt der Menschen in der Zeit der Geisterherrschaft und der Kälte bis heute im starken Gemeinschaftssinn der Jahreszeit ausdrückt.

Der Nikolaus verrät sich mit Spekulatius

Die Lichtsymbolik, die sich aus der Hoffnung nährt, daß am Ende der Unterweltsfahrt die Sonne wieder siegreich aufsteigt, flammt auf im ersten Kerzchen, das am ersten Adventssonntag angezündet wird. Der Adventskranz kommt in Köln übrigens erst in den 1920er Jahren auf und verdankt sich kommerzieller Pfiffigkeit. Nur die Lichtsymbolik hat uralte Wurzeln. Zur Kerze treten nach und nach Vorgriffe auf paradiesische Zustände, die mit Nase und Gaumen wahrgenommen werden. Bratende Äpfel verbreiten vom Ofen her himmlische Düfte und werden mit den (einst sehr teuren) Zutaten Zucker und Zimt veredelt. Aus Küche und Backstube dringen Düfte, die die Geburt des Heilsbringers auf der Genußstufe ankündigen. Die heilige Barbara läßt Äpfel, Nüsse und Süßigkeiten in Strumpf und Schuh zurück, damit ja keiner glaube, es seien heidnische Geister, die da in stürmischer Winternacht ums Haus fauchten. Daß die Sitte, an ihrem Tag einen Zweig zu schneiden, der Weihnachten blühen soll, ursprünglich ein heidnischer Orakelbrauch war, davon spricht man natürlich nicht.

Nein, die Kölner Kinder glaubten christlich, wenn es in der Natur draußen nicht gar zu schlimm kam. Sie streuten sogar Hafer auf die Türschwelle, um sicherzustellen, daß das Pferd des „Zinter Klos" Halt machen würde, falls der vielbeschäftigte „Hellije Mann" es in einem Anflug von Zerstreutheit vergessen könnte.

Dennoch sah man seinem Besuch mit gemischten Gefühlen entgegen. Er war der Schutzpatron der Studenten und hatte entschieden etwas Lehrerhaftes an sich: Er wußte alles, wußte sogar alles besser, lobte und tadelte. Er konnte auch züchtigen. Damit allerdings sein mildes Image keinen Schaden nahm, verkörperte sich die Drohung in der Person des rutenschwingenden Hans Muff. Worum es ihm bei seinem Besuch in Wirklichkeit ging, verriet er in den duftenden Plätzchen, die er zu guter Letzt doch als Trost immer hinterließ: Spekulatius, das kommt von lateinisch „speculator", und heißt „Prüfer". Er hatte also eine Glaubensprüfung vorgenommen.

„Morgen, Kinder, wird's was geben!"

NIKOLAUS-SPEKULATIUS

500 g Mehl
1 Tl Backpulver
100 g geriebene Mandeln
250 g Zucker
250 g Butter
2 Eier
1 Tl Zimt
1 Ei
Vanillezucker
Kardamom
Nelken

Das Mehl mit dem Backpulver und den geriebenen Mandeln vermischen. Aus den restlichen Zutaten eine dicke Masse kneten und zusammen mit der Mehl-Mischung zu einem dicken Kloß verarbeiten. Den Teig dünn ausrollen und in mit Mehl bestäubte Spekulatius-Förmchen streichen, aus den Formen nehmen und auf einem eingefetteten Backblech bei 180–200 °C goldgelb backen.

Die Freude über den Besuch des hl. Nikolaus überwog jedoch. Das kulinarische Signal war auch hier wieder die „Weck". Joseph Klersch berichtet: „Schon ein paar Wochen vorher erscheint seit alters in den Fenstern der Bäckereien und Konditoreien als Hinweis auf die kommende Freude sein Abbild, aus feinem Teig gebacken, der ‚Weggemann', teils zu Fuß, teils zu Pferd, aber fast immer mit einer irdenen Pfeife verziert, die von den Kindern mit bunten Seifenblasen verwandt wird." Davon hat zuletzt auch St. Martin profitiert, der in Köln erst 1926 mit seinen Umzügen begonnen hat.

WECKMANN MIT TONPFEIFE

1 P Trockenhefe
1 Tl Zucker
1/8 l Milch
300 g Mehl
80 g Zucker
1 Prise Salz
80 g weiche Butter
2 Eigelb
1 Msp Safranpulver
Eigelb zum Bestreichen
Korinthen und Tonpfeifen zum Verzieren

Hefe und Zucker mit der lauwarmen Milch anrühren und 15 Minuten stehen lassen. Mehl in eine Schüssel sieben, an den Rand Zucker, Salz, Butter, Eigelb und Safran geben und von der Mitte aus mit der Hefe verrühren und alles gut durchkneten.
Den Teig gehen lassen, dann ausrollen und Männerfiguren ausschneiden, auf ein gefettetes Backblech legen und mit Eigelb bestreichen. Korinthen als Augen und Knöpfe einsetzen und die Tonpfeife längs in das Männchen drücken. Die Figuren noch etwas gehen lassen und dann 15–18 Minuten bei 175–200 °C hellbraun backen.

Weihnachten, Opferfeier und Kinderfest

Die Genüsse der Adventszeit blieben prinzipiell den Kindern vorbehalten. Wie vor jedem Fest hatten auch die vier Wochen vor Weihnachten Fastencharakter. Man ging in sich, entsagte den weltlichen Freuden und aß kein Fleisch. Darin ist eine etwas angestrengte Orientierung auf Weihnachten hin zu sehen, denn ursprünglich hatten im alten Volksglauben (nicht zuletzt wegen einer anderen Zeitzählung) die Tage zu Beginn des Dezember eine höhere Bedeutung – wovon eben besonders der Nikolaustag übriggeblieben ist. Der Christbaum kommt in Köln erst im 17. Jahrhundert auf und auch das nur in sehr wohlhabenden Familien. Davor hatte das Weihnachtsfest jahrhundertelang den Rang eines Neujahrsfestes.

Daher ist die Merkwürdigkeit zu erklären, daß sich im alten Köln zu Weihnachten kulinarisch verhältnismäßig wenig tat. Typisch ist allerdings, daß vor dem Fest ein Schwein geschlachtet wurde. In der Heiligen Nacht besuchte man zunächst die Christmette, dann kehrte man nach Hause zurück, aß frische Würste und trank warmen Wein dazu. Hierin ist die jahreszeitliche Abwandlung der „Heiligen Mahlzeit" zu erkennen, die grundsätzlich eine Übertragung der Idee des Ostermahls darstellt. Das Gefühl, daß nun eine neue, bessere Zeit erreicht war, drückte sich wie zu allen Hochfesten und Neujahrstagen in dem Glückwunsch an alle Welt aus: „Jlöcksillije Chreßdag" oder „Jlöcksillich Chreßkind".

Bemerkenswert ist allerdings, daß auf der Weihnachtstafel neben dem Schwein auch die Gans auftaucht. Sie hatte das Schwein ja schon am Martinstag verdrängt, konnte sich aber zu Weihnachten nicht ganz durchsetzen. In vielen Familien wurde auch Karpfen gegessen, womit auf den Fisch als Symboltier Christi Bezug genommen wurde. Statt Wein wurde später auch Kaffee getrunken, ehe man sich nach der Christmette wieder ins Bett legte. Da Kaffee in Köln erst im 18. Jahrhundert aufkam und zunächst eine teure Delikatesse war, liegt dieser Brauch wesentlich später als der, Würste und Wein zu verzehren. Damit zeigt der Kaffee schon den Wandel der alten Bräuche an. In diesem Wandel ging die Vorstellung von der „Heiligen Mahlzeit" mehr und mehr verloren, nur das Verlangen nach himmlischem Genuß in einem diesseitigen Paradieseszustand blieb und wurde die Grundlage der familiären Geselligkeit.

Es sind die Bürgerhäuser, in denen diese Geselligkeit sich entfaltete. Parallel dazu wandelten sich vor allem im 19. Jahrhundert die alten naturmagischen und christlich-religiösen Vorstellungen zu etwas, was das Mittelalter überhaupt nicht kannte: zur Kinderkultur. Aus Jesus wird das Christkind, das in Köln erst in der Preußenzeit populär wird und das später in der Konsumgesellschaft als Geschenkebringer überlebt. Der Christbaum wird mit Naschwerk behangen. Die Teller füllen sich mit Süßigkeiten, Spekulatius, Lebkuchen, Schokoladenbrezeln und Marzipankartoffeln, in denen alle alten Vorstellungen von Wintersonnenwende, Neujahr, Geburt des Heilsbringers, Dämonenbesänftigung, Opfergabe und Spendung von Lebenskraft kunterbunt durcheinanderfallen.
Parallel dazu wurden die Weihnachtsmenüs immer üppiger. Neben Schwein und Gans trat vermutlich im 18. Jahrhundert der Truthahn, damals auch noch „welscher Hahn", kölsch auch „Schruut" genannt. Wild wurde immer beliebter. Heute ist der Auswahl an besonderen Genüssen praktisch keine Grenze mehr gesetzt.
Im Hause der Kölner Familie Berndorff ist es seit vier Generationen üblich, zu Weihnachten einen Puter auf den Tisch zu bringen. Außer den Eltern, Großeltern und Kindern sitzen auch die Paten an der weihnachtlichen Tafel, die dann leicht auf 14 Personen anwächst. Alljährlich wird in der Tischrunde mit großem Vergnügen dieser Zungenbrecher rezitiert:

„Als die Paten um den Putenbraten baten,
Konnten wir den Paten Putenbraten bieten,
Weil wir gerade, als die Paten baten,
Putenbraten brieten."

Der Kopfzahl entsprechend groß ist auch der Puter, der gut und gern ein Gewicht von 14 Kilo erreichen kann. Er wird am Vorabend gewaschen, trockengetupft, innen mit Salz und Pfeffer sowie außen mit Salz eingerieben und zugedeckt kaltgestellt. Entscheidend ist jedoch die Füllung, die das eigentliche überlieferte Familienrezept darstellt. Carla Keller-Berndorff, Hausherrin in der vierten Generation, gibt uns das Rezept so weiter:

PUTER-FÜLLUNG IM HAUSE BERNDORFF

375 g Kalbfleisch
375 g Schweinefleisch
200 g Butter
250 g Leber
3 Eier
2 eingeweichte Brötchen
1 Glas Cognac
1 Glas Trüffel
Salz, Muskat

Das Fleisch und die Leber werden durch die feine Scheibe des Fleischwolfs gedreht, mit den eingeweichten Brötchen, der Butter und den Eiern gut vermengt. Cognac angießen, mit Salz und Muskat abschmecken. Trüffel in feine Würfel schneiden und unter die Masse mischen.
Den Puter mit der Masse füllen, zunähen und bei 200 °C mindestens 4 Stunden im Backofen garen.

Silvester oder der kleine Karneval

In der Silvesterfeier fließen zwei Brauchtumstraditionen zusammen. Seit alters her steht der Brauch im Vordergrund, mit Schießen und Knallen die Dämonen des alten Jahres zu vertreiben. Nach Mitternacht schlägt das Treiben um in karnevalistischen Freudenjubel, mit dem die guten Geister des neuen Jahres begrüßt werden.

Seit der Festlegung des Neujahrstages auf den 1. Januar im 16. Jahrhundert hat das Feiern der Silvesternacht in Köln immer eine stärkere Tendenz zum Kalenderfest gehabt als zur Geisteraustreibung. Schon um 1600 entstand der Brauch, in der Silvesternacht um Neujahrsbrezeln Karten zu spielen. Die Brezel war das Symbolbrot für eine neue Zeit, das ohnehin am Neujahrstag verschenkt wurde.

Der karnevalistische Wesenszug der Neujahrsnacht setzte sich später immer stärker durch, bis sie im 19. Jahrhundert zum Auftakt der tollen Zeit des Sitzungskarnevals wurde. Folglich stand die schwere karnevalistische Imbißkost wieder im Vordergrund, die das Trinken erleichterte. Allerdings reicht das Wurzelwerk der kulinarischen Bräuche nicht sehr tief, und nur selten werden noch besondere Bräuche gepflegt – wie beispielsweise in der Familie des ehemaligen Oberstadtdirektors Mohnen. Hier gibt es in der Silvesternacht als erstes Gericht nach Mitternacht Sauerkraut zu essen, damit im neuen Jahr das Geld nicht ausgeht.

Feste im Kreise der Familie

Die familiäre Geselligkeit war eingebunden in den christlich geprägten Lebenslauf zwischen Wiege und Bahre. Dabei hatten wiederum diejenigen Feste den Vorrang, die schon in vorchristlicher Zeit entscheidende Stationen des Sippenlebens darstellten: Geburt, Hochzeit und Tod.

Eines der ältesten Familienfeste, das zugleich auch am Anfang des Lebens stand, war die Taufe. Im früheren Mittelalter wurde hauptsächlich an den Tagen vor Ostern und Pfingsten getauft, wenn in den Kirchen das Wasser geweiht wurde. In Köln setzte sich aber seit dem 13. Jahrhundert die Regel durch, ein Kind drei Tage nach der Geburt zu taufen. Zwölf Frauen brachten den Täufling zur Kirche und wieder nach Hause. Dafür wurden sie mit

Speisekarte mit Tanzordnung einer Hochzeitsfeier in Köln, 1873.

einem Essen belohnt, bei dem aber nur sechs Gerichte aufgetischt werden durften. Dahinter standen Verbote des Rates, der die auch damals schon vorhandene Neigung der Kölner zu ausufernden Feiern einzudämmen suchte. Hermann von Weinsberg berichtet von seiner eigenen Taufe im Jahre 1518, daß Männer und Frauen noch an getrennten Tischen aßen.

Der Geburtstag als solcher wurde in Köln bis noch weit ins 16. Jahrhundert gefeiert. Danach werteten die Katholiken auf Betreiben der Jesuiten den Namenstag auf, während der Geburtstag bei den Protestanten höhere Bedeutung erhielt. Darin wirkt noch einmal der uralte Kampf des Christentums gegen das Heidentum nach.

Der Geburtstag ist ein Schlupfloch zum Gestirnglauben, wie er, denkt man nur an die Heiligen Drei Könige, zur Geburtszeit Jesu noch selbstverständlich gewesen war. Im vollendeten (und durch die Reformation wieder bedrohten) Christentum sollten die Menschen ihre Orientierung aber nicht im Aberglauben der Gestirnsbeobachtung, sondern bei den verstorbenen Heiligen suchen. Sie weilten schon bei Christus, der die Offenbarung der Sterne durch sein Wort und seine Taten ersetzt hatte. Besondere Geburtstage – wie die mit Null am Ende und einer immer höheren Zahl davor – wurden aber auch weiterhin gefeiert. Feste Formen kamen jedoch für beide Feste nicht zustande.

Kommunion und Konfirmation, die heute einen sehr hohen Stellenwert im Familienleben haben, entwickelten sich erst seit dem 17. Jahrhundert. Im früheren Mittelalter war es keineswegs üblich, schon im kindlichen Alter zum Tisch des Herrn zu gehen. Erst wiederum die Jesuiten wirkten auf eine frühe Einführung der Menschen in die kultische Tischgemeinschaft hin. Dazu entwickelten sie um 1700 die Vorstellung eines Hochzeitsmahls, in dem die jungen Menschen besonders mit dem Christentum „verheiratet" werden sollten. Daher stammt der Brauch, Kommunionkinder wie Brautleute einzukleiden. Am Familientisch bildeten sich Sitten aus, die denen eines Hochzeitsessens glichen.

Mit der Hochzeit sind wir wieder bei den uralten und kulturübergreifenden Festen. Um sie herum entstanden auch im alten Köln zahlreiche Bräuche. Bevorzugte Zeiten waren Frühling und Sommer, die dunkleren Monate waren weniger geschätzt. In keinem Fall wurde in Buß- oder Fastenzeiten geheiratet. Das ist leicht zu verstehen, denn die Feier der Einbettung eines jungen Paares in Familie, Sippe, Nachbarschaft und Freundeskreis fand hauptsächlich am Tisch statt. Mehr noch als beim Kommunionsessen war damit die Küche auch in größeren Haushalten überfordert. Deshalb herrschte schon im Mittelalter die Sitte, dafür ein Wirts- oder Festhaus anzumieten. In erster Linie standen die Gesellschaftshäuser der Gaffeln zur Verfügung. Seit 1441 wurden größere Hochzeiten auch im Bruloffshaus am Quatermarkt, die ganz großen ab 1444 gegenüber im Gürzenich gefeiert. Doch auch hier schrieb der Rat bestimmte Grenzen fest, damit sich beim Feiern keiner ruinierte. Typische Gerichte oder Speisenfolgen bildeten sich nicht aus.

Das gleiche gilt für das Reu-Essen oder den Leichenschmaus, der nach dem Begräbnis zur Ehre der Toten gehalten wurde. Bekannt ist nur, daß die

Kölner im Mittelalter auch dabei zum Übermaß neigten, so daß Rat und Geistlichkeit schließlich die Begrenzung auf eine bestimmte Teilnehmerzahl und eine bestimmte Menge von Gerichten vorschrieb.

Familienfeste heute

Gut katholisch, wie sie waren, feierten die Kölner natürlich ihre Namenstage. Und die Protestanten, so der Bierbrauer Hans Sion, sind schuld daran, daß man heutzutage in Köln nicht mehr den Namenstag, sondern den Geburtstag feiert.
Nicht, daß der Nestor des Kölner Brauwesens und ehemalige Bürgermeister von Köln etwas gegen die Protestanten hätte: Er verweist darauf, daß es immerhin die Zunft der Brauer war, die zu Luthers Zeiten den aufmüpfigen Glaubensbrüdern das Zunfthaus für ihre ersten Zusammenkünfte zur Verfügung gestellt hatte – wohl in der richtigen Annahme, daß auch Protestanten Bier trinken.
Hans Sion steht beispielhaft dafür, wie heutzutage in einer wohlhabenden Kölner Familie Geburtstage gefeiert werden – ganz besonders die runden, die mit einem „Nüllchen":
Am Morgen treten die Mitglieder der Familie an, um dem Jubilar ihre Glückwünsche zu überbringen. Bei Hans Sion sind es gleich sechs Enkel, die für den Großvater Spalier stehen. In einem solchen Rahmen schenkt auch der Kölsch-Brauherr ein Gläschen Champagner aus. Kleine kalte Gerichte werden dazu gereicht, Schinken ebenso wie geräucherte Fische und andere Delikatessen. „Aber die Leberwurst darf dabei niemals fehlen", erklärt Hans Sion kategorisch. Zugeständnisse macht er allenfalls gegenüber einer Leberpastete, ihrer feineren französischen Schwester.

Was als Familienfest beginnt, entwickelt sich im Laufe des Vormittags geradezu zum „Tag der offenen Tür": Freunde, Kollegen und Nachbarn schauen mal vorbei. Sie alle bekommen ein Glas und werden eingeladen, sich auch die kölschen Happen schmecken zu lassen.
An schönen Sommertagen werden solche Geburtstags-Empfänge gerne umfunktioniert zum Grillvergnügen im Garten. Dann steht neben dem kölschen Büffet auch der Grillofen, und dann darf das Fäßchen Kölsch, das „Pittermännche", nicht fehlen, aus dem sich die Gäste mit Vorliebe selbst bedienen. Man muß kein Kölner Brauherr sein, um sich ein solches Fäßchen gönnen zu können: Bei „Früh am Dom", aber auch bei anderen Kölsch-Brauereien, gibt es das Kölner Traditions-Gebinde für jedermann zu kaufen – wegen des wertvollen Leerguts allerdings nur gegen Vorlage des Personalausweises.

„Salm oder Aal – das ist hier die Frage."

Wenn es auf die Mittagszeit zugeht, ist es Ehrensache für die gastgebende Hausfrau, die Gäste mit einem kleinen Gericht aus der Küche zu überraschen. Hans Sion schwört dann auf ein „Krüstchen Goulasch", eine kleine Portion gut gewürzten und wohl duftenden schieren Rindfleisches, das mit einem Röggelchen serviert wird.
Geradezu Schlemmer-Orgien werden die Geburtstagsfeiern im Hause Millowitsch, wenn Schauspieler-Kollegen zu Gast sind. Berufsbedingt sind das immer Frühstücke, denn Künstler müssen abends auf der Bühne stehen. Wenn auch noch die Sonne scheint und das Geburtstagsfrühstück am großen Tisch im Garten serviert wird – dann ist im Kreise der lebens- und sinnenfrohen Mimen auf Tage und Wochen für ausreichend Gesprächsstoff gesorgt.

Gerda Millowitsch, Ehefrau des Volksschauspielers und Frühstücks-Expertin, beschreibt das

SCHAUSPIELER-FRÜHSTÜCK À LA MILLOWITSCH

Man braucht einen sehr großen Tisch, auf dem nicht nur die Gedecke für die Gäste Platz haben, sondern auch:

ein großer Korb mit selbstgebackenem Brot, frischen Brötchen vom Bäcker und warmem Platz,
eine Platte Räucheraal, aufgeschnitten,
eine Platte Graved Lachs, dazu süße Dillsauce auf schwedische Art,
eine Platte mit Schinken und Wurstwaren,
selbstgemachte Marmeladen (die einem Bühnen- und Fernsehstar wie Willy Millowitsch natürlich in großer Zahl verehrt werden),
selbstgemachter Kräuterquark mit allen Zutaten aus dem Küchengarten,
frisch ausgepreßter Orangensaft,
eine große Kanne Kaffee.

Dazu gibt es auf Bestellung in der Küche frisch zubereitet nicht nur Rühreier mit Krabben, sondern auch

TATARBÄLLCHEN

(Für 6 Personen)
400 g Tatar
2 Eier
2 Zwiebeln
Salz, Pfeffer, Paprika

Zwiebeln fein würfeln, mit dem Tatar und den übrigen Zutaten gründlich vermengen und zwischen den Handflächen kleine Bällchen formen. In der Pfanne braten und sofort servieren.

GEFÜLLTE CHAMPIGNONKÖPFE

(Für 6 Personen)
6 große Crème-Champignons
1 Knoblauchzehe
1½ El gehackte Petersilie
Pfeffer, Salz
150 g Butter
Crème fraîche

Champignons waschen und die Stiele herausdrehen.
Aus der weichen Butter, der zerdrückten Knoblauchzehe, Petersilie, Pfeffer und Salz eine Kräuterbutter herstellen und in die Champignonköpfe füllen. Die Champignons mit Butter bestreichen und mit der Füllung nach oben in eine ofenfeste Form legen.
Im vorgeheizten Backofen bei 200 °C ca. 10 Minuten bakken.
Vor dem Servieren jeden Champignon mit einem Klecks Crème fraîche garnieren.

„Curd Jürgens verlangte dazu ein großes Glas Kölsch", erzählt Willy Millowitsch.

138

Den ganz großen Geburtstag, wenn die Zahl der Gratulanten wegen der Beliebtheit des Jubilars, wegen seines gesellschaftlichen, politischen oder wirtschaftlichen Gewichts gegen hundert strebt oder diese Zahl sogar überschreitet, den feiert man fast nur noch außer Haus. Denn die großbürgerliche Villa, die leicht eine Hundertschaft von Gästen empfangen und bewirten kann, ist außerhalb von diplomatischen Missionen im Aussterben begriffen.

Feiern ohne festen Anlaß: Die Party

Es fängt schon bei der Namensgebung an: Wie nennt man eine Einladung ohne besonderen Anlaß? Wie heißt das, wenn man einfach Freunde zu sich bittet, weil das Wetter schön und die Stimmung gut ist? Der Anglizismus „Party" hat sich durchgesetzt – obwohl es jedem aufrechten Freund der deutschen (und erst recht der kölschen) Sprache dabei graust. Da ist man dankbar für jedes schmückende Beiwort, damit aus der Party eine „Gartenparty", eine „Grillparty" oder wenigstens eine „Sommernachtsparty" wird.

Dieselben sprachlichen Nöte durchleidet eine Branche, die es sich zum Geschäftszweck gemacht hat, solche Einladungen mit dem passenden kulinarischen Rahmen zu versehen: der „Party-Service". Für eine zündende Ersatz-Bezeichnung würde die Branche dem Erfinder sicher viel Geld bezahlen. Aber weil das Angebot dieser modernen Heinzelmännchen so vielfältig ist, findet sich kaum ein passender Oberbegriff für ihre Arbeit.

Am populärsten, weil schon am längsten auf dem Markt, ist in Köln sicher das „Früh-Büfett" – wobei die Gastronomie-Experten der Kölner Traditionsbrauerei im Schatten des Heinzelmännchen-Brunnens auf der altmodischen, dennoch aber dudenkorrekten Schreibweise mit ü, einem f und zwei t bestehen. Sie signalisieren damit, daß aus ihrer Küche nichts Französisches zu erwarten ist, sondern kölsche Deftigkeit: „Wir bringen Brauhaus-Atmosphäre ins Haus."

Unter diesem Motto kommt per Lastwagen alles ins eigene Heim: das Fäßchen mit dem leckeren Kölsch, Blut- und Leberwurst, Schweinemett und Würstchen, Tatar und Halven Hahn, Rollmöpse und Kartoffelsalat – und

139

natürlich die vielen warmen Köstlichkeiten der kölschen Foderkaat, vom Krüstchen Gulasch und „Himmel un Äd" bis zum Hämmchen. Stoffdeckchen in „rut-wieß", in den Kölner Stadtfarben rot und weiß, sind ebenso dabei wie das passende rustikale Geschirr und Besteck und die „Köbesse" in originaler Brauhaus-Montur.

Niemand hat das in Köln zu solcher Perfektion getrieben wie das Brauhaus Früh – obwohl auch andere Gastronomen ein „Kölsches Büfett" zusammenstellen können. Bei Früh denkt man darüber nach, wie man eine zweite, eine eher gehobene Party-Linie anbieten kann – für die Kundschaft, die schon ein dutzendmal das „Früh-Büfett" genossen hat und sich nach Abwechslung sehnt.

Die bietet der vornehme „Gürzenich Party-Service", der den Scherenschnitt eines livrierten Kammerdieners im Firmenzeichen führt und demzufolge fürstliche Gastlichkeit verheißt. Kölsch ist dabei nur der Name, denn Küche und Verwaltung haben ihren Sitz im Kölner Ball- und Festhaus „Gürzenich", und die Küche hat die Festgäste zu versorgen, wenn im Gürzenich gefeiert wird. Das Angebot hingegen ist „gehoben". Man erkennt es an den Kellnern, die in vornehme dunkelbraune Smoking-Jacken gekleidet sind, und an der Dekoration: Mit feinstem Silber und Kristall servieren sie ein Speisen-Angebot der internationalen Klasse.

Wozu man wissen muß, daß der „Gürzenich Party-Service" seine Mannschaft nach Belieben verstärken kann, denn er gehört zu den „Blatzheim-Betrieben", die die halbe KölnMesse gastronomisch versorgen und nicht nur den Gürzenich, sondern auch die „Bastei" und den „Messeturm" bewirtschaften.

Wer aber vom Feiern mit fremder Unterstützung spricht, der darf die vielen anderen Anbieter von „Geselligkeit außer Haus" nicht vergessen: das „El Gaucho" beispielsweise, ein argentinisches Steaklokal, das nach Feinschmecker-Ansicht die besten Steaks von Köln brät und sein argentinisches Ambiente mit Grill und Gitarrenmusik auch für Gartenfeste anbietet; das „Daitokai" mit seinen „heißen Tischen", auf denen auf japanische Art alles vor den Augen der Gäste zubereitet wird, auch wenn diese im eigenen Wohnzimmer sitzen; und vor allem „Zimmers Service".

Dieser nämlich ist Kölns Party-Service für das ganz Ausgefallene. Klaus Zimmer, im Hauptberuf einer von zwei Inhabern des noblen Altstadt-Weinlokals „Im Walfisch", hatte immer schon ein Händchen für den besonderen Pfiff, der aus einer Party eine Super-Party macht. Wer sein Fest also besonders unvergeßlich gestalten will und dabei nicht auf die Mark schaut, der liegt bei diesem Service gerade richtig.

Durch ihn sind schon Gäste mit Blaskapelle und Notverpflegung im Rucksack auf ein großes maritimes Abenteuer geschickt worden, das zwar nur über den Rhein ging, bei dem aber dennoch Labskaus und reichlich flüssige Seemannsnahrung die Hauptrolle spielten. Da sind schon Party-Keller mit Sand oder mit Treibhaus-Palmen aufgefüllt worden; die Gäste haben sich bereits in den Tropen oder in der Antarktis wiedergefunden – je nach dem Motto, das der Auftraggeber vorgibt.

ZIMMERS SPIESSCHEN-PARTY OHNE BESTECK

„Außer Suppen kann man alles aus der Hand essen", findet Klaus Zimmer, und er steckt auf Spießchen, was sich nur irgendwie denken läßt:

Bunte Salat-Spießchen (mit den dazu passenden Dressings zum Eintauchen)
Knusprig angebratene Kartoffeln, Kroketten, Fritten, Püreebällchen
Kleine Gemüse, kurz gegart und abwechslungsreich aufgespießt
Fleisch in jeder Zubereitungsform
Fisch und Meerestiere
Süßes: Früchte, Kuchen, Kekse

Alles verrät er nicht, denn erstens möchte er die Idee seiner Spießchen-Party gern weiterhin seinen Gästen empfehlen – und zweitens soll man sich ja auch selber Gedanken machen...

Traumhafte Tischdekorationen

Zu den schönsten Parties daheim, die derzeit in Köln gefeiert werden, zählen wahrscheinlich diejenigen von Gaby und Dieter Kleinjohann. Neben der exzellenten Küche sind es die geradezu dramatischen Tischdekorationen, die die Gäste immer wieder von einem Erstaunen in das andere fallen lassen. Seit zwanzig Jahren pflegt das Ehepaar die Kultur des gedeckten Tisches, und die Zahl der festlich geschmückten Tafeln ist leicht auf zweihundert zu beziffern.

Ihre Motiv-Ideen erarbeitet Gaby Kleinjohann mit geradezu professioneller Gründlichkeit. Sie besucht Messen, durchstöbert daheim und auf Reisen Kaufhäuser und Wochenmärkte, studiert Schaufensterdekorationen und blättert in einschlägigen Zeitschriften. Sie arbeitet mit einer Blumenbinderei zusammen, die ihre Ideen in die Wirklichkeit umzusetzen versteht.

Gaby Kleinjohanns traumhafte Tische muß man gesehen haben – jede Beschreibung ist da nur ein schwacher Abglanz. Hier zur Anregung für eigene Erfindungen zwei Tische, die bei den Gästen für großes Aufsehen gesorgt haben:

DER FRÜHLINGS-TISCH

Für ein Abendessen im Frühling ließ sich Gaby Kleinjohann dicke Kränze, wie man sie sonst vom Advent her kennt, mit Margeriten, Schleierkraut, Efeu und vielen bunten Blüten binden. Sie wurden mit gelben Kerzen besteckt und auf runde Spiegel platziert, was ihre Zartheit und Leichtigkeit noch unterstrich.
An alle vier Tischecken waren große gelbe Schleifen gesteckt, deren Bänder lang vom Tisch herunterhingen. Vier Silberleuchter mit hohen gelben Kerzen gaben dem Tisch die festliche Note, der im übrigen – wie ein Sternenhimmel – über und über mit frischen Frühlingsblüten bestreut war.
Weißlackierte Körbchen enthielten Brot und Gebäck; die Speisenkarte war von der Gastgeberin selbst aus gelber Lackfolie gebastelt worden.

EIN FESTLICHES WEIHNACHTSESSEN

Ein richtiges altes Wagenrad lag mitten auf dem Tisch, als die Kleinjohanns zum weihnachtlichen Essen luden, traditionell ein Höhepunkt des gastlichen Jahres. In der Nut des hölzernen Rades steckten Kiefernzweige, Mispeln und frische rote Christsterne; rote und goldene Bänder umschlangen die Speichen. Auf dem Rand saßen zwei Stoffpuppen: ein gemütlicher Nikolaus und ein prachtvoller Weihnachtsengel. Eine Schar von Zwergen bevölkerte den Tisch.
In den Servietten der Damen verbargen sich kleine Engelchen; die Herren fanden kleine Nikoläuse. Die handgemalte Menükarte war an den Rändern mit Kiefernzweigen und roten Äpfeln dekoriert.
Der Tisch war mit festlichem weißen Damast gedeckt, und weiße und grüne Tischbänder liefen über den ganzen Tisch, mit silbernem Brokat bestickt. Sie paßten zum Festgeschirr der Familie, einem edlen ungarischen Porzellan.
Als Brotkörbchen dienten kleine Holzschlitten, rot gespritzt; goldene Nüsse, Zimtsterne und anderes selbstgemachtes Weihnachtsgebäck schmückten das Tischtuch.

Die Kölsche Foderkaat

*Ähzezupp, Flönz und Kölsch gehören
auf jede kölsche Speisenkarte.*

Voller Schinken hängt der Himmel in der „Fetten Küche" Pieter Breughels (1563) – ein Bild des Schlaraffenlandes.

Hier ist „Schmalhans" Küchenmeister. Neben einer Schüssel Muscheln sind in Pieter Breughels „Magerer Küche" nur Rettiche, Zwiebeln und ein Kanten Brot zu erkennen.

VEEDEL UND PALAIS ALS KULINARISCHE ZENTREN

Die Französische Revolution hatte viele Spätfolgen und Nebenwirkungen. Eine davon war, daß die Küche auch in Köln ganz neue Grundlagen erhielt. Die katholische Kirche verlor mit der Ankunft der Franzosen in Köln 1794 ihren alles beherrschenden Einfluß auf die Gestaltung des bürgerlichen Lebens – also auch auf Essen und Trinken –, und sintflutgleiche Strömungen hin zu einer neuen Gesellschaftsstruktur setzten ein. Sowohl in einer geistig höheren wie auch auf einer psychologisch tieferen Schicht zerbröselten die religiösen Leitideen des Mittelalters wie auch die uralten magischen Speiseschranken. Als Rituale haben sich wohl viele frühere Elemente des Volksglaubens und der Religion noch bis in unsere Zeit gehalten, aber in der Küche und bei Tisch wurde von den Kölnern mehr und mehr nach praktischen und finanziellen Gesichtspunkten, viel stärker aber noch nach Geschmack, Angebot und Hunger entschieden.

Trotz allem blieb der Abstand zwischen arm und reich weiterhin erhalten. Neu war, daß die Armenküche ein eigenes Gewicht entfaltete. Dies gilt zwar für alle ärmeren Wohnbezirke des Industriezeitalters, aber Köln kann dafür als Modellfall gelten. Hier gab es zu Beginn des 19. Jahrhunderts innerhalb der weit ausgreifenden Stadtmauer eine Felderzone, die sich vom Severinstor bis zum Eigelstein erstreckte. Noch vor der Reichsgründung von 1871 verschwand dieser innere Gürtel unter einer dichten Bebauung, die zur neuen Heimat von Arbeitern und Arbeitslosen, Tagelöhnern und Gelegenheitsarbeitern, Betreibern von Kleingewerben und Heimarbeitern wurde. Von der „Vringsstroß" über die „Deepejaß" bis „Unger Krahnebäume" nahmen die kölschen Veedel ihren noch heute spürbaren typischen Charakter an. Hier zeigte sich die Not als phantasiereiche Küchenfee auf niedrigstem Niveau. Mit ihr entwickelten sich ganz eigene Vorlieben im Hinblick auf Nahrung, Genuß und Tischsitten.

Diese unterschieden sich völlig von den Gepflogenheiten, die in den bürgerlichen Häusern entlang der alten Hauptstraßen und Plätze herrschten. Hier wurden die Impulse der überörtlichen bürgerlichen Eßkultur aufgefangen, wie sie sich in der zweiten Jahrhunderthälfte im Kochbuch der Henriette Davidis niederschlugen und für Generationen Geltung behielten. Die Tendenz steigerte sich nach der Reichsgründung von 1871 in den großbürgerlichen Palais am Ring ins Feudale, um dann später in den Vororten Lindenthal und Marienburg wieder etwas moderatere Formen anzunehmen.

Im Hinblick auf die Kölsche Foderkaat blieb die Zweiteilung jedoch grundsätzlich – egal, ob ein Fabrikbesitzer gern Blotwoosch aß oder ob eine arme Näherin davon träumte, einmal im Leben Champagner zu trinken. Daß die Sphären – aber nur von oben nach unten – nicht kategorisch getrennt waren, geht aus einer Erinnerung des Kölner Industriellen Otto Wolff von Amerongen hervor. In der Diele seines Elternhauses standen in den kühlen Monaten mit „r" immer ein Fäßchen Kölsch und eine Platte mit Austern bereit. Wer eintraf, ließ sich aus dem Mantel helfen und labte sich zunächst einmal an der bereitgestellten Erfrischung, bevor er den Salon betrat.

145

KALORIEN „SATT UND JENOCH"

Im Zerbrechen der alten Staudämme gegen Heidentum und Überfluß wagten sich lange gezügelte Gelüste nach Völlerei und niederem Genuß hervor, ohne daß eine Obrigkeit im Namen Gottes noch wirksam dagegen einschritt. Hand in Hand damit gingen ganz neue Möglichkeiten des Ernährungswesens: Die Konservierungsmethoden wurden revolutioniert; das Geschäftsinteresse freier Unternehmer kurbelte die Massenproduktion von Lebensmitteln an; Nahrungsmittel gewannen plötzlich Bedeutung, die es bis dahin entweder noch nicht gegeben hatte – wie die Kartoffel – oder die über tausend Jahre tabuisiert gewesen waren – wie das Pferdefleisch. Egal ob arm oder reich – überall wurde in Mengen und vor allem ungesund gegessen. Zu viel, zu fett, zu süß – die uns heute begegnenden Vorwürfe der Ernährungsphysiologen hätten auf das alte Köln viel besser gepaßt: Gegen Ende des 19. Jahrhunderts strebte die durchschnittliche Nahrungsaufnahme der Kölner mit täglich vier- bis sechstausend Kalorien ihrem Höhepunkt zu. Weder vorher noch nachher wurde jemals so maßlos gegessen. Wer dick war, dem ging es besser als anderen, und wem es nicht besser ging, der machte es die anderen gerne glauben, indem er sich mästete. Außerdem erwarteten die meisten von großer Körperfülle eine entsprechende Widerstandskraft gegen allerlei Krankheiten.

Der Prozeß, in dem die alten magischen und religiösen Steuerungsmechanismen für Essen und Trinken durch neue vernünftige Verhaltensweisen nach Einsichten der Ernährungswissenschaft ersetzt werden, kam erst lange nach dem Zweiten Weltkrieg in Gang. Bis heute aber wird die Kölner Küche gegen alle vernunftbegründeten Bestrebungen als kalorienreiches Reservat der kölschen Eigenart genauso beharrlich verteidigt wie seinerzeit der Fastelovend als Immunität des Heidentums gegen alle christlichen Zivilisationsansprüche.

AUS KÜCHENGEHEIMNISSEN WERDEN REZEPTE

Während die ärmeren Schichten auf mehreren Umwegen in der Foderkaat eine Art innerer Emigration vollziehen, öffnen sich die oberen Schichten fortschreitend neuen Einflüssen. Kennzeichnend dafür ist die zunehmende Zahl von Kochbüchern, die immer mehr Menschen eine immer größere Zahl von abwechslungsreichen Gerichten zugänglich macht. Das war vor dem 19. Jahrhundert grundsätzlich anders. Geheimnisse der Küche wurden nur mündlich und innerhalb der Familien oder in bestimmten Küchen weitergegeben. Das gilt für das schon früher erwähnte Kölner Kochbuch von 1500, das von seinem Charakter als Buch wie von den Gerichten her nur der Oberschicht zugänglich war.

DAS KOCHBUCH DER MADAME DUÉ

Exklusivität gilt in noch höherem Maße für einen „Exoten" unter den alten Kölner Kochbüchern, das bis heute als ungehobener Schatz aus dem 18.

Jahrhundert in einem Kölner Archiv lagert: das „Kochbuch der Madame Dué, gewesene Mundköchin beym hochseligen Kurfürsten Clemens August, für Frey-Frau Paula von Romberg gehorsamst gewidmet". Von dem offensichtlich aus den letzten Jahren des Heiligen Römischen Reiches stammenden Dokument ist kaum mehr bekannt, als der umfangreiche Titel aussagt. Clemens August war bekanntlich von 1723 bis 1761 Kölns glanzvollster Erzbischof und Kurfürst, in dessen bezauberndem Barockschlößchen Brühl auch die Bundesrepublik Deutschland noch ihre Staatsgäste gern zu Tisch bittet. In den Diensten des Clemens August stand jene Madame Dué, die ihre Kochkünste offensichtlich nach dem Hinscheiden des hochseligen Herrn für eine noch höchst lebendige Dame aktivierte. Auf 63 Seiten sind in tadelloser Handschrift (man darf vermuten, daß es nicht die der Köchin ist) rund 90 Rezepte verzeichnet, aus denen man erschließen kann, was der lebensfrohe Wittelsbacher auf dem Kölner Erzstuhl gern aß: Nierenschnitte, Zitronensuppe, gebratene Ochsenzunge, Hammelkeule mit kleinen Gurken, Lamms-Leber, gefüllte Ente, Schinken am Spieß gebraten, Reis-Kuchen, Englischer Pudding, Mandeltorte von Kartoffeln und Mandelschmarren.

Als Beispiel für die Art der Zubereitung haben wir folgendes Rezept ausgesucht:

NIERENSCHNITTE NACH MADAME DUÉ

„Wenn man ein oder mehrere kalte gebratene Kalbsnieren hat, so schneidet man dieselben mit dem Fett in Stückchen und hackt sie klein. Dann thut man sie in eine Schüssel nebst zwey fein geriebenen oder in Milch geweichten alten Brötchen, 4 bis 5 Eyern, einem Löffel voll Rahm, Muskatnuß und etwas Salz. Wenn man will, so kann man auch etwas Korinthen, ein wenig Zucker oder anstatt deßen auch einige beliebte Kräuter dabey thun. Man rührt dieses alles nebst einem halben Löffel voll Mehl wohl untereinander, daß es wie ein Teig wird. Diesen Teig legt man ein wenig rund und hoch auf einige Schnitten Weißbrot. Nachdem man ihm mit dem Meßer eine zierliche, runde und glatte Form gegeben hat, backt man ihn in einer mit Butter bestrichenen Tortenwanne.
Oben muß nur wenig Feuer und unten bloß heiße Asche befindlich seyn. Sobald sie schön gelbbraun gebacken sind, trägt man sie als Beyeßen (Beiessen) gleich warm zu Tische."

Die Cölner Köchinn

Blieb das Kochbuch der Madame Dué, das auf jeden Fall noch vor der französischen Revolution geschrieben wurde, nur einem exklusiven Kreis zugänglich, so wurde nach dem großen Umbruch der erste Schritt in Richtung Demokratisierung des kulinarischen Wissens getan: Kochbücher erschienen im Buchhandel und wurden so immer mehr Menschen zugänglich.
Bürgerliche Hausmütter (oder wer immer sich dafür ausgab) griffen zur Feder, um besseren Töchtern nicht nur schwarz auf weiß die Rezepte zu vermachen, mit denen sie ihre Lieben erfreuen konnten, sondern auch um ihnen die Erziehung zur sorgsamen Hausfrau zuteil werden zu lassen, die drinnen tüchtig waltet, während der Mann draußen im feindlichen Leben herumstrebt.
So ist auch das in napoleonischer Zeit erschienene Kochbuch aus Köln zu verstehen: „Die Cölner Köchinn. Oder: Sammlung der besten und schmackhaftesten Speisen für den herrschaftlichen so wohl als bürgerlichen Tisch, nebst Anweisung verschiedenes Backwerk zu verfertigen, Früchten zu trocknen und einzumachen; eben so einigen Hausmitteln."
Der Titel darf nicht so verstanden werden, als wäre hier festgehalten, was um 1800 besonders in Köln gekocht und gegessen wurde, sondern nur, daß die Verfasserin eben Kölnerin – oder: daß das Buch in Köln erschienen war. Erziehungsabsichten sprechen fast aus jeder Zeile. Kurios sind die therapeutischen Zubereitungen von „Apfelmus für Kranke" oder „Täglicher Trank für die Lungensüchtigen" oder „Ein Getränk von isländischem Moos in Brustkrankheiten" oder aber „Zwetschgenlatwerge wider die Verstopfung".
Nur gelegentlich ist ein Gericht ausdrücklich als „Kölnisch" bezeichnet,

wie „Köllnische gefüllte Eyer". Daneben finden sich Gerichte aus Böhmen, Westfalen, Berlin, Polen und Frankreich. Viele Gerichte werden für Durchschnittsverdiener unerschwinglich gewesen sein: Kapaun mit Austern, Rindfleisch mit Morcheln, Krammetsvögel à la Vetter-Michel oder Supperfeine Pariser-Creme. Bemerkenswert ist aber, daß die Fastenspeisen, die heute fast überhaupt nicht mehr als solche bezeichnet werden, damals noch unter eigenen Kapitelüberschriften geführt wurden. Interessant wirkt besonders eine „Chokolade-Sauce über Pücking". Der Kenner der mexikanischen Küche wird bei diesem Signal direkt hellhörig. In Köln wirkt die Zusammenstellung mit einem Bückling allerdings mehr als exotisch:

 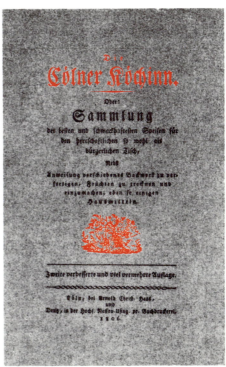

Zu Beginn des 19. Jahrhunderts kommen die ersten Kölner Kochbücher in den Buchhandel.

CHOKOLADE-SAUCE ÜBER PÜCKING

Man nimmt ein Stük ausgewaschene Butter, 4 Eyerdotter und anstatt Mehl ein Viertelpfund fein gestossene durchgesiebte Chokolade, dieses wird alles in einer Kasserol wohl durch einander gemengt und sodann auf gelindem Kohlfeuer wohl durchgerührt.

Der Kölnische Leckerfress

Gegen 1820 wendet sich ein Pfiffikus mit dem Tarnnamen „Ignatius Bratenwender, der Kochkunst ehrwürdiges Mitglied" wieder unter Einsatz des Buchdrucks an einen größeren Interessentenkreis. Der Titel des Werkes lautete: „Der Kölnische Leckerfreß... oder: Wohlgeordnetes Kochbuch sowohl für herrschaftliche Tafeln als auch für bürgerliche Haushaltungen, zum Gebrauch für ökonomische Hausfrauen, und für junge Frauenzimmer."
Der vielversprechende Titel drängt die Vermutung auf, daß wir zwischen diesen beiden Deckeln nun endlich den Urgeheimnissen der kölschen Foderkaat auf die Spur kämen. Weit gefehlt! Man entdeckt Rezepte auch für höhere Ansprüche: grüne Erbsensuppe mit Krebsschwänzen, Krammetsvögelsuppe, Austernsauce zu gebratenen Kapaunen, Aaltorten, Krebspasteten, Gänseleber und gefüllte Tauben. Immerhin findet sich ein Rezept, das bis in unser Jahrhundert für Köln so typisch war, daß es sogar in das Aufzugslied der Roten Funken Eingang gefunden hat: der Laberdan.

Jitz röck ahn	Jetzt rückt an
dat staatse Funkeheer	der Funken prächtig' Heer
Me'm Struuß,	Mit dem (Blumen-)Strauß,
janz luus, op dem Jewehr.	ganz keck, auf dem Gewehr.
Un ahn der Plemp,	Und am Säbel hängt,
do hängk der Öllig dran	ja da hängt die Zwiebel dran
Un op dem Kopp 'nen Laberdan.	Und auf dem Kopf 'nen Laberdan.

Laberdan meint Kabeljau, der, frisch geköpft und ausgenommen, in Salz gegart und in einer Salzlake in Fässern gelagert und gehandelt wurde.

LABERDAN ZU KOCHEN

Ist der Laberdan gesalzen, so lege man solchen eine Zeitlang in frisches Wasser, dann setze ihn mit frischem Wasser zum Feuer und lasse ihn immer, so wie den Stockfisch, in beinahe siedendem Wasser stehen, nur zuletzt soll er ein klein wenig langsam zu kochen anfangen, dann decke ihn zu, setze ihn gleich vom Feuer; und wenn die hierzu beliebige Sauce gemacht ist, so nehme man ihn aus dem heißen Wasser, lasse solches recht ablaufen, bestreue den Laberdan mit feingeschnittenem Petersilienkraut und gebe Erdäpfel und eine gewöhnliche Sardellen-Sauce oder heiße Butter dazu.

SARDELLEN-SAUCE ZUM LABERDAN

Nimm vor etliche Stüber Sardellen, reinige selbe und löse die Gräten davon weg, schneide sie klein zusammen, thue in ein Tiegel ein Stück Butter, laß sie zergehen, gieb die Sardellen hinein, laß sie ein wenig anbraten, rühre 2 oder 3 Löffel voll Mehl hinein, laß es ein wenig dünsten, gieße eine gute Rindsuppe und ein wenig Milchrahm dazu, ein wenig Safran, Salz, laß es ein paarmal aufsieden, gieb es in einer Schale zur Tafel.

Die neue kölnische Köchin

Um die Jahrhundertmitte wird der Kreis derer, die man für eine bessere Küche anspricht, wesentlich größer. Zwischen arm und reich ist das Bürgertum erstarkt. Während hierfür in ganz Deutschland das umfangreiche Kochbuch der Henriette Davidis seinen Siegeszug antritt, bringen die nicht näher identifizierbaren Christine Sch...z und Elise Br...r 1853 ein auf Köln abgewandeltes bürgerliches Kochbuch heraus: „Die neue kölnische Köchin oder Anweisung, wie in einem bürgerlichen Hausstande die Küche gut, schmackhaft, abwechselnd und dabei wohlfeil zu führen ist." Die Verfasserinnen weisen darauf hin, daß ihr Werk „auf eigenen, seit 20 Jahren in der Küche gemachten Erfahrungen begründet" ist.

Hier öffnet sich nun über Kölns bürgerlichen Haushalten das Füllhorn betulicher Tüfteleien biedermeierlicher Hausmütter, die das dementsprechende Selbstverständnis und unendlich viel Zeit oder ausreichend Personal haben, um mit Keller und Küche auf der Tafel richtig Aufwand zu treiben. Das Buch verzeichnet die Zubereitung von nicht weniger als 39 Suppen, 57 Gemüsen, 82 Fleisch- und 46 Fischgerichten; es gibt 13 Puddings, 10 Aufläufe, 23 Eier-, Milch- und Mehlspeisen, 15 Klöße, 12 Pasteten, 8 Speisen in Gelee, 8 Crèmes, 18 Compote, 10 Salate, 27 Saucen, 30 Zubereitungen von Backwerk, dazu noch 25 Anweisungen zum Einmachen und 9 zum Wurstbereiten.

Als Gericht greifen wir hier heraus:

AUFLAUF VON EINGEMACHTEM

Schneide 3 Milchbrode in feine Schnitten, feuchte sie mit siedender Milch an und decke sie zu. Nun rühre 6 Lot (1 Lot = ca. 16 g) frische Butter, nimm die erkalteten Schnitten, 5 Eiergelb, 6 Lot abgezogene und gut geriebene Mandeln, 3/4 abgeriebene Zitronenschale, Zucker und Zimmet dazu, schlage das Weiße der Eier zu Schnee, menge ihn unter die Masse, fülle die Hälfte davon in eine mit Butter bestrichene Kasserolle, lege Eingemachtes darauf, gieße die andere Hälfte der Masse darüber und lasse den Auflauf (bei ca. 200 °C) im Ofen bakken.

Der Fressklötsch

Ein Blick auf die Kölsche Foderkaat zeigt, daß ihr Weg nicht durch die bürgerlichen Kochbücher führte. Um ihren Anfang zu finden, muß man noch einmal ans Ende der reichsstädtischen Zeit zurückkehren. Im kulinarischen Durchgang von der mittelalterlichen zur neuzeitlichen Kölner Küche begegnet man einer Gestalt, die bisher nur als kölsches Original wahrgenommen wurde, die aber für den damaligen Kulturwandel überraschend typisch ist: der Fressklötsch. Er hieß bürgerlich Johann Arnold Klütsch und lebte von 1775 bis 1845. Sein Leben umfaßt den ganzen Zeitraum der „Revolutionen": das Ende der reichsstädtischen Zeit – also das Mittelalter –, die Ankunft der Franzosen – also das Zeitalter der Aufklärung –, die Entmachtung der Kirche – also den Zerfall der alten Speisevorschriften –, die Ankunft der Preußen – also das Herabdrücken des Kölner Selbstverständnisses auf Provinzniveau –, und die Entwicklung eines neuen Köln, die Wiederbelebung des Karnevals, die rapide Bevölkerungszunahme, den Beginn der Industrialisierung, das Aufkommen der Arbeiterschaft und die damit verbundene Entwicklung der kölschen Veedel.

Klütsch war keineswegs ein tumbes Freßmonster, sondern ein geachteter Mann aus dem einfachen Volke, der eben gern und auch viel aß. Er lebte lange Jahre auf dem Eigelstein, war zunächst Lastenträger und Abdecker (Pferdetöter). Seinen guten Ruf erwarb er sich dadurch, daß er im Selbststudium Lesen und Schreiben lernte und dann als reger und aufgeschlossener Mensch dem Kunstsammler Ferdinand Franz Wallraf als Hilfskraft diente. Dabei trug er mit seinen starken Armen nicht nur Kunstwerke zusammen, sondern mit seinem Kopf auch persönliche Erfahrungen, die es ihm später aufgrund der Vermögensverhältnisse seiner Frau ermöglichten, einen einträglichen Antiquitätenhandel aufzubauen, was ihn wiederum als Taxator (Gutachter) qualifizierte. Die Achtung, die er genoß, materialisierte sich Mitte der 1830er Jahre in einem Bild des Kölner Malers Simon Meister, das in lithographischer Vervielfältigung zu Klütschs Ruhm und Nachruhm beitrug.
Da er zunächst mit seiner Hände Arbeit den Lebensunterhalt verdienen mußte und ihn die Natur mit dicken Muskelpaketen ausgestattet hatte,

war er „ene richtije Packan" (ein richtiger Zupacker). Obendrein war er wohl immer zu Grielächereien aufgelegt, die die Erzählkunst beflügelten. Entweder beherrschte er sie selbst gut, oder er motivierte die damaligen Thekensteher dazu. Jedenfalls war eine der ersten Geschichten, die in Umlauf kamen, die, er habe eine französische Kanone von 1000 Pfund Gewicht weggetragen. Kein Wunder, daß man Klütsch erst einmal „Teufelskräfte" nachsagte. Verurteilt wurde er aber dennoch nicht, weil die vernunftbegabten französischen Richter keine vom Verstand nachvollziehbare Erklärung dafür fanden. Den Kölnern fiel es offensichtlich leichter, die Klütsch'schen Kräfte auf eine verstandesmäßig nachvollziehbare Weise zu erklären: Er mußte sie durchs Essen erworben haben.

Natürlich verlagerten sich nun alle Gespräche der Thekensteher auf Klütschs Eßvermögen. So soll er einen Zöllner, der am Stadttor die Einfuhren mit Abgaben belegen wollte, einmal dadurch geärgert haben, daß er vor den Augen des sprachlosen Beamten zwei Schinken verdrückte. Ein andermal tat er dasselbe mit einem ganzen Rad holländischen Käses. Kölner Wirte, die mit wachem Geschäftssinn den Werbeeffekt solcher Erzählungen erkannten, begannen, sich mit neuesten Berichten gegenseitig zu übertrumpfen. So soll er beim einen in kurzer Zeit einen Bund Stroh und 25 Eier verspeist haben, beim anderen ein halbes Kalb, beim dritten ein Jagdessen für 24 Herren, noch ehe diese im Gasthaus erschienen. In seiner Trinkfestigkeit soll er bei anderer Gelegenheit ein ganzes Spülbüttchen Wein zu einem Zeitpunkt geleert haben, als die Kumpane am Tisch vom vielen Trinken schon einen stieren Blick hatten.

ESSEN AUS POLITISCHEM PROTEST

Alle diese Geschichten zeigen, daß Klütsch mehr darstellte als ein bloßes Original. Er war ein Repräsentant seiner Zeit. In keiner Erzählung spielen auch nur im geringsten alte religiöse Kritikelemente eine Rolle. Eher dominiert die Bewunderung für eine extreme Persönlichkeit, die diesseitig orientiert ist und die auch schon einen gewissen Wert als Werbeträger hatte. Unabhängig davon war Klütsch wohl vielmehr ein lokaler Volksheld nach Art seiner Zeitgenossen Andreas Hofer und Schinderhannes, der die Sehnsüchte des Volkes nach Freiheit und Selbstbestimmung verkörperte. Sein Essen war sowohl von den Speisen wie von den Sitten her nicht einfach primitiv, sondern eine plebejische Opposition gegen die ortsfremden Obrigkeiten. Deshalb dichtete man ihm begeistert alle die Geschichten an, die den ansonsten biederen Mann zu einem altkölnischen Rambo gegen Franzosen und Preußen hochstilisierten. Verständlich, daß er in den folgenden konservativen und reaktionären Zeiten zum unbedeutenden „Original" herabgestuft wurde. Erst der Schriftsteller Tilman Röhrig hat in unseren Tagen bei der Neufassung der alten Erzählungen die politische Dimension des Freßklötsch wiederentdeckt.

Die in ihm greifbare Opposition gewann übrigens 1802 in den Stockpuppen des Hänneschen, des Besteva und des Tünnes eine für Köln bleibende Gestalt.

Vom „Müffele" zum „Vermaache"

Aus den Tischsitten des Freßklötsch wird im 19. Jahrhundert nachgerade ein literarisches Motiv, das man über Generationen in Erzählungen, Liedern und im Volkstheater bis hin zu Millowitsch und Trude Herr verfolgen kann. Normalerweise ist das Lieblingswort des Kölschen für essen „müffele". Das klingt behaglich, die Nahrung wird ruhig und in kleinen Bissen genossen und gut gekaut. Wenn er aber Berge zum Essen und Flüsse zum Trinken vor sich sieht – wie beispielsweise ein Hämmchen und ein Fäßchen Kölsch –, dann kehren bei ihm Urgelüste der Nahrungsaufnahme zurück: dann ergreift er barbarisch das Hämmchen mit den Händen und beißt hinein, daß ihm der Saft „op et Chemisettche dröpp", dann ergreift er mit fettigen Fingern das Glas, um das Kölsch behaglich in sich hineinlaufen zu lassen, egal wie Tisch und Geschirr hinterher aussehen, dann frißt er sich durch wie im Schlaraffenland, dann lacht er derb über alle drohenden Zeigefinger bürgerlicher Gouvernanten, die ihm höhere Manieren beibringen wollen. Das harmlose „müffele" steigert sich zum orgiastischen „sich vermaache", das auch – zumindest sprachlich – vor dem „dutesse" und „dutfresse" keine Scheu kennt.

Die Weetschaff

Der Ort, an dem Kölner (Tisch-)Sitten, Bräuche und Eigenart bis heute am lebendigsten anzutreffen sind, ist die Weetschaff. Sie war zwar etwas grundlegend anderes als eine heutige Eckkneipe, sie war und ist aber auch nicht Ausdruck uralten Stammescharakters, den es in Köln nicht gibt. Die Weetschaff ist das Ergebnis der geschichtlichen Wechselbäder der letzten zwei Jahrhunderte.
Die gesellschaftlichen Zentren der reichsstädtischen Zeit waren die Gaffelhäuser. Daneben gab es seit dem Mittelalter knapp 90 Bier- und Brauhäuser, in denen sich das Gemeinschaftsleben der unorganisierten, sprich: ärmeren, Bürgerschaft abspielte. Als die Franzosen nach 1794 alle Organisationen der Reichsstadt auflösten, verloren nur die noblen Gaffelhäuser

Signet eines der ältesten Brauhäuser der Stadt Köln. Mit seinem Gartenlokal war der „Hirsch" bis zu seiner Zerstörung im 2. Weltkrieg besonders in Sportskreisen beliebt.

Die St. Peter von Mailand-Bruderschaft überlebte als einzige die Abschaffung der Zünfte in Köln. Anläßlich ihres 500jährigen Bestehens entstand diese Zeichnung der Huldigung an den Brauerpatron Gambrinus.

ihre Bedeutung, während die Brauhäuser einen neuen Aufschwung verzeichneten. Ihre Zahl stieg bis 1849 beträchtlich an. Das lag nicht nur an der neuen Gewerbefreiheit, sondern hatte auch Gründe, die man aus dem Hintergrund der Freßklötsch-Geschichten verstehen muß. Die Weetschaffte waren unverfängliche und von der fremden Obrigkeit nur schwer zu kontrollierende Treffpunkte des Widerstands.

Die Verherrlichung des alten Köln spielte dabei zunächst eine untergeordnete Rolle. Die verarmenden Handwerker, die noch ärmeren Industriearbeiter und die Tagelöhner verbanden mit ihrem Widerstand gegen die preußische Obrigkeit auch ihren Protest gegen die sozialen Ungerechtigkeiten des ungezügelten Kapitalismus. Der rasche Hinweis auf die romantischen Träume von der alten Reichsstadt übersieht, daß Köln neben Berlin ein entscheidendes Zentrum der bürgerlichen Revolution von 1848 war. Immerhin verbrachte Karl Marx diese Zeit in Köln und verkehrte in der Weetschaff „Ewige Lampe" in der Trankgasse.

Die Revolution ging bekanntlich daneben. Ihre Kölner Nistplätze wandelten sich daraufhin zu Katakomben eines politisch nicht durchgesetzten Anspruchs, und der Protest erstarb langsam aber sicher in typischem Männerzeitvertreib wie Trinken, Kartenspielen und Räsonnieren. Darüber verloren – konkret wie sinnbildlich gesprochen – Hänneschen, Besteva und Tünnes, der ein kölscher Schwejk hätte werden können, die Lust zum Eingreifen in den Lauf ihres Weltgeschehens.

Schon in der zweiten Jahrhunderthälfte ist der für Köln eigentlich wichtigere Teil der Erinnerung an die Bedeutung der Weetschaff verloren. Ein Kölnbesucher tadelt indigniert nur noch die kölsche Freßgier: Sie mache, so meint dieser bemühte Beobachter, besonders den Kölner gemeinen Mann zur Beute von Schläfrigkeit und Müßiggang, aber auch zum Opfer der Jesuiten.

KULINARISCHE GRIELÄCHEREIEN

Verschmitzter Spott ist in Köln seit altersher heimisch. Die kölnische Sprache besitzt dafür ein eigenes Wort, dessen Wurzeln ins Mittelalter zurückreichen. Wer die Gabe besitzt, ist ein „Grielächer", was er begeht, sind „Grielächereien". Er beobachtet die Welt, spottet ihrer, und lächelt still in sich hinein – wenn ihn nicht plötzlich der Teufel reitet.

Der Grielächer ist in der Weetschaff zuhause. Auch das ist kein Zufall. Denn er ist der versagte Revolutionär, der weise gewordene Oppositionelle. Seine Haltung wandelt sich in der zweiten Häfte des 19. Jahrhunderts zur spöttelnden Beobachtung der Zeitgenossen, die wirtschaftlich, politisch und gesellschaftlich aktiv waren bzw. sein konnten. Immer wieder konfrontiert er andere mit ihren eigenen Erwartungen und relativiert diese dabei.

Das muß man wissen, wenn man einige seltsame Bezeichnungen der Kölschen Foderkaat verstehen will, die sich aus keiner alten Magie und aus keiner christlichen Speisevorschrift herleiten lassen. Allenfalls bei „Himmel un Äd" mag man noch theologische Hintergründe vermuten, aber die

Wortfolge kennzeichnet nur die Neigung, sich Dinge sehr konkret vorzustellen und sie bildhaft auszudrücken.
Eine reine Grielächerei ist der „Kölsche Kaviar". Hier ist zunächst eine der teuersten Delikatessen der früheren (und heutigen) Oberschichten ins Visier genommen. Dann wird sie ins Kölsche gewendet, und nur der Eingeweihte versteht, daß es sich dabei um die Blutwurst handelt. Darin drückt sich ein starkes Selbstbewußtsein sowohl des Kölners wie des Angehörigen der ärmeren Bevölkerungsschicht aus. Der Grielächer schmunzelt verschmitzt über den, der so töricht war zu glauben, es gäbe nur die teure Kost reicher Leute mit gleichem Namen.
Auch der „Halve Hahn" läßt sich nicht mehr aus der Volkskunde erklären, sondern nur als Grielächerei unter dem Motto „getäuschte Erwartung". Ein Grielächer lud seine Gäste in eine kölsche Weetschaff ein und bestellte ihnen generös einen „halben Hahn". Die Gäste, denen beim Gedanken an die knusprig-braune Köstlichkeit schon das Wasser im Munde zusammenlief, erhielten aber nur das, was der Grielächer vorher mit dem Kellner vereinbart hatte: ein knuspriges Röggelchen mit frischer Butter und mittelaltem Holländer. Die Anekdote wird dem Deutzer Wilhelm Vierkötter zugeschrieben, der das Spielchen im Jahre 1878 in der Brauerei Wilhelm Lölgen an der Hohe Pforte getrieben haben soll. Wie immer es auch gewesen sein mag, entscheidend ist, daß die „betrogene" Gesellschaft offensichtlich in einem solchen Einvernehmen mit dem „Betrüger" lebte, daß man ihm die Sache nicht nur nicht übelnahm, sondern sie herzhaft lachend verbreitete, bis sie Kölner Allgemeingut war. Hierin drückt sich eine augenzwinkernde

„'Ne ‚Halve Hahn'!"

159

Verständigung aus, die Fremde von der „kölschen Eijenaat" ausschließt. Noch in dem Lied „Sag' ens Blotwoosch" klingt nach, daß möglichst niemand ohne Parole in die kölschen Katakomben eindringen sollte.

DIE KÖLSCHE FODERKAAT AM ZIEL

Nach Freßklötsch, mißlungener Revolution und Rückzug in die Grielächerei ist die Geschichte der Weetschaff aber keineswegs zuende. Im Gegenteil: mit der rasanten Entwicklung gegen Ende des 19. Jahrhunderts wandelte sich ihre Bedeutung nochmals. Als die Stadtmauern eingerissen waren, als die Stadt immer mehr Menschen aufnahm, als das Leben immer mehr der Technik unterworfen wurde, als fremde Einflüsse überall fühlbar wurden, ging der alte Bezugsrahmen der bürgerlichen Revolution verloren. Aus der „Katakombe" wurde nun eine starke Bastion der Selbstbehauptung. Und so ist es kein Zufall, daß hier in der Kölner Weetschaff die Foderkaat denn auch endlich in kölnischer Sprache niedergeschrieben wurde. Das war um 1900.

Sensationen enthielt sie nicht, aber Selbstverständnis, Eigenes: uralte fränkische Rückstände wie den Eintopf, die unverwechselbare Karnevalskost, also den Imbiß, und die Arme-Leute-Küche mit Schweinefleisch, Blutwurst, Reibekuchen, Fisch und Käse. Es ist kein Zufall, daß genau um dieselbe Zeit Wilhelm Millowitsch sen. ein typisches kölsches Eßlied schrieb, in dem man alle Elemente der Foderkaat wiederfindet. 1982 wurde das Lied von Enkel Willy Millowitsch aus dem Familienarchiv hervorgeholt und noch einmal populär gemacht. Es besingt den vollendeten Traum des Mittelalters vom diesseitigen Paradies, in dem man sich ungestraft der Fülle und dem Genuß hingeben kann und das kölschem Anspruch genügt. Unter Grielächern verkündet es die Botschaft: Am kölschen Tisch ist jeden Tag ein Fest.

En Köllen es doch, wie bekannt,	In Köln, da ist doch, wie bekannt,
Dat Essen schön und fresch.	Das Essen schön und frisch.
Su manche Spezialität	So manche Spezialität
Kütt dobei op d'r Desch.	Kommt dabei auf den Tisch.
'Ne Karbonat, 'ne ,Halve Han',	Eine Karbonade, ein ,Halve Hahn',
Dat es ne Hochgenuß.	Das ist ein Hochgenuß.
Vill besser noch wie Sekt	Viel besser noch als Sekt
E Gläsche Kölsch uns schmeck.	Ein Gläschen Kölsch uns schmeckt.
Wer sich esu get bestellt,	Wer sich so etwas bestellt,
Jo, der kritt get för sie Geld:	Ja, der kriegt was für sein Geld.
Dat sin vum Ferke de Schnüssger,	Das sind vom Ferkel die Schnäuzchen,
Die Hämmchen, dä Speck.	Die Hämmchen und der Speck.
Met Ääze un Bunne,	Mit Erbsen und Bohnen,
Jo, dat es get för et Hätz.	Ja, das ist was fürs Herz.
Un Herring un Quallmann,	Und Hering und Kartoffeln
met ,Himmel und Äd',	Mit ,Himmel un Äd',
Oh Kinder, Kinder,	Oh Kinder, Kinder,
Dat es doch get wäät!	Das ist doch was wert!

Wann ich ens en d'r Himmel kumm,	Wenn ich einst in den Himmel komm',
Dann sag' ich: Bitte sehr,	Dann sag' ich: Bitte sehr,
Och leeve Petrus, reck mer ens,	Lieber Petrus, reich' mir mal
Dä Magefahrplan her!	Den Magenfahrplan her!
Un paß mer dann dat Esse nit,	Und paßt mir dann das Essen nicht,
Gon ich zor Konkurrenz.	Geh' ich zur Konkurrenz.
Die Düvels-Kochmammsell,	Die Teufels-Kochmammsell,
Die koch mer dann ganz schnell,	Die kocht mir dann ganz schnell,
Dat Rauh ming Siel dann hätt,	Daß Ruh' meine Seel' dann hat,
Em leck're Nierefett:	Im leckeren Nierenfett:
Dat sin vum Ferke de Schnüssger...	Das sind vom Ferkel die Schnäuzchen...

Wurst und Fleisch

„Sag' ens Blotwoosch!"

Nicht die Blotwoosch an sich, sondern die Vorliebe der Kölner dafür ist besonders charakteristisch. Spätestens seitdem der Textdichter Jupp Schlösser und der Komponist Gerhard Jussenhoven ihr 1947 ein musikalisches Denkmal gesetzt haben, gilt die richtige Aussprache der „Blotwoosch" als Paßwort für Neukölner:

> Sag' ens Blotwoosch, dat es doch janit schwer.
> Sag' ens Blotwoosch, ich jaranteeren deer,
> Wä nit richtig Blotwoosch sage kann, dat es
> 'Ne Imi, 'ne Imi, 'ne imitierte Kölsche janz jeweß.

Was Schlösser und Jussenhoven mit Sicherheit nicht wußten, war, daß sie sich mit ihrem Lied in die Nachfolge eines der berühmtesten Sänger aller Zeiten eingereiht hatten: Homer. Der verdichtete schon im 8. Jahrhundert vor Christus die Blutwurst zu Literatur. Im 20. Gesang der Odyssee vergleicht er die Irrfahrt des antiken Helden Odysseus mit dem Grillen einer großen Blutwurst:

> Wie der Pflüger den Ziegenmagen wendet, am großen
> brennenden Feuer, den mit Fett und Blute gefüllten,
> und es kaum zu erwarten vermag, ihn gebraten zu sehen...

Zwar wird die Blutwurst auch damit noch nicht in die Monstranzen des Lukull katapultiert, aber es wird doch deutlich, daß sie ein echt antikes Erbstückchen ist, das die Kölner seit heidnischer Zeit beharrlich gegen alle Widerstände in Ehren gehalten haben.

Widerstände gab es reichlich. Blut war immer schon ein besonderer Saft: Er symbolisierte nicht nur das Leben, sondern er war in magischen Zeiten dessen Inbegriff. Da man annahm, daß Lebenskraft und Eigenschaften der genossenen Speisen auf den Esser übergingen, galt der Genuß von Blut als unmittelbare Lebensspendung.

Die Blutwurst aber lag den christlichen Zivilisatoren des Abendlands im Magen wie ein schwer verdaulicher Brocken, der zudem noch hausgemacht war. Einerseits hatte der Gott Moses' schon Adam und Eva im Paradies geboten: „Nur Fleisch mit seiner Seele, nämlich dem Blut, sollt ihr nicht essen" (Gen. 9,4). Andererseits aber hatte Jesus höchstselbst den Blutgenuß in symbolischer Gestalt zum Zentrum seines Mysteriums gemacht. Als dann in der Völkerwanderungszeit auch noch barbarische Stämme aus dem Osten kamen, die in Notsituationen ihren Tieren die Adern anstachen, um sich zur eigenen Kräftigung ein Viertelchen Blut abzuzapfen, warf die heute so unschuldig wirkende Blutwurst Probleme auf, die theologisch einfach nicht mehr zu bewältigen waren. Da konnte man sich nur mit Verboten aus der Affäre ziehen. Die gab es denn auch, sie haben aber wohl wenig gefruchtet. Bekannt ist eine Klage des Bischofs Thietmar von Merseburg (gest. 1018) darüber, daß viele Arme im Verspeisen von Blut keine Sünde sähen. Das haben die Kölner nie getan und sind bis heute der Blutwurst treu geblieben.

Die „Kotze"

Mit seiner Klage über den Genuß von Blutwurst übermittelt Bischof Thietmar indirekt schon für das 11. Jahrhundert quasi das Ergebnis einer Volksbefragung: Reiche Leute aßen keine Blutwurst – oder nur, wenn sie, etwa zu Karneval, heidnisch-diesseitigen Genüssen frönten und anschließend in der Fastenzeit dafür wieder Buße taten. Ansonsten aßen sie das gute Muskelfleisch bis hin zum Filet, das auch heute noch das teuerste Fleisch ist. Innereien galten als minderwertig. Nierchen, Leber, Lunge, Herz,

Die Köchin und die Metzgerin (Holzschnitt, 1689)

Zunge und Blut sind Delikatessen der Armenküche. Vielfach wurden sie zu Würsten und Panhas verarbeitet, die an mageren Tagen der Reichen oder an Festtagen der armen Leute auf den Tisch kamen. Man nutzte auch den Magen, die Speiseröhre, die Hoden und die Därme (Kaldaunen, Kutteln), von Kühen auch das Euter, zumindest als Wurstdärme. Diese „Kotze" genannten Fleischarten wurden von den „Kotzmengern" entweder auf dem „Kotzmarkt", der ein Teil des Heumarkts war, oder in der „Kotzgasse" verkauft, die in der französischen Umbenennung zur feineren Kostgasse wurde. Heute liegt sie – fast nicht mehr erkenntlich – zwischen Haupt- und Busbahnhof.

FLÖNZ UND BLOTWOOSCH

An dieser Stelle ist ein klärendes Wort zu den Begriffen „Blotwoosch" und „Flönz" angebracht. Selbst viele Kölner wissen heute nicht mehr, daß „Flönz" bis weit in unser Jahrhundert hinein nur wenig mit Blutwurst zu tun hatte. Das Wort bezeichnete einfach jede Art von Wurstenden. Da sie (wie auch heute noch) billiger verkauft wurden, waren sie wiederum besonders bei ärmeren Leuten beliebt. Aus gesellschaftlicher Scham wurde jedoch oft vorgetäuscht, die Wurstreste würden für Hund und Katze gekauft. Da Mangel an Ehrlichkeit immer schon Zielscheibe des Spotts war, gab es damals (vermutlich in der Bütt) den Witz, daß ein Kind beim Metzger sagt: „För zwei Jrosche Flönz för der Hungk, ävver kein Fleischwoosch derbei, die iß minge Vatter nit." (Für zwei Groschen Wurstenden für den Hund, aber ohne Fleischwurst, die ißt mein Vater nicht.)
Seit dem Ersten Weltkrieg verengte sich die Bezeichnung „Flönz" auf die Blutwurst. Es entwickelte sich allerdings eine Unterscheidung zur „Blotwoosch": „Blotwoosch" ist die angeräucherte Blutwurst. Sie ist fetter in der Konsistenz, etwas herzhafter im Geschmack und sie zerbröselt in der Pfanne weniger als die „Flönz".

FLÖNZ BEI MILLOWITSCH

Es ist für uns Heutige eine zwiespältige Sache mit der Blotwoosch: Alle loben und preisen sie, halten sie sozusagen als Kölner Reliquie in Ehren – aber essen mögen sie die meisten nicht. Das kommt vielleicht daher, daß ihr – aus geschmacklicher Sicht – etwas zutiefst Gewöhnliches anhaftet, trotz aller Metzger-Kunst: Blotwoosch bleibt Blotwoosch. Auch mit Senf und Öllig ist sie geschmacklich ein einziges Einerlei. Weil ihr – wegen des Bluts – etwas unverkennbar Wildes, Animalisches anhängt, mögen sie Kinder oft nicht.
Solche Vorbehalte haben eine erfahrene Köchin wie Gerda Millowitsch dazu gebracht, sie „halbe-halbe" mit Leberwurst auf den Tisch zu bringen – ein Pfannengericht, das seine eigentliche Attraktion aus vielen Zwiebelringen bezieht, die in einer separaten Pfanne geröstet und dazu gereicht werden:

FLÖNZ NACH GERDA MILLOWITSCH

(für 4 Personen)
1 Ring Blutwurst
1 Ring grobe Leberwurst
2 große Zwiebeln
Mehl
Schmalz
Beilage:
„Himmel un Äd"
(Rezept S. 179)

Die Blutwurst wird (mit der Pelle) in dicke Scheiben geschnitten, leicht in Mehl gewälzt und in Schmalz knusprig ausgebraten. In dieselbe Pfanne kommt eine grobe Hausmacher-Leberwurst, die mit der Blutwurst mitbrät. Die Zwiebeln in Ringe schneiden und in einer anderen Pfanne – ebenfalls mit Schmalz – schön goldgelb knusprig braten.

Beim Braten wölben sich die Blutwurstscheiben (wegen der Pelle) wie kleine Förmchen nach oben, während die Leberwurst kross und krümelig wird. Man legt die Blutwurstscheiben auf einen vorgewärmten Teller, füllt sie mit der Leberwurst und umlegt alles reichlich mit Zwiebelringen.

Feinschmecker lassen sich „Himmel un Äd" dazu reichen, diese unvergleichliche Geschmackskomposition aus Kartoffelpüree (stellvertretend für die Erde) und Apfelmus (für den Himmel).

Der Kölner, ohnehin allem vornehmen Getue zutiefst abhold, hat die kalte, in Scheiben geschnittene und mit Zwiebeln und Senf angereicherte Blutwurst liebevoll-spöttisch „Kölsch-Kaviar" genannt – wozu Rudolf Spiegel, langjähriger Chefreporter der „Kölnischen Rundschau" und heute bei der Wirtschaftszeitung „aktiv", die Erklärung weiß: „Kölner bezeichnen Objekte ihrer Zuneigung gern mit dem Gegenteil ihrer tatsächlichen Bedeutung. Ein dicker Mann heißt in Köln ‚Dä Schmal', und ‚Müllers Lang' ist vielleicht besonders kurz geraten. Weil die Blotwoosch so überhaupt nichts mit dem Kaviar gemein hat, erhält sie die Bezeichnung ‚Kölsch Kaviar' sozusagen als Ehrentitel."

Kölscher Volksmund kommentiert alles mit einem Satz: „Koot Jebeet un en lang Blotwoosch". Auf Hochdeutsch: Bete lieber kurz, und mache dafür die Blutwurst um so länger!

Schweine als städtische Haustiere

Schon seit dem hohen Mittelalter konnten die Kölner sich nicht mehr von den eigenen Viehbeständen ernähren. Dementsprechend bildete sich hier ein großer überregionaler Viehmarkt aus, der auf dem Neumarkt stattfand. Bei Versorgungsengpässen und Hungersnöten kauften sogar die Nachbarstädte in Köln ihr Fleisch ein. Seit dem 14. Jahrhundert bestand Schlachthauszwang. Das heißt: alles offiziell zum Kauf angebotene Fleisch durfte nur von Vieh stammen, das unter städtischer Aufsicht geschlachtet worden war. Zu bestimmten Zeiten des Jahres wurden die Herden zur Schlachtung in die Domstadt getrieben. Rindviecher kamen aus Düren, Schweine aus dem Bergischen, Schafe von links und rechts des Rheins.

Anders als Moses und die Juden hatten die Christen ein durchaus positives Verhältnis zu Schweinen. Und so hielten sich die Kölner, wo immer es ging, ein Hausschwein, das weitgehend von den Abfällen aus der Küche gefüttert und meist im Herbst geschlachtet wurde (vgl. Schlachtfeste S. 118). Reisende berichten noch aus dem frühen 19. Jahrhundert, daß Schweine durch die Gassen der Altstadt gelaufen seien und allerlei unappetitlichen Dreck hinterlassen hätten. Das mag auch für dieses und jenes Schaf gegolten haben. Schafe waren innerhalb der Stadtmauer aber seltener.

SCHWEINEBOOM UND FLEISCHNOT

Im Laufe des 19. Jahrhunderts ging die Tierhaltung im Hause innerhalb Kölns stark zurück, dafür nahmen Produktion und Verzehr sprunghaft zu. Wie Brauchtumsforscher Reinold Louis herausgefunden hat, wurden 1863 für 1000 Kölner durchschnittlich erst 74 Schweine geschlachtet; bis 1912 hatte sich die Zahl auf 362 gesteigert. Als 1906 eine Fleischnot ausbrach, schwelgte man ersatzweise mit Hilfe von Karnevalsliedern in Erinnerungen an die Genüsse des Schweinefleisches.

Der heute kaum noch bekannte Fritz Luchmann dichtete:

Ich well et jlich bemerke:	Ich will es gleich feststellen:
Su'n Dheer, dat eß en Staat;	So'n Tier ist eine Pracht;
Denn vun dem dreck'ge Ferke	Denn von dem dreckigen Ferkel
Schmeck jedes Deil wie Taat!	Schmeckt jedes Teil wie Torte!
Su mänche nette Saache,	So manche schöne Sachen,
Su delikat un fein,	So delikat und fein,
Die ka'mer lecker maache	Die kann man lecker machen
Vun einem dude Schwein!	Von einem toten Schwein!
Schinke, Öhrcher, Reppcher, Woosch,	Schinken, Öhrchen, Rippchen, Wurst,
Schnüßcher met un ohne Knoosch;	Mäulchen mit und ohne Knorpel;
Doch et Hämmche bliev un eß	Doch das Hämmchen bleibt und ist
Vun der Sau et Beß!	Von der Sau das Best'.

Nach der Krise war die Liebe der Kölner zum Schweinefleisch, besonders zum Hämmchen, stärker als je zuvor. 1914 sangen sie im Karneval das Lied von Ludwig Schmitz und Emil Neumann:

> Samstags muß ich min Hämmchen han,
> Hämmchen han, Hämmchen han,
> Schön mager, nit zo fett
> Eh'r gon ich nit noh'm Bett.

Seitdem weitete sich das vormals schon beliebte Hämmchenessen aus zum neuen Brauch, der heute noch bis hin in die oberen Ränge der Nobelgesellschaften gepflegt wird. So lädt der Vorsitzende des Vereins der Freunde

Einfahrtstor zur alten Fleischhalle am Heumarkt. Die Figurengruppe aus dem 15. Jahrhundert in der Nische stellt das Schlachten und den Fleischverkauf dar. Der mittelalterliche Bau fiel 1903 der Gürzenichstraße zum Opfer.

und Förderer des Kölnischen Volkstums, Jan Brügelmann, seit Jahrzehnten seine Vereinsmitglieder anläßlich der Jahreshauptversammlungen zum Hämmchen-Essen ein – ins Excelsior-Hotel (!), und jeder, der kann, kommt gern.

Hämmchen sind immer hinten

Heute haben es die Kölner nicht leicht, sich mit ihrem Hämmchen vom preußischen „Eisbein" abzugrenzen. Dabei ist die Unterscheidung gar nicht so schwer, wie Hans Esser, der jüngst verstorbene langjährige Wirt der kölschen Traditions-Gaststätte „Töller" am Barbarossaplatz, feststellte: „Hämmchen sind immer hinten." Womit klar ist, daß ein schweinernes Vorderbein, sei es unterhalb oder oberhalb des Ellenbogens, niemals die Chance hat, zum Hämmchen aufzusteigen. Das geht nur mit dem Hinterbein, bei uns Menschen landläufig als Wade bezeichnet. Andere wiederum erklären das Stück zwischen Knie und Schinken zum Hämmchen – man erkennt die jeweilige Auffassung an Länge und Form des Knochens.

In der Gaststätte Töller wurden noch vor wenigen Jahren die Hämmchen mit bunten Wollfäden gekennzeichnet. Sie wurden schon vor dem Kochen durch die Schwarte gezogen und bestimmten letztlich, beim Passieren des „Beichtstuhls", den Preis des Gerichts. Heute sind die Wollfäden verschwunden, nicht aber der Beichtstuhl: Elfriede Wimmer, die Chefin des „Töller", läßt sich noch immer jeden Teller, der aus der Küche kommt, vor-

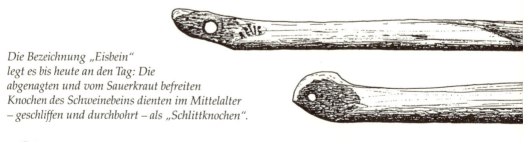

*Die Bezeichnung „Eisbein"
legt es bis heute an den Tag: Die
abgenagten und vom Sauerkraut befreiten
Knochen des Schweinebeins dienten im Mittelalter
– geschliffen und durchbohrt – als „Schlittknochen".*

führen und bestimmt den vom Gast zu zahlenden Preis nach Größe und Aussehen des Hämmchens.

Ein ordentliches Hämmchen gehört übrigens gepökelt, also in Salzlake eingelegt. Jeder Metzger wird an dieser Stelle mit dem Kopf nicken, aber leider werden die meisten Hämmchen heutzutage mit Salzflüssigkeit geimpft: Das spart Zeit und soll angeblich denselben Effekt erzeugen.

Willy Millowitsch, der zum Hämmchen am liebsten Krautsalat ißt („und sonst gar nix"), schätzt am Schweinebein vornehmlich die Schwarte: „Das Fleisch kann ein anderer essen, ich will das Fett." (Familie Millowitsch hat kein Verständnis dafür; insbesondere die Damen gruselt's.) Deswegen ist vom beliebten Volksschauspieler auch lebhafter Protest zu erwarten, wenn das Hämmchen – wie beispielsweise beim „Töller" – ohne Fettschicht serviert wird.

Nicht fehlen darf an dieser Stelle das „klassische" Hämmchen-Rezept – obwohl man Hämmchen besser im Wirtshaus ißt, denn sie werden um so besser, je mehr man von Ihnen auf einmal im großen Topf kocht:

DAS KLASSISCHE HÄMMCHEN-REZEPT

(Für 4 Personen)
4 Hämmchen
2 große Zwiebeln
2 Lorbeerblätter
Wacholderbeeren
schwarze Pfefferkörner
Gewürznelken
Senf

Beilage:
Röggelchen,
Bratkartoffeln
oder Sauerkraut (Zubereitung s. Seite 189)

Die Hämmchen waschen und in einen Topf mit kochendem Wasser geben. Geviertelte Zwiebeln, Lorbeerblätter, eine kleine Handvoll Wacholderbeeren und Pfefferkörner sowie ein paar Gewürznelken hinzugeben und so lange kochen lassen, bis sich das Fleisch fast vom Knochen löst (ab 1 Std.).

Herausnehmen und auf einem vorgewärmten Teller servieren. Dazu gehört scharfer Senf.

Olaus Magnus hat das Eisvergnügen in seinen Holzschnitten dargestellt.

„Trapp-Trapp"

Ähnliche Geschichten wie von der Blutwurst lassen sich von einer anderen Fleischsorte erzählen, die bei den Kölnern in uralter und dann wieder neuerer Zeit hoch im Kurs stand: dem Pferdefleisch. Fast allen heidnischen Kulturen war das Pferd heilig. Es galt als Totemtier und Seelenträger für die Verstorbenen, denen es oft tot oder lebendig ins Grab folgen mußte. Auch unter den völkerwandernden Germanen war es eine typische Opfergabe an ihre Götter. Kein Wunder, daß die christlichen Missionare Pferdefleisch verpönten. Anders aber als bei der Blutwurst setzte sich das Christentum dabei durch. Während des ganzen Mittelalters gehörte Pferdefleisch nicht auf den Tisch. Erst im 19. Jahrhundert, als im Zuge der Aufklärung die religiösen Essensvorschriften ihre Verbindlichkeit verloren, kam es wieder in den Topf. Doch es behielt den Ruch des Minderwertigen und blieb deshalb ein billiges Nahrungsmittel, das von den Kölnern zwar verheimlichend mit „Trapp-Trapp" umschrieben, aber dennoch mit großem „Hallo" empfangen wurde. Das klingt noch deutlich aus einem Lied heraus, das ein „Referendar Emundts" im Jahr der Fleischnot, 1906, schrieb:

Plaatz de Ferke springk et Päd	Anstelle des Schweins springt das Pferd
Als eeschtes Nahrungsmeddel en,	Als erstes Nahrungsmittel ein
He gesalze, do geräuchert,	Hier gesalzen, da geräuchert,
Bal litt jet em Essig dren.	Bald liegt was im Essig drin.
Gitt vum „Roß" d'rheim et Schinken	Gibt vom „Roß" zuhaus es Schinken
En Burgunder fing un fresch,	In Burgunder fein und frisch,
Dröpp de Zaus deer vor Vergnöge	Tropft die Sauce vor Vergnügen
Vun der Mul bes op de Desch.	Dir vom Mund bis auf den Tisch.
Samstags kritt bei jedem Weeth	Samstags gibt's bei jedem Wirt
Mer e Hämmche staats vum Päd;	Hämmchen prächtig jetzt vom Pferd;
Dat do dich nor nit verschrecks,	Daß du dich nur nicht erschreckst,
Wann do'n Hofieser verschlecks!	Wenn du ein Hufeisen verschluckst!
Un et do't nit lang, un eines Dags,	Und es dauert auch nicht lang,
Dann flagg de janze Stadt,	Eines Tages flaggt die ganze Stadt,
Jo, dann sin op eimol Schiffer,	Ja, dann sind auf einmal Schiffer,
Flau und Pitsch „Kommerzienrat".	Flau und Pitsch „Kommerzienrat".

Schiffer, Flau und Pitsch hießen die bekanntesten Pferdemetzger der Stadt. Der populärste war der heute noch existierende „August Pitsch" in der Alexianerstraße. Beim „Pitschen Aujuss" gab es mit dem Fortschritt der Konservierungsmethoden sogar Sauerbraten in Dosen. Beliebt waren auch die Restaurants, in denen der Sauerbraten vom Pferdefleisch angeboten wurde. Noch bis lange nach dem Zweiten Weltkrieg war der „Firmenich" in der Salzgasse eine Attraktion. Vielleicht ist es eine nostalgische Verklärung, aber diejenigen, die dort einmal Sauerbraten gegessen haben, wundern sich, daß sich weder das Lokal noch das Gericht gehalten hat. Allerdings kehrten auch mit steigendem Wohlstand nach dem Zweiten Weltkrieg die lange geübten Aversionen gegen Pferdefleisch zurück.

PFERDESAUERBRATEN NACH „FIRMENICH"

(Für 5–6 Personen)
1½ kg Pferdefleisch
½ l Essig
3 Zwiebeln
1 Möhre
1 Tl Pfefferkörner
2 Wacholderbeeren
2 Nelken
1 Lorbeerblatt
100 g Rosinen
Salz, Pfeffer, Muskat
Speisestärke
Beilagen:
Kartoffelklöße
Apfelmus

Zunächst wird eine Marinade bereitet, in die das Fleisch 6-7 Tage vor der Zubereitung eingelegt wird. Hierzu die Zwiebeln und die Möhre schälen und fein würfeln. Mit Essig und einem halben Liter Wasser aufkochen. Pfefferkörner, Wacholderbeeren, Nelken und Lorbeerblatt etwas zerstoßen und hineingeben. Die Marinade abgekühlt über das Fleisch gießen. Zugedeckt kühl aufbewahren und ab und zu wenden.
Am Tage der Zubereitung das Fleisch gut abtrocknen, mit Salz und Pfeffer einreiben und im Bräter in heißer Butter braun anbraten. Die Marinade wird durchgesiebt; den Inhalt des Siebes kann man kurz mit anbraten.
Die erhitzte Marinade wird an den Braten gegossen, der dann zugedeckt 2 Stunden schmoren muß. Gelegentlich wenden und bei Bedarf Wasser angießen. Anschließend auf eine vorgewärmte Bratenplatte legen und zugedeckt im warmen Backofen etwa 15 Minuten ruhen lassen.
Zur Bereitung der Sauce wird der Fond durch ein Sieb gegossen und mit den Rosinen kräftig eingekocht. Die Sauce mit angerührter Speisestärke binden. Wenn sie zu sauer ist, noch etwas Zucker zugeben.
Den Sauerbraten schneidet man bei Tisch auf und serviert ihn mit der Sauce. Dazu gibt es Kartoffelklöße (Zubereitung s. S. 127) und frisches Apfelmus.

„In die Erde mit der Gartuffel!"

Der Siegeszug des Ädappels

Die Knolle aus dem Reich der Inka

Die Kartoffel kann sich zwar an Alter nicht mit der Blutwurst oder der Erbse messen, dafür aber hat sie die beiden in Köln zeitweise an Beliebtheit überrundet. Die Begeisterung war so groß, daß man die Kartoffel für eine kölsche Züchtung hätte halten können. Niemand ahnt heute dabei, gegen welche Widerstände sie sich durchsetzen mußte, ehe sie der Liebling des Kölner Gaumens geworden war.

Sie ist nichts weniger als „e Frembsche", eine imitierte Kölsche. Sie stammt aus Südamerika, wo sie im 16. Jahrhundert von den spanischen Eroberern des Inka-Reiches entdeckt wurde. Sie gedeiht dort noch heute auf dem Hochplateau der Anden, also rund um den Titicacasee, in Dutzenden verschiedener Sorten. Die armen Indios, zu deren Hauptnahrung sie immer noch gehört, lieben sie in einer hier unbekannten Zubereitung: Man läßt sie erfrieren, bis sie glasig und süß geworden ist.

Die Spanier brachten die Kartoffel schon zwischen 1550 und 1570 nach Europa, doch noch lange wurden ihre Qualitäten völlig unterschätzt. Man hielt sie in den botanischen Gärten skurriler Adliger als „Wunderpflanze". Dann wurde sie als Genußmittel entdeckt: 1682 stellte man erstmals Schnaps aus ihr her. 1750 entstand die erste Branntweinfabrik auf Kartoffelbasis – allerdings noch nicht in Köln, sondern in Monsheim in Rheinland-Pfalz.

Der königliche Kartoffel-Protektor

Erst 70 Jahre später erkannte der preußische König Friedrich der Große die Eignung der Kartoffel zum Volksnahrungsmittel und wurde ihr allerhöchster Protektor. 1744 ordnete er an, daß ihr Anbau auf den königlichen Äk-

173

kern „poussiret und nicht neglegiret", also vorangetrieben und nicht vernachlässigt werde. Als die Bauern nicht spurten, zog er sie auf gut preußisch übers Feld: Er drohte ihnen Strafe an, wenn sie der Kartoffel nicht ihren gehörigen Platz einräumten. Aber auch das half noch nicht so recht. Weil die Menschheit eben nicht durch Vernunft, sondern offenbar nur durch drohende oder eingetretene Katastrophen zu besserer Einsicht zu bewegen ist, kam der Kartoffel und dem König 1770 eine Hungersnot zu Hilfe. Jetzt wendete sich das Blatt, und viele begannen, in der Kartoffel „einen großen Segen Gottes" zu erkennen. Von da an setzte sie sich in allen europäischen Ländern durch.

Kartoffelferien

In unserem Jahrhundert wurde die Kartoffel zu einem so unentbehrlichen Grundnahrungsmittel, daß die Kinder im Herbst eine Woche schulfrei erhielten, um mit ihren Familien auf den Feldern der Bauern Kartoffeln ernten zu gehen und dabei den eigenen Wintervorrat zu gewinnen. Das war der Ursprung der „Kartoffelferien". Die schulfreie Woche hat sich bis heute erhalten, wenn auch der Brauch, auf den Feldern Kartoffeln zu sammeln, verschwunden ist. Nach dem letzten Weltkrieg lebte er aus guten Gründen wieder für kurze Zeit auf. Mancher, der noch gar nicht so alt ist, denkt heute voller Romantik an die würzig duftenden Kartoffelfeuer aus verdorrtem Laub, aus denen man nach getaner Arbeit die heißen Kartoffeln holte. Wenn's Liebe war, tat man es auch für andere, sonst war man nicht „blöd genug" dafür. Die Sprüche haben sich bis heute erhalten. Wie auch immer: den Wohlgeschmack einer aus dem Kartoffelfeuer geholten Kartoffel wird keine Folienkartoffel je einholen.

Von Österreich nach Köln?

Der Siegeszug der Kartoffel nach Köln ist schwer nachzuvollziehen. Adam Wrede schreibt, daß sie erstmals um 1740 auf dem Altermarkt verkauft wurde. Die Vermutung liegt nahe, daß sie aus dem Österreichischen an den Rhein gekommen ist. Denn während alle anderen deutschen Landschaften bei der Benennung der Knolle der Verballhornung des alt-italienischen „tartuffoli" (Erd-Trüffel) zu „Kartoffeln" folgen, gleicht der Kölner „Ädappel" der hauptsächlich in Österreich noch heute verwendeten Bezeichnung „Erdapfel". Es ist aber wahrscheinlicher, daß sich im „Ädappel" die alte kulturelle Familiengemeinschaft mit den Niederlanden bekundet, wo man auch heute noch „Aardappel" sagt.
Auch die Stationen seines Kölner Triumphes sind nur vage festzustellen. Um 1750 bereitete in Schloß Brühl die Köchin Madame Dué eine „Mandeltorte von Kartoffeln" für den Kurfürsten Clemens August. Dabei dürfte es sich schon um die Art von Marzipan gehandelt haben, die später – bis nach dem Zweiten Weltkrieg – auch in einfachen Haushaltungen noch selbst hergestellt wurde.

MANDELTORTE VON KARTOFFELN NACH MADAME DUÉ

„Ein Pfund roh geschälte Kartoffeln werden behutsam gekocht, daß sie nicht aufspringen. Wenn sie kalt sind, werden sie gerieben, dazu ein halbes Pfund Zucker gethan und 4 bis 5 Eyer angerührt. Dann wird die gelbe Schale von einer ganzen Zitrone abgerieben, ein viertel Pfund abgezogene, länglich geschnittene Mandeln und 2 bis 3 Loth (1 Lot = ca. 16 g) geschnittenes Zitronat dazu, dies mit 2 ganzen Eyern und einem Dotter angerührt und zum übrigen gethan und das Rühren so lange fortgesetzt, bis alles von der Dicke eines Mandeltortenteigs ist. Dann wird ein Löffel voll fein Mehl mit ein wenig Liqueur angenetzt und auch dazu gethan, die Form mit Butter bestrichen und mit fein Mehl bestreut, sodann langsam gebacken."

In dem Maße, wie Strukturschwächen der Wirtschaft und die Nebenwirkungen der Industrialisierung zu Bevölkerungsexplosionen und Massenelend in den Städten führten, nahm auch der Konsum der immer preisgünstiger werdenden Kartoffel zu. Um 1900 aß jeder Kölner durchschnittlich 300 Kilogramm pro Jahr! Heute liegt der Wert bei 75 Kilogramm. Dabei muß man natürlich bedenken, daß im Vergleich zu heute alle anderen Nahrungsmittel mit wesentlich geringeren Mengen ins Gewicht fielen. Nicht wenige Familien aßen dreimal am Tag Pellkartoffeln, weil sie sonst nichts zu essen hatten.

DIE RIEVKOCHENALLEE

Solche Eintönigkeit drängte natürlich zu Erfindungsreichtum auf niedrigstem Kostenniveau. Kartoffelsuppe, Pürree, Brotääpele, Ädäppelspannekoche, jedämpte Ädäppele, Quallmänner mit Klatschkies, Ädäppelschlot, Döppe- und Schnibbelkoche erfreuten sich immer größerer Beliebtheit. Vollends aber in Gestalt des Rievkoche wurde der „Ädappel" zur kölschen Götterspeise. Sie war besonders im westlichen Griechenmarktviertel anzutreffen. Die hier noch heute gelegenen Straßen Schemmergasse und Schartgasse hießen früher im Volksmund „Rievkochenallee". In den kleinen Häusern, so berichtet Helmut Signon in seinem Buch „Alle Straßen führen durch Köln", wurden oft Reibekuchen gebraten und durchs Fenster verkauft. Der charakteristische Fettgeruch muß immer über dem Veedel gelagert haben. In der Regel wurde Rüböl benutzt, das besonders geruchsintensiv war. Aber man munkelte auch, daß Pferdefett verwendet würde, was für manche der wahre Grund des guten Geschmacks, für andere der Anlaß zu strikter Verweigerung war.

Egal aber, welches Fett man nahm und nimmt: die Geruchsprobleme beim Reibekuchenbacken sind bis zum heutigen Tag nicht endgültig gelöst worden. Aus diesen wie aus praktischen Gründen (man braucht alle vorhandenen Pfannen und kann gleichzeitig nichts anderes darin braten), gibt es Reibekuchen in Kölsche Weetschafte immer nur an bestimmten Tagen. Traditionell war das – auch zuhause – immer Freitagabend. Freitag war ja Abstinenztag, und glücklicherweise schmeckten Reibekuchen auch ohne Fleisch.

Rievkoche klassisch

Höchste Zeit ist es an dieser Stelle für das absolute Reibekuchen-Rezept. Das gibt es nämlich, trotz aller Geheimniskrämerei der reibekuchenbackenden Köche und Köchinnen. Der Journalist Gustav Casparek hat es sich vor zwanzig Jahren von einem Ehrenfelder „Rievkochebud"-Besitzer verraten lassen.

RIEVKOCHE

(Für 10–12 Stück)
1 kg Kartoffeln
2 Eier
1 Zwiebel
1 El Mehl
Salz
Muskat
neutrales Öl zum Ausbacken

Entscheidend für ein gutes Gelingen ist die Kartoffelsorte: Während die meisten Hausfrauen mehlige Kartoffeln nehmen, bevorzugen die Rievkoche-Profis die festkochende Sorte.
Kartoffeln schälen und in ein Sieb reiben, damit die Masse nicht zu naß wird. Die Zwiebel fein reiben und zusammen mit den anderen Zutaten unter die Masse geben. Gut verrühren und die Konsistenz des Teiges eventuell mit etwas mehr Mehl regulieren: Er soll halbflüssig und nicht zu fest sein.
Das Öl in einer gußeisernen Pfanne erhitzen. Löffelweise den Teig hineingeben und flachdrücken. Rievkoche von beiden Seiten goldgelb ausbacken. Sofort servieren.

Puristen essen den Rievkoche so, wie er ist, aus der Hand. Die meisten Rievkoche-Buden bieten Apfelmus dazu an. Und weil es „gratis" ist, wie ein Schildchen oft kundtut, nehmen es die Kölner auch – obwohl die „Wagenschmiere", das süß-säuerliche Apfelkraut, noch besser dazu schmeckt.
In den kölschen Brauhäusern, wo der Rievkoche freitags abends zur Tradition gehört, werden Schwarzbrot und Butter dazu gereicht. Was danach aber auf keinen Fall fehlen darf, ist „e Jläsje Wacholder – nit vill, ävver huh voll" – der Bekömmlichkeit wegen!
Heutzutage ist der Reibekuchen sogar bei festlichen Anlässen höchsten Ranges anzutreffen: Verfeinert mit einem Scheibchen Lachs und einem Klecks Sahnemeerrettich wird er oft als Delikatesse gereicht.
Die besten Reibekuchen gibt es nach unverbrüchlicher Überzeugung vieler Kenner am Büdchen vor dem Kölner Hauptbahnhof. Das (vor allem wegen seiner Duftentwicklung) umstrittene Bauwerk wird nach seiner Pagodenform auch gern liebevoll-spöttisch „Rievkoche-Dom" genannt, und seine Erzeugnisse schätzen nicht nur die Bahnreisenden, sondern auch die Einheimischen. Werner Höfer bespielsweise, der langjährige Fernsehdirektor

Die Rievkochenallee

des Westdeutschen Rundfunks und Moderator des „Internationalen Frühschoppens", nutzt jede Gelegenheit, sich von Freunden, die mit der Bahn ankommen, von dort Reibekuchen mitbringen zu lassen.
Eine moderne Reibekuchen-Variante „auf französisch" schlägt der Koch Ralf Neunzig vor:

RIEVKOCHE „CORDON BLEU"

(Für 1 Portion)
250 g Reibekuchenmasse (Zubereitung siehe oben)
1 Scheibe gekochter Schinken
100 g mittelalter Holländer in Scheiben
Fett zum Backen

Eine dünne Schicht Reibekuchenmasse auf einem Brett ausrollen. Jeweils eine halbe Scheibe gekochten Schinken und eine halbe Scheibe Käse auflegen. Das ganze mit einer Schicht Reibekuchenmasse bedecken und gut andrücken, zu einem Rechteck schneiden, an den Ecken nochmals gut andrücken und in heißem Fett ausbacken.

Der kölsche „Himmel op Äde"

Wenn es überhaupt so etwas gibt wie eine unverwechselbar kölsche Erfindung in der Küche, dann ist es „Himmel un Äd". Vermutlich ist dieses Gericht in der Kriegs- und Nachkriegszeit so schlecht gewesen, daß es fast für eine ganze Generation verschwunden und in Vergessenheit geraten ist. Manche hielten es, weil sie es nie probiert hatten, schlicht für eine Schweinerei, obwohl „Himmel un Äd" zunächst einmal gar nichts mit Fleisch zu tun hat. Der Name umfaßt nur jene unmöglich-mögliche Mischung aus Äppel und Ädäppel, die allerdings stets zusammen mit der „jebrode Blotwoosch" auf den Teller kommt.
Grundsätzlich gibt es zwei Varianten von „Himmel un Äd". Diejenige, bei

der beide Teile separat, und die, bei der beide Teile als Einheit serviert werden. Willy Millowitsch, der eigenwillige Genießer, hat es am liebsten getrennt: „Ein Schälchen Himmel und ein Schälchen Äd – zum Selbermischen." Er hat uns allerdings verraten, daß er das Verhältnis zwischen „Himmel" und „Äd" am liebsten „vierzig/sechzig" hat – also etwas mehr Kartoffeln als Apfelmus.

Der berühmte Kölner Koch und Gastronom Franz Keller, der inzwischen zur Bühler Höhe ausgewandert ist, hat diese kulinarische Merkwürdigkeit eines Tages entdeckt und sie zu einem Gourmet-Essen gesteigert. Die Zubereitung hat er in dem Buch „Köln zwischen Himmel un Äd" selbst kommentiert.

HIMMEL UN ÄD NACH FRANZ KELLER

(Für 4–5 Personen)
1 kg Kartoffeln
1 kg säuerliche Äpfel
Salz
30 g Butter
¼ l Molke (oder Milch)
Sahne
Muskat

„Ich nehme immer mehlige Kartoffeln und lasse sie nach Möglichkeit ganz, damit sie wirklich mehlig werden und kein Wasser aufnehmen. Wenn man später die Äpfel darunterhebt, nehmen die mehligen ganzen Kartoffeln viel besser den Geschmack auf als die vollgesaugten. Zum Kochen der Kartoffeln nicht viel Wasser nehmen und nur gerade bedecken und ganz leicht ansalzen.

Für das Apfelkompott würde ich darauf achten, daß man sauren Boskop bekommt, der ruhig noch ein bißchen grün sein kann. Die Äpfel sechsteln und so lange langsam mit wenig Wasser bedeckt kochen, bis man sie mit einem Stößel fein pürieren kann. Auch die Kartoffeln müssen mit einem Stampfer ganz fein zerstampft werden. Haushaltsmaschinen finde ich dafür gar nicht gut, denn wenn eine Kartoffel dabei ist, die nicht so ganz mehlig ist, dann wird das unheimlich schnell zäh. Also erst mit dem Stampfer ganz fein zerstampfen, mit dem Schneebesen aufschlagen und die Äpfel unterheben. Dazu dann zerlassene Butter mit der Molke geben – denn in der Molke ist ja praktisch der Geschmack – und ein wenig Sahne und vielleicht eine Spur Muskat. Fertig."

Neue Wertschätzung

Ihre Not-Dienste sind der Kartoffel nicht überall gedankt worden. Als die Speisenkarten voller, die Genüsse erlesener und der gesellschaftliche Ehrgeiz höher gerichtet wurde, hat die Kartoffel darunter gelitten. Nicht, daß sie ihren Platz auf den Tellern ganz verloren hätte, aber sie wurde mehr als notwendiges Übel genossen und als Alltagskost geringgeschätzt. In der Tat: als einfache Salzkartoffel ist sie wohl auch ein recht langweiliges Nahrungsmittel. Die alten Kenner aber wissen mehr aus ihr zu machen, und sie dankt es ihnen, indem sie ihren wahren Charakter offenbart: als vielseitiges Gemüse. Auf der kölschen Foderkaat hat sie ihren Ehrenplatz immer behalten. Ein ehemals beliebtes Gericht, das leider auch aus dem Brauhaus verschwunden ist, wurde aus dem Reibekuchen weiterentwickelt. Es ist der

DÖPPEKOCHE ODER DIJELSKNALL

(Für 4 Personen)
2 kg Kartoffeln
2 Eier
1 Zwiebel
½ Tasse Milch
100 g Rosinen
100 g fetter Speck in Streifen
Salz

Die Kartoffeln werden zubereitet wie für Reibekuchen (s. S. 176), nur werden zusätzlich noch die Rosinen untergemengt. Ein großer gußeiserner Topf wird mit Öl ausgepinselt und die Masse lagenweise mit den Speckstreifen eingefüllt. Dann kommt der Topf für zwei Stunden auf ein mildes Feuer oder in den Backofen, bis der Kuchen braun ist. Man serviert ihn in fingerdicken Scheiben.

Ein wenig in Vergessenheit geraten ist auch...

WARMER KARTOFFELSALAT MIT SPECK

(Für 6 Personen)
1,5 kg mittelgroße Kartoffeln
250 g geräucherte, gut durchwachsene Speckwürfel
1 Tasse kleingehackte Zwiebeln
¼ Tasse Wasser
⅛ l Weißweinessig
½ Tl Salz
¼ Tl schwarzer Pfeffer
2 El Petersilie

Pellkartoffeln kochen, pellen, in nicht zu dünne Scheiben schneiden und zugedeckt warmstellen. Den Speck in einer größeren Pfanne braun und knusprig braten und auf Küchenkrepp abtropfen lassen. In dem zurückgebliebenen Fett in der Pfanne die Zwiebeln unter Rühren glasig dünsten. Wasser, Essig, Salz und Pfeffer hinzugeben und kurz aufkochen lassen. Diese Mischung über die Kartoffeln gießen und unterheben. Zum Schluß den Speck und die frisch gehackte Petersilie hineinmischen und abschmecken. Den Salat kann man sofort servieren oder auch auf Zimmertemperatur.

Die Erbse und andere Gemüse

Geschätztes Schlusslicht

Die Erbse bildet heute für viele Gourmets das Schlußlicht der Küche. Mehr noch als der Kartoffel hat ihr der Ruf geschadet, Nahrung armer Leute und preußischer Soldaten zu sein. Als Speise der Notzeiten hat sie in den letzten beiden Generationen einen sozialen Abstieg sondergleichen durchgemacht. Dennoch hat die vielleicht älteste Zutat in Kölner Töpfen unter deftigen Genießern immer ihre Fan-Gemeinde behalten. Früher war jedoch ihre Anerkennung breiter und auch auf besseren Tischen weitaus höher. Der 1819 erschienene „Kölsche Leckerfreß" verzeichnet beispielsweise ein Rezept für „Grüne Erbsensuppe mit Krebsschwänzen"!

Vergangenheit mit Konfetti

Damals stand die Erbse in Köln im Zenit ihrer Wertschätzung. Das hatte aber nicht nur kulinarische Gründe, sondern sie blickt auf eine wildbewegte heidnische Vergangenheit zurück. Den Schlüssel dazu findet man bezeichnenderweise im Karneval: Noch bis Mitte der 1830er Jahre wurde in Köln nicht mit Konfetti, sondern mit Erbsen geschmissen. „Zehn Wochen vor Karneval 1836" lädt der Vorstand des Festkomitees, damals „Kleiner Rath" genannt, mit einem Shakespeare-Zitat Gäste zum Mittagessen ein:

> Setzt euch nieder Erbsenfresser,
> Nehmet Gabel, Löffel, Messer,
> Bindet an die Serviett',
> Esset Erbsen um die Wett'!

Mit dem Erbsenessen muß es eine lustige Bewandtnis gehabt haben, die nicht mehr ohne weiteres einsehbar ist, die aber über die reine Nahrungsaufnahme hinausging. Denn sonst hätte es bei jenem Mittagessen nicht noch allerlei andere Köstlichkeiten gegeben, wie aus dem weiteren Text der Einladung zu erfahren ist:

„Als Haupt-Gericht sollen nun zwar die eben so allgemein beliebten als mit Recht verehrten Speck und Erbsen auf der Tafel prangen, indessen wird es an anderen Erfrischungen als: Hasen, Schnepfen, gedöppte Kiebitzen-Eyer, Salm mit Kapern- und Austern-Sauce und sonstigem Gefügel auch nicht fehlen..."

Der Witz der Erbsenspeise ist – wie so oft – nur auf etwas entlegenen Umwegen durch die Kulturgeschichte zu entdecken. Die Wege führen noch weiter zurück als bis ins Alte Testament. Hier trifft man nur auf ein wertloses Linsengericht, für das Esau seine Erstgeburt an Jakob verkaufte, der daraufhin Stammvater Israels wurde. Die Erbse fliegt uns erst bei der kulturellen Konkurrenz der Bibelschreiber um die Ohren: bei den Babyloniern. Bei ihnen gehörte nämlich das Erbsenschmeißen zu den Karnevalsbräuchen. Man muß dabei durchaus von „schmeißen" reden, weil das eine kraftvolle und zielgerichtete Aktivität kennzeichnet, gegen die das „werfen" zufälliger und beliebiger ist.

EINE EWIGKEIT ALS VERFALLSDATUM

Der Grund für das Erbsenschmeißen ist auch hier noch nicht direkt zu verstehen; dazu muß man noch weiter zurückgehen in die Nebel der frühen Eisenzeit – bis ins 10. Jahrhundert vor Christus, als die Erbse zur Kulturpflanze wurde. Die Mutter Natur selbst muß sie damals den Menschen sogar als Rettung in großer Not geschenkt haben. In der schlechten Jahreszeit nämlich, als nichts mehr nährende Früchte trug, quoll die getrocknete Schotenfrucht zu neuer Hochform auf. Nicht auszuschließen, daß die Natur das Werk des Trocknens und Wiederaufquellens hier und da zufällig selber tat und daß die Menschen sie dabei beobachteten und direkt von ihr lernten. Dabei stellten sie fest, daß es bei der Erbse praktisch kein biologisches Verfallsdatum gab. Sie konnte sich fast zu einem Stein verdichten, und doch sproß auch nach Ewigkeiten immer wieder neues Leben aus ihr hervor, sobald sie mit Feuchtigkeit in Berührung kam. Unsere heutige Ernährungswissenschaft hat herausgefunden, daß die Keimfähigkeit der Erbse erst nach 306 Jahren erlischt. Ihre buchstäblich lebensspendende Kraft in der Zeit der toten Natur und die unbegrenzte Keimfähigkeit machten aus der Erbse ein Symbol der Fruchtbarkeit.

Darin lag der Grund, weshalb die alten Sumerer und Babylonier sie als Konfetti benutzten. Das Schmeißen selbst geschah ursprünglich wohl mit wirklichen Steinen. Die Absicht war, Bauwerke und anderen Zeugnisse menschlicher Ordnungen zu zerstören, wenn sie sich überlebt hatten und neue Ordnungen entstehen sollten. Im Karneval wurde die Zerstörung symbolisiert und auf bestimmte Tage zwischen einer alten und einer neuen Kalenderrechnung begrenzt. Statt Steinen nahm man Erbsen, die das Zerstören der alten Zeit und die Befreiung der neuen Zeit nur noch als Spiel andeuteten. Somit waren – auf einer späteren Stufe – die Erbsen die entschärften urzeitlichen Molotow-Cocktails, mit denen man im Karneval gegen verhärtete Verhältnisse protestierte. Insofern hat die Karnevalsforschung noch ein weites Feld mit den Fragen zu beackern, warum in Köln die Erbse auch im 19. Jahrhundert als Konfetti-Ersatz benutzt wurde und welche heute noch ungeklärten Beziehungen zum babylonischen Karneval bestanden.

Erbsen für Heinzelmännchen

Das Erbsenschmeißen hatte im alten Babylon – und auch bei anderen Kulturvölkern – keineswegs eine nur politische Bedeutung, sondern richtete sich gegen alle Verhältnisse – auch die natürlichen, religiösen und allgemein-menschlichen –, die in neue Fruchtbarkeit übergehen sollten. Immer

„Vor kurzem hat es hereingeregnet."

Der „Ähzenbär"

wieder taucht die Erbse deshalb bis in unsere Zeit und in unsere Breiten-
grade im Zusammenhang mit Brautzeit- und Hochzeitsbräuchen auf. Sie
hatte eine ähnliche Bedeutung wie heute der Reis. Eine Braut wurde mit
Erbsen überschüttet, damit ihr Glück und reicher Kindersegen zuteil wurden.
Daneben galt die Erbse auch als Nahrung der Erdgeister und Zwerge – was
dem Erbsenstreuen der Schneidersfrau bei den Heinzelmännchen von
Köln noch eine ganz andere Dimension verleiht als nur die, die kleinen
Kerle zu Fall zu bringen. Unter den Bauern um Köln herum galt früher der
Donnerstag als Zwergentag, weshalb man Erbsen immer auf Donnerstag
pflanzte.

DER „ÄHZENBÄR"

Daß wir die Symbolkraft der Erbse für Köln nicht an der Schote herbeizie-
hen, verrät die Sprache: sie kennt den „Ähzenbär". Heute ist das ein Wort,
mit dem man jemanden foppt. Ursprünglich war der „Ähzenbär" aber ein
Feldgeist. Damit gehörte er eigentlich nicht in die Stadt. Dennoch war er
bis in unser Jahrhundert während des Karnevals auf den Straßen und Plätzen Kölns anzutreffen – als ein in Erbsenstroh gehüllter Bursche, der die
schwindende Kraft des Winters verkörperte. Er stand im Mittelpunkt einer
ganzen Gruppe lustiger Menschen, die ihn verspottete. Am Ende des Trei-
bens wurde das Stroh als „Erbsenbär" unter lautem Jubel verbrannt. Hier
hat Franz Peter Kürten wohl zu Recht auch die Vorfreude auf die frische
Kost des Frühlings herausgehört, nachdem man den ganzen Winter hindurch aus konservierten Vorräten gelebt hatte. Der heutige „Nubbel" als
Personifikation des Karnevals lebt von Anleihen beim „Ähzenbär".
Abschließend dazu sei aber noch ergänzt, daß der Begriff „Ähzenbalch"
nichts mit dem Ähzenbär zu tun hat. Damit bezeichnete man in erster Linie
die Schote und in zweiter Linie die preußischen Soldaten, die oft mit Erbsen und anderen Hülsenfrüchten genährt wurden. „Ähz" nannte man
auch einen kleinen, kugeligen Menschen.
Die Sprache verrät aber noch mehr über eine sehr differenzierte Beziehung
der Kölner zur Erbse. Sie schätzten nicht einfach nur die getrocknete
Frucht, die die Grundlage der „Ähzezupp" bildet. Sie unterschieden sie
nach „jeschelt" (geschält) und „unjeschelt" (mit Hülse), „jäl" (gelb) und
„jrön" (grün), sie schätzen „Fröhähze" (kleine Früherbsen), „Markähze"
(sehr süße, große Späterbse), „Zuckerähze" und „Keenähze" (gekirnte,
ausgelöste Erbsen). Die Kichererbse kannten sie nicht. Die war damals
noch im Orient zuhause und ist in den letzten Jahren erst von den Türken
an den Rhein mitgebracht worden.

DIE ÄHZEZUPP ALS KULTGERICHT

Wenn man heute fragt, welche Zubereitung denn so „typisch kölsch" sei,
dann kommt neben dem Rievkoche und der Flönz unweigerlich die Ähzezupp zum Vorschein. Erbsensuppe ist problemlos in großen Mengen her-

185

stellbar. Die Anklänge ans preußische Militär sind zwar unüberhörbar, aber gerade aus dem großen Topf schmeckt sie eben vortrefflich. Das ist auch der Grund, weshalb die „Goulaschkanonen", wie sie das Militär ursprünglich für Fleischgerichte hatte, heutzutage fast überall mit Ähzezupp gefüllt sind.
Die Erbsensuppe hat sich quer durch die Bevölkerung ihre Freunde erworben. Kein „Tag der offenen Tür", kein Straßen- oder Stadtteilfest, bei dem es keine Ähzezupp gäbe. Ihr zuliebe sind für den Einsatz auf offener Straße eigens Suppenschalen aus Styropor entwickelt worden, die das Gericht warmhalten und dennoch die Finger nicht verbrennen. Ähzezupp essen ist so ähnlich wie Kölsch trinken: ein demokratisches Ritual, das alle Standes- und Gesellschaftsschranken niederreißt. Ähzezupp ißt der Generaldirektor ebenso wie der Hilfsarbeiter, die Frau Baronin mit dem gleichen Vergnügen wie die Raumpflegerin.
Als Experte für die Herstellung von Ähzezupp gilt das Karnevalskorps „Blaue Funken". Aus seiner Goulaschkanone kommt nach der Überzeugung vieler Freunde des Kölner Karnevals die beste Zubereitung. Das Geheimnis liegt, wie so oft bei deftigen Gerichten, in der großen Menge: Wo die Zutaten reichlich zusammenkommen und die Chance haben, über Stunden hinweg langsam miteinander zu verschmelzen, entsteht eben das berühmte „Kuschelemusch", immer noch der beste Garant für volkstümlichen Wohlgeschmack.
Grundstock jeder ordentlichen Erbsensuppe sind Trockenerbsen. Sie quellen über Nacht oder besser sogar volle 24 Stunden, bevor sie ihren Dienst als Zutat antreten. Und weil man ja alles noch verfeinern kann, folgt hier ein Erbsensuppen-Rezept, für das statt der gequollenen Trockenerbsen die von Geschmack und Nährwert her noch besseren Tiefkühlerbsen verwendet werden.

ÄHZEZUPP

(Für 6 Personen)
2 kleine Zwiebeln
50 g Butter
250 g durchwachsener Speck
1 Bund Suppengrün
500 g festkochende Kartoffeln
1 Paket Tiefkühl-Erbsen
ca. 1 l Rinderfond
Bohnenkraut, Majoran
2 Paar Wiener Würstchen
Salz, Pfeffer
evtl. Weinessig

Zwiebeln fein würfeln, mit der Butter in einen Topf geben und glasig dünsten. Speck fein würfeln, hinzufügen und anbraten lassen. Das Suppengrün fein zerkleinern, ebenfalls hinzugeben und anschwitzen lassen. Kartoffeln schälen und in kleine Würfelchen schneiden. Zusammen mit den Erbsen und dem Rinderfond in den Topf geben. Die Kräuter hinzufügen und aufkochen lassen. Zurückschalten und 10 Minuten köcheln lassen.
Die Würstchen in schmale Scheiben schneiden und in die Suppe geben. Mit Salz und den anderen Gewürzen abschmecken, eventuell mit einem Schuß Weinessig verfeinern.

Damit auch eine andere, in der Kölner Küche nicht minder beliebte Hülsenfrucht zum Zuge kommt, an dieser Stelle noch zwei Bohnen-Gerichte:

DICKE BOHNEN MIT SPECK

(Für 4 Personen)
1 kg Dicke Bohnen
400 g Räucherspeck
½ l Milch
½ l Wasser
1 Tl Salz
100 g Räucherspeck
20 g Butter
50 g Mehl
¼ l Fleischbrühe
½ Tl Salz
Pfeffer
1 Tl Zucker
Petersilie, Bohnenkraut
¼ l Sahne
Beilage:
Salzkartoffeln

Die Bohnen aushülsen und mit dem großen Stück Speck in Milch und Wasser im offenen Topf ca. 1 Stunde kochen, zwischendurch abschäumen, sonst werden sie dunkel. Erst nach der halben Garzeit salzen. Wenn die Kerne weich sind, die restliche Flüssigkeit abgießen, den Speck herausnehmen und warmhalten.
Inzwischen die Fleischbrühe anrühren. Dann 100 g ungekochten, fein gewürfelten Speck langsam ausbraten, die Butter hinzufügen und das Mehl darin hellgelb schwitzen. Mit der Fleischbrühe ablöschen und mit Salz, Pfeffer und Zucker kurz kochen. Unter Rühren Petersilie, Bohnenkraut, Sahne und Bohnen dazugeben.
Mit dem in Scheiben geschnittenen Speck und Salzkartoffeln servieren.

SCHNIBBELBOHNEN

(Für 4 Personen)
1 kg Stangenbohnen
50 g Butter
1 l Fleischbrühe
1 Zweig Bohnenkraut
1 Tl Salz
1 El Butter
1 El Mehl
Petersilie
Beilage:
Rind-, Hammel- oder Schweinefleisch

Die Bohnen waschen, entfasern und in schmale, schräge Streifen schnibbeln.
In einem ofenfesten Topf die Butter erwärmen, die geschnibbelten Bohnen hineingeben und im vorgeheizten Backofen zugedeckt ca. 15 Minuten dünsten lassen, bis sie zusammengefallen sind. Den Topf dabei einige Male durchrütteln.
Dann die Fleischbrühe zugießen und das Gemüse mit Bohnenkraut und Salz in ca. 1 Stunde weichkochen. Das Mehl in der Butter anschwitzen und die Bohnenbrühe damit andicken. Das Bohnenkraut herausnehmen und die gehackte Petersilie über die Bohnen streuen. Zu Rind-, Hammel- oder Schweinefleisch servieren.

Konservierungsmethoden

Über die früheren Probleme, Nahrungsmittel haltbar zu machen, kann man sich angesichts der heutigen technischen Möglichkeiten kaum noch ein Bild machen. Das Trocknen war vermutlich das älteste und am weitesten verbreitete Verfahren. Daneben trat das Einlegen in Salz und Essig. Im Delikatessenbereich kamen auch noch Honig, Wein und Branntwein hinzu. Überaus wichtig war das Einwecken, also das Einkochen in Gläsern. Fleisch wurde in der Hauptsache durch Räuchern haltbar gemacht. Trotz modernster Gefriertechniken sind die alten Konservierungstechniken nicht aus dem heutigen Leben verschwunden. Das liegt nicht nur daran, daß man nicht alles im Gefrierverfahren haltbar machen und lagern kann, sondern wesentlich auch daran, daß jede Konservierungstechnik bestimmte geschmackliche Konsequenzen hat, auf die man nicht verzichten möchte. Frische Erbsen, Bohnen und Linsen sind nicht typisch für einen Eintopf. Der herzhafte Geschmack eines geräucherten Schinkens ist durch nichts zu ersetzen. Winterkohlarten hätten den Kölnern nie geschmeckt, wenn nicht wenigstens einmal ein Frost über sie gegangen wäre. Die „Kühl" – also Krauskohl, Grünkohl, Rosenkohl – waren schon immer Genüsse, an denen Kölner „sich vermaache" konnten. Ähnlich ist es mit den „sore Bunne" (sauren Bohnen) oder dem „sore Kappes" (Sauerkraut). Wenn sie nicht richtig eingelegt und in Faß oder Tonne gegärt haben, werden sie nie ihren unvergleichlichen Geschmack entwickeln. Dazu wurde Essigwasser verwendet, dem Sauerteig und Salz beigegeben war. Es bedarf keiner Frage, daß diese Konservierungstechniken aufwendig waren und ein Küchengerät voraussetzten, das heute in den meisten Haushalten nicht mehr vorhanden ist.

SAUERKRAUT ALS BEILAGE

(Für 4 Personen)
60 g Schweineschmalz
1 Zwiebel
750 g fertig eingemachtes Sauerkraut
3 Äpfel
3 Kartoffeln
4 Wacholderbeeren
Lorbeerblatt
Kümmel, Pfeffer
¼ l Fleischbrühe
¼ Weißwein

Das Schmalz in einem Topf erhitzen und die fein gehackte Zwiebel darin hellgelb dämpfen. Fleischbrühe und Weißwein dazugießen. Das Sauerkraut, die ungeschälten, fein geraspelten Äpfel, die geriebenen rohen Kartoffeln und die Gewürze darin weichdünsten. Zur Abwechslung und zur Verfeinerung kann man am Schluß noch einige Weintrauben unter das Kraut heben.

Hering, Lauchzwiebeln, Brotwecken und Wein – diese karge Mahlzeit auf dem Stillleben Georg Flegels (1635) könnte zugleich auf das Heilige Abendmahl verweisen.

„Un friedags jitt et Fesch" – Heringstöpfe aus Köln.

...UN FRIEDAGS JITT ET FESCH

Im Fisch wird die weltliche wie religiöse Erbschaft des alten Köln gewissermaßen zu kulinarischer Gegenwart. Keine Foderkaat, auf der nicht bis heute in vielen Variationen der Hering zu entdecken wäre, der einst Ruf und – zum Teil – Reichtum der Stadt begründete. Und keine Tageskarte, auf der nicht Bruchstücke des alten christlichen Heilsjahres wiederzufinden wären, das Köln über anderthalb Jahrtausende bestimmte. Noch die Bläck Fööss zählen bei der Typik der Kölner Wochentage auf: „...un friedags jitt et Fesch."

Trotzdem läßt sich heute kaum noch ermessen, welch große Rolle der Fisch früher in der täglichen Ernährung spielte. Jahrhundertelang war er gleichzeitig Volksnahrungsmittel, Fastenspeise, Fleischersatz und Gaumenfreude. Daneben gelang es ihm, zu einer der wichtigsten Zutaten der Karnevalskost zu werden – als Hering. Sein Fett, seine relativ schwere Verdaulichkeit und sein salzig-saurer Charakter machen ihn noch immer zur idealen Grundlage im Magen des Jecken, der sich dem Alkohol hingeben, aber die Wirkung im Griff behalten möchte.

Vielfalt aus Angst vor Langeweile

Jahrhundertelang haben die Kölner Hering gegessen und die Gefahr der Langeweile verwandelt in eine Vielfalt der Zubereitungen, die die Lust am Genuß immer aufs neue reizt. „Pur" wurde er genau so geschätzt wie „gemischt": als Heringssalat, Heringsstipp, eingelegter Hering, Brathering und Rollmops. Jede Hausfrau verfügte über eine der Fischgestalt entsprechende Reihe von Töpfen aus Steingut oder Porzellan, in denen Heringe eingelegt und mehrere Tage an einem kühlen Ort aufbewahrt werden konnten. Dazu bereitete sie eine Marinade, in die sie nicht nur die Heringe, sondern mit der sie auch Ehre einlegen wollte. Sorgsam unterschied sie bei der Zubereitung nach dem männlichen „Melcher" und weiblichen „Röje", deren Anteil für den Geschmack der Marinade von Bedeutung war. Die Kombination mit festgekochten Pellkartoffeln, den „Quallmännern", oder mit den saugfähigen Salzkartoffeln ist heute noch außerordentlich beliebt. Offensichtlich war man den Hering auch nach Karneval keineswegs leid. Das Fastenessen bestand in der bürgerlichen Zeit nämlich aus Sauerkraut

und Hering; die Kombination kam auf jeden Fall an Aschermittwoch und Karfreitag auf den Tisch. Der Fisch der Fastenzeit war jedoch der frisch geräucherte Bückling, der „Böckem". Kaum nachzuvollziehen sind heute noch die Düfte und Genüsse, die der „Böckemskääl" verbreitete. Meist war er ein Holländer, der bis zum Anfang unseres Jahrhunderts mit seinem Handwagen, der „Schürreskar", durch die Straßen zog und lauthals „hollandsche Bücking" anpries. Auf dem Wagen standen Weidenkörbe, in denen die frisch geräucherten Bücklinge lagen.

HIRRINGSSCHLOT

5 Matjesfilets
200 g gekochtes Rind- oder Kalbfleisch
2 Gewürzgurken
3 säuerliche Äpfel
5 mittelgroße gekochte Kartoffeln
3 hartgekochte Eier
200 g Rote Bete (frisch gekocht oder aus dem Glas)
50 g Walnußkerne
4 El Mayonnaise
1 Becher saure Sahne
4 El Essig
1 Tl Zucker
½ Tl Pfeffer
1 Tl Salz
1 Zwiebel

Die Matjesfilets und die weiteren Zutaten in kleine Würfel schneiden, die Walnußkerne grob zerkleinern. Den Rote-Bete-Saft beiseite stellen. Alles zusammen in einer großen Schüssel gut vermengen.
Die Mayonnaise mit Sahne, Essig, Zucker, Pfeffer, Salz und der feingeriebenen Zwiebel verrühren. Diese Sauce ebenfalls in die Schüssel geben und unterheben.
Den Salat zugedeckt im Kühlschrank bis zum nächsten Tag ziehen lassen. Vor dem Servieren nochmals abschmecken und mit Rote-Bete-Saft etwas saftiger machen, was dem Salat die typische rote Farbe verleiht.

STOCKFISCH UND LABERDAN IM KUSCHELEMUSCH

Nicht allein der Hering stellte noch bis weit in unser Jahrhundert eines der wichtigsten Volksnahrungsmittel Kölns dar, sondern auch der Stockfisch. Das ist der ausgenommene, entköpfte, ungesalzene und an der Luft getrocknete Meeresfisch der Schellfischfamilie, von der der Kabeljau der bekannteste ist. Vor der Zubereitung muß er tagelang gewässert werden, dann wird er gehäutet und zerteilt. Der ähnlich verarbeitete, aber nicht getrocknete, sondern in Salzlake und Fässern eingelagerte Fisch war der Laberdan. Stockfisch und Laberdan dienten als typische Fastenspeisen, die aber auch sonst freitags auf den Tisch kamen. Höhepunkt war für viele das „Kuschelemusch", das Gemengsel, das es oft freitagsabends gab. Es bestand aus den Stockfisch-Resten vom Mittag, die mit Butter, Kartoffeln und Zwiebeln „jestuv" (zusammengekocht) wurden.

Fische mit „Hautgoût"

Waren die haltbar gemachten Seefische typische Grundstoffe der älteren Kölner Küche überhaupt sowie im 19. Jahrhundert der Arme-Leute-Küche, so trafen die frischen Seefische erst in diesem Jahrhundert und auch da zunächst einmal in den reichen Küchen ein. Wie man ihn auf den Tisch zu bringen hatte, wußten vor fünfzig, sechzig Jahren nur die Küstenbewohner. Im Binnenland fehlte die Übung. Je weiter man nach Süden kam und sich demzufolge mehr und mehr von der Nordsee entfernte, umso weniger wurde frischer Fisch gegessen. An einen „Rungis-Express" mit Kühltransportern und Über-Nacht-Service war ja noch lange nicht zu denken! Seefisch traf seinerzeit in großen Weidenkörben mit gestoßenem Eis ein, mußte schnell verkauft und verzehrt werden und hatte diesen unangenehmen Geruch, für den die Franzosen den vornehmen Ausdruck „Hautgoût" geprägt haben: Er war nicht mehr frisch, wurde deshalb ganz und gar durchgekocht und mit reichlich Zitrone serviert. Diesem Stil hängt auch heute noch so mancher Kölner an: Je leichter der Fisch, schneeweiß, von der Gräte und in seine Bestandteile zerfällt, desto lieber hat er ihn – möglichst mit einer dicken, üppigen Senfsauce mit reichlich Mehl darin.

Daß es auch anders geht und daß es trotzdem gut schmeckt, zeigt das folgende Rezept aus dem Weinhaus „Im Walfisch" in der Kölner Salzgasse – traditionsreicher Boden für Fisch und Salz –, wo das Gericht zwar weniger mit Salz als eher mit Pfiff zubereitet wird:

KABELJAU À LA WALFISCH

(Für 4 Personen)
1 kg Kabeljau
50 g Butter
250 g Semmelbrösel
1 Ei
1 Zitrone
je 50 g frische Kräuter:
Kerbel, Estragon,
Petersilie, Basilikum
Für die Sabayone:
3 Eier
¼ l Weißwein
Salz
Beilage:
Senfsaat-Keimlinge
Salzkartoffeln

Der Kabeljau wird hohl entgrätet (das macht jeder gute Fischhändler) und mit einer Mischung aus Semmelbröseln, Ei, Zitrone und frischen Kräutern gefüllt. Mit Butterflöckchen belegt in Alu-Folie packen und ca. 25 Minuten bei 200 °C im Ofen garen.
In der Zwischenzeit die Sabayone bereiten: Die genannten Zutaten in einem Topf im Wasserbad aufschlagen und mit Salz würzen.
Der Fisch wird in der Alufolie serviert und am Tisch auf heiße Teller portioniert. Die Sabayone angießen.
Als Gemüsebeilage schmecken besonders gut Senfsaat-Keimlinge, die kurz in Butter angebraten werden. Die Senfsaat-Keimlinge kann man (wie Kresse) leicht selber ziehen. Dazu legt man einen großen tiefen Teller mit nasser Watte aus und verteilt ca. 2 Handvoll Senfkörner gleichmäßig darauf. Täglich gießen, und nach 2 Tagen beginnen sie zu sprießen.

„Fresche Maifesch"

Eine besondere Gaumenfreude zog der Frühling aus dem Wasser: den Maifisch. Er war ein dem Hering verwandter Seefisch, der den Rhein bis nach Speyer heraufkam, um zu laichen. Der Brauchtumsforscher Joseph Klersch berichtet: „Die wohlschmeckenden und preiswerten Fische, die um diese Zeit in der Familie und allen Bier- und Weinhäusern gekocht, gebacken, gesülzt oder geräuchert verzehrt wurden, erreichten eine Länge bis zu 2/3 Metern und ein Gewicht bis 3½ kg." Die Maifische wurden in den Rheinkrümmungen bei Worringen und Poll gefangen und von den Fischerfrauen in

Maifisch-Verkäuferinnen von Josef Passavanti (um 1905)

die Stadt getragen. Auf Markt und Straßen tönte es dann immer wieder: „Fresche Maifesch! – Fresche Maifesch!" Besonders beliebt war die Sorte „Poller Prinzchen", die geradezu als Frühlingsbote empfunden wurde.
Weil der Maifisch außerordentlich billig war, nannte der Volksmund ihn auch „Löhrgasser Salm". In der Löhrgasse (heute Agrippastraße) wohnten die ärmsten Kölner, die aber dennoch an Selbstbewußtsein, ordinärer Schlagfertigkeit und Rauflust eine soziale Sonderschicht darstellten. – Seit 1880, so berichtet Klersch, starben die Maifische langsam aus. Der Kölschbrauer Hermann Josef Reissdorf weiß noch zu erzählen, wie er in den zwanziger Jahren donnerstagsabends mit seinem Vater über die Südbrücke spazierte, um bei den Fischern die mit der Handwaage tarierten Weißfische abzuholen. Heute sind sie ganz verschwunden.

Nur zweimal Salm in der Woche

Ausgestorben ist auch der Rheinsalm, der einem auf jedem kulinarischen Streifzug durch das alte Köln mit Sicherheit begegnet. Noch im vorigen Jahrhundert schwamm er so massenhaft im Rhein umher, daß er ein Nahrungsmittel billigster Art darstellte, mit dem unter anderem sparsame Herrschaften ihre anspruchslosen Dienstboten vollstopften. Hier hatte der preußische Staat ein Einsehen und legte in den Dienstbüchern der frustrierten Hausgeister fest, daß sie nicht öfter als zweimal in der Woche Salm zu essen brauchten.
Erst die fortschreitende Umweltverschmutzung hat aus dem Salm eine Delikatesse gemacht, der man noch nach dem Zweiten Weltkrieg auf erlese-

„Was hast du bloß gegen Rheinsalm einzuwenden?"

196

nen Speisenkarten begegnen konnte. Stolze sechs Mark kostete am 5. Januar 1951 eine Portion Rheinsalm in einem der feinsten der damaligen Kölner Speise-Restaurants, dem „Weinhaus Wiesel". Zum Vergleich: Ein ganzes Menü kostete damals im selben Hause vier Mark, ein „gespicktes Kalbsfilet mit Champignons und Trüffeln" vier Mark fünfzig. Albin Schmidt, der damals als junger Commis dabei war und seit vielen Jahren Restaurant-Chef im benachbarten Dom-Hotel ist, erinnert sich: „Der Rheinsalm war damals der teuerste Fisch."

Wohlgemerkt: Wir schreiben 1951, und die „Umwelt" ist noch gar nicht entdeckt. Der Rheinsalm aber ist – das zeigt die Preisgestaltung deutlich – längst auf dem Rückzug. Die Kölner Fischer hatten schon seit den zwanziger Jahren keinen mehr anzubieten. Daran erinnert sich auch der Bierbrauer Hermann Josef Reissdorf, der als Kind noch die großen Fischkästen kannte, die in der Nähe des Heumarktes im Rhein schwammen und in denen der Fischhändler Lülsdorf seine lebend-frische Ware aufbewahrte. Rheinsalm als Delikatesse im Feinschmecker-Restaurant! Was hätten wohl die treuen Dienstboten hundert Jahre zuvor dazu gesagt?

RHEINSALM

(Für 4 Personen)
½ l Wasser
1 Tl Salz
1 Lorbeerblatt
10 Pfefferkörner
Rosmarin
3 Zwiebeln
½ l Weißwein
4 Scheiben Salm (je 250 g)
40 g Butter
40 g Mehl
¼ l Fischsud
¼ l süße Sahne
2 Eigelb
Saft von ½ Zitrone
½ Tl Salz
1 Messerspitze Cayennepfeffer
½ Zitrone in Scheiben
Beilage:
Petersilienkartoffeln

Das Wasser mit den Gewürzen und den in Scheiben geschnittenen Zwiebeln 20 Minuten kochen lassen. Den Wein dazugießen und kurz aufkochen. Die Salmscheiben hineinlegen und 20 Minuten auf kleiner Flamme ziehen lassen, aber nicht kochen. Die Fischscheiben herausnehmen und zugedeckt warmhalten.
Inzwischen die Butter erhitzen und das Mehl darin hellgelb dünsten. Mit dem durchgesiebten Fischsud ablöschen, unter ständigem Rühren die Sahne zugeben, mehrmals aufkochen lassen und vom Herd nehmen. Die Eigelb mit 1 Eßlöffel heißer Sauce verquirlen und alles langsam in die Sauce rühren. Mit dem Zitronensaft und den Gewürzen abschmecken und zu dem mit Zitronenscheiben garnierten Salm und Petersilienkartoffeln servieren.

Miese Muschel mit dunkler Vergangenheit

Das Öffnen einer zäh sich versperrenden Auster ist einfacher als die Vergangenheit der in Köln so beliebten Miesmuschel zu erhellen. Sie ist – in den Monaten mit einem „r", also von Septemberrr bis Aprrril – in fast jedem bürgerlichen Restaurant zu finden, und der „Bier-Esel" an der Breite Straße bestreitet sogar sein Renommee damit, Kölns ältestes Muschel-Haus zu sein. Allerdings reicht die Tradition „nur" bis 1924 zurück. Die Muschel als Nahrungsmittel ist wesentlich älter.

Ihr Name ist römischen Ursprungs und hat eine Verwandtschaft mit dem „Muskel". Viel mehr kann man nicht erfahren. Dieses Schweigen der Kulturgeschichte ist jedoch äußerst beredt. Es ist typisch in Bezug auf die Unterschichten, deren Kost bis in unser Jahrhundert hinein kaum der Aufzeichnung für wert gehalten wurde. Deshalb muß man heute die Spuren der Miesmuschel mit detektivischem Gespür suchen. Das Stundenbuch der Katharina von Kleve zeigt sie kurz nach 1450 im Ornament einer Darstellung des Heiligen Ambrosius. Aber selbst das Wissen, daß die Muschel gelegentlich als Symbol des weiblichen Geschlechtsteils verwendet wurde, hilft kaum weiter. Dafür wird das Motiv in der Kunstgeschichte zu selten angetroffen.

Besseren Aufschluß gibt da schon die Grafik von Pieter Breughel „Die magere Küche" (s. S. 144) aus der Mitte des 16. Jahrhunderts. Hier stehen die Muscheln mitten auf dem Tisch, alle ausgemergelten Gestalten greifen mit der Hand in die Schüssel. Deutlicher ist kaum darzustellen, daß die Muschel die Nahrung der darbenden Unterschicht war. In Köln taucht sie 1533 in einem Krankenbericht des wohlhabenden Hermann von Weinsberg nur beiläufig auf, gelegentlich auch unter den Aufzählungen der Fastennahrung. Weitere Berichte sind bis heute nicht entdeckt worden. Die allgemeine Lebensmittelgeschichte bezeichnet die Muschel für frühere Zeiten als Volksnahrungsmittel.

Also kann man nur schließen: Die Miesmuschel als typisches Lebewesen der Nordsee ließ sich in beliebigen Mengen relativ leicht „ernten" und in der kühleren Jahreszeit wohl auch ohne größere Konservierungsmaßnahmen auf den Handelspfaden des Herings mitliefern.

Die nähere Bezeichnung „Miesmuschel" ist erst seit dem 18. Jahrhundert bezeugt. Die Sprachwissenschaftler wollen dieses „Mies..." als Ableitung von „Moos" erklären, was jedoch auch dann kaum einen Sinn ergibt, wenn man die Eigenschaft dieses Tieres, an Pfählen, Mauern und Steinen unter Wasser Kolonien zu bilden, als „moosartig" beschreibt. Erhellender ist es da schon, dem Wort „mies" für sich nachzugehen. Es dringt nämlich – zufällig? – ebenfalls Ende des 18. Jahrhunderts als Bezeichnung für „schlecht", „minderwertig" aus dem Jiddischen in die Alltagssprache ein und breitet sich im 19. Jahrhundert über ganz Deutschland aus, wird aber in Köln nicht ausgesprochen heimisch.

Als Volksnahrungsmittel stand die Miesmuschel in sozialem Gegensatz zur edlen Auster. Nicht auszuschließen, daß sie dadurch ihren minderwertigen Namen gewann. Dieser Gegensatz war für die Kölner wohl ein gefundenes Fressen, und so ehrten sie, als sie im 19. Jahrhundert kulinarisch selbstbewußt wurden, die alte Volksnahrung, indem sie sie in die Foderkaat erhoben. Hier ist sie seit Beginn dieses Jahrhunderts als „Moschele" zu finden, und von dieser Plattform aus trat sie vermutlich erst den Siegeszug in die kölsche Küche an. Der führte zu vielen Rezepten, und neben der klassischen Zubereitung mit einer einfachen Gewürztunke gibt es mittlerweile auch hier verfeinerte Genüsse wie

MIESMUSCHELN IN WEISSWEIN

(Für 4 Personen)
4 kg Miesmuscheln
½ l Weißwein
½ Sellerieknolle
2 Möhren
4 Zwiebeln
1 Knoblauchzehe
2 Lorbeerblätter
1 Tl geschroteter Pfeffer
1 Tl Salz
Beilage:
Schwarzbrot mit Butter

Die Muscheln einige Stunden in Wasser legen. Sollte sich die eine oder andere dabei geöffnet haben, diese wegwerfen, da sie ungenießbar sind. Die übrigen unter fließendem Wasser gründlich bürsten und die herausschauenden Bärtchen mit einem Messer abziehen.
Den Weißwein in einen großen Topf gießen. Sellerie, Möhren, Zwiebeln und Knoblauchzehe fein würfeln und mit den Gewürzen dazugeben. Das Ganze aufkochen und die Muscheln hineingeben. 5 – 10 Minuten garen, bis sich die Schalen weit geöffnet haben.
Alle noch geschlossenen Muscheln aussortieren. Sie sind nicht eßbar! Die guten mit der Gemüsebrühe auf tiefen Suppentellern servieren. Dazu Schwarzbrot mit Butter reichen.

Der Heilige Ambrosius in den Miesmuscheln. Für die Dekoration dieses Blattes aus dem Stundenbuch der Katharina von Kleve (um 1440) gibt es keine plausible Erklärung. Immerhin dürfte die realistische Darstellung ein Zeugnis für die Verbreitung der Schalentiere im späten Mittelalter sein.

199

Ist Kölsch eine Art Heilwasser? Auf jeden Fall hält es schlank! Köbes aus der „Schreckenskammer" in der Nähe von St. Ursula (um 1930).

Getränke

Kölsch ist nicht „Bier"

Wer mit auswärtigem Besuch auf einem Stadtrundgang erstmals an einer Theke in aller Selbstverständlichkeit „Kölsch" bestellt, stiftet die gleiche Verwirrung, als wenn er „Kölsch Kaviar" oder „Halven Hahn" verlangen würde. Der Nicht-Eingeweihte denkt logischerweise zunächst an die örtliche Abwandlung des hochdeutschen Ausdrucks „kölnisch". Das hilft ihm aber nicht weiter. Deshalb fällt ihm vielleicht die in Köln gesprochene „kölsche" Sprache ein, aber auch das ergibt noch keinen rechten Sinn. Kennt der Gast sich zufällig in der Textilgeschichte aus, kommt er zu guter Letzt noch auf die Kennzeichnung eines kräftigen buntgewürfelten Leinenstoffes, der im Mittelalter „Kölsch" hieß, was sich im schwäbisch-alemannischen Raum teilweise bis heute erhalten hat. Aber auch diese extreme Grübelei führt zu keinem Ergebnis. Erst wenn der Köbes ihm die schlanke Stange vorsetzt, ist klar: Der Gastgeber hat ein Bier bestellt.

Nun ist nicht zu bezweifeln, daß Kölsch aus Malz und Wasser gebraut sowie mit Hopfen gewürzt wird und damit die Kategorie Bier erfüllt. Dennoch benutzen die Kölner diese Bezeichnung nicht. In Brauhäusern und Weetschaffte reagiert der Köbes oft mit Spott, wenn ein Gast in einem Anfall von überregionaler Zerstreutheit statt Kölsch einfach „Bier" bestellt. Bier hat jeder. Köln hat Kölsch. Kölsch ist nicht einfach Bier.

Mit anderen Worten: Das seit altersher in Köln gebraute obergärige Bier wird von den Kölnern als Ausdruck ihrer Eigenart empfunden. Das war nicht immer so, sondern entwickelte sich erst im 19. Jahrhundert. Aufschlußreich ist da wieder einmal der Bericht von Ernst Weyden über die Zeit um 1810:

„Nur aus steinernen, eine Maß haltenden Kannen mit zinnernem Deckel wird in den Bierhäusern das Bier getrunken. Die vornehmen, vermögenden Bürger, so die Stammgäste bei Löllgen in der Weidengasse, führten ihre Schoppengläser in niedlichen Körbchen bei sich, so auch das Reibchen mit der ‚Beschot' – der Muskatnuß. Es gab da Knupp, eine Art Doppelbier, Alt, Steckenalt, Märzer, Jung und Half un Half. Im Winter trinkt man jung, im Sommer alt!"

Das Würzen des Bieres mit Muskat und auch Zitrone war nach 1810 noch lange üblich. Damals hatten sich noch nicht der kohlensäurereiche Glanz und die frische Schaumkrone entfaltet. Auch die Bezeichnung „Kölsch" kommt bei Weyden noch nicht vor. Sie entsteht erst später und stammt ohne Zweifel wiederum aus der Geheimsprache der Grielächer, in deren Gemeinschaft man erst aufgenommen wird, wenn man die Schlüsselworte beherrscht. Hier scheint durch, warum das Kölsch seinen Siegeszug erst so spät antrat, obwohl die Brauerzunft sich schon im 15. Jahrhundert ausgebildet hatte: Die Weetschaffte waren zumeist Hausbrauereien, die in der preußischen Zeit zu Treffpunkten der Kölner wurden. Das brachte den Bierumsatz in Schwung. Dieser setzte sich mit zunehmender Bevölkerungszahl fort. So wurde das Bier zum Hauptgetränk sowohl der selbstbewußten Kölner wie besonders auch der ärmeren Bevölkerung.

Der ideale Tobe-Trank

Alle diese Erklärungen reichen indes noch nicht aus, um die tiefe Verbundenheit des Kölners mit seinem Bier zu verstehen. Den ersten Platz in seinem Herzen eroberte es sich als das Karnevalsgetränk schlechthin. Seine das Toben fördernde Wirkung ist mild und läßt sich besser kontrollieren als beim Branntwein, dem „Schabau".

Jedoch hat es ein ganz anderes Tempo als das ruhigere Pils. An den tollen Tagen drehen die meisten Wirte die Pilshähne zu, weil diese Biersorte in der Regel sieben Minuten braucht, ehe sie sich im Glas gesetzt hat. Dementsprechend bedächtig wird Pils auch getrunken. Die Kölsch-Gläser sind dagegen schnell gefüllt und ebenso schnell wieder geleert. Sie fesseln den Jecken nicht zu lange an einen Ort, wenn er weitertoben will.

Ein zusätzlicher Alkoholdämpfer beim Kölsch-Genuß sind alle die Karnevalsimbisse, die so vorzüglich zum Kölsch passen: der Hirringsschlot, der Ädäppelschlot, die Blotwoosch, die Levverwoosch, der „Halven Hahn" usw. Kölsch und Foderkaat sind nach einer biologischen Wechselwirkung aufgebaut, die im Treiben des Karnevals ihren naheliegenden Bezugspunkt hat.

Die Biersuppe als Sonderfall

Vor seiner Zeit als Ausdruck kölscher Eigenart war das Bier schon lange ein Volksnahrungsmittel, das nicht als alkoholisches Getränk verstanden wurde. Man trank es nicht nur in der Weetschaff, sondern man holte es sich auch in Gläsern, Humpen, Kannen und Krügen nach Hause und nahm es sogar mit zum Arbeitsplatz. Zwar mit einem niedrigeren Alkoholgehalt als heute, aber auch nicht ganz ohne wurden im 18. Jahrhundert pro Kopf gut und gerne drei bis vier Liter pro Tag getrunken. Kein Wunder also, daß das Bier auch in einzigartiger Weise in die Kölner Küche einzog: als Biersuppe, – wobei „einzigartig" nicht für eine absolute Gaumenfreude, sondern für die Einmaligkeit der Verwendung steht. Bis um 1800 waren Biersuppe und Warmbier noch ein normales Frühstücksgericht. Hermann Josef Reissdorf, Träger eines alten (Kölsch-)Namens, macht noch heute Gebrauch vom Rezept aus der sparsamen Küche seiner bierbrauenden Vorfahren:

BIERSUPPE NACH HERMANN JOSEF REISSDORF

(Für 6 Personen)
1 l Bier
50 g Korinthen
1 Zimtstange
3 Scheiben altbackenes Brot
2 Becher süße Sahne
Zucker
Zitronensaft

Das Bier mit den Korinthen, der Zimtstange und etwas Zucker zum Kochen bringen. Das Brot hineinbrocken und mit etwas Zitronensaft abschmecken. Vom Feuer nehmen und unter ständigem Rühren die Sahne hineingeben. Heiß servieren.

Die Kölsch-Konvention

Die höhere Weihe zum „Kölsch" war bei weitem noch nicht das letzte Kapitel in der Kölner Biergeschichte. Nach Stagnation und teilweisem Rückgang in der ersten Hälfte unseres Jahrhunderts kam es in den 60er und 70er Jahren zu einem neuen Aufschwung in schwindelnde Umsatzhöhen. Das Kölsch fand auch unter den zugezogenen Neukölnern und über Köln hinaus neue Freunde. Mittlerweile wird es in Flaschen in aller Welt angeboten. In der Region werden jährlich ungefähr zwei Milliarden Glas Kölsch getrunken!
Der neue Aufschwung brachte den Brauern nicht nur Geld, sondern verschaffte ihnen auch ein neues Selbstbewußtsein, das sich wiederum in einem höheren Qualitätsanspruch äußerte. 1986 unterzeichneten sie in der Nachfolge der alten Brauerzunft eine „Kölsch-Konvention". Darin ver-

pflichteten sich die heute 24 Kölsch-Brauer zu strikter Einhaltung einer ganzen Reihe von Wettbewerbsregeln bei der Herstellung und beim Vertrieb von Kölsch. In dieser Selbstauflage ist freilich nicht nur Traditionspflege zu sehen. Wegen der „Kölsch-Konvention" ist es einer auswärtigen Brauerei praktisch nicht möglich, die Biersorte Kölsch zu brauen.

Der „soore Hungk" zieht den Schwanz ein

Der Sieg des „Kölsch" ging zu Lasten des Weines. Denn bis ins 19. Jahrhundert war Köln eine Weinstadt. Nicht nur in dem Sinne, daß Köln neben Bordeaux der größte Weinhandelsplatz Nordwest-Europas war, sondern auch in dem, daß innerhalb der Stadt selbst erhebliche Mengen Wein produziert wurden. Auf den Feldern, auf denen später die Kölschen Veedel wuchsen, gediehen einst viele Rebstöcke. Die Qualität des Weins war wohl nicht berauschend, und die volkstümliche Sortenbezeichnung „soore Hungk" (saurer Hund) traf sicherlich nicht nur in Jahren mit mangelhafter Sonneneinstrahlung zu. Dennoch entfaltete sich im Herbst bei den Bauernbänken entlang des inneren Mauerrings das Treiben eines Winzerdorfes. Noch einmal lassen wir Ernst Weyden von den alten Zuständen um 1810 berichten:

Die Weinstuben „werden an Werkeltagen nur von den vornehmen Klassen besucht. Weißer Wein wird sehr selten getrunken, gewöhnlich roter, ‚Bleichart' genannt, weil die Trauben sofort vom Stocke gekeltert wurden und der Wein daher leicht von Farbe war. Der firne (reife) Wein hatte bei den meisten Trinkern den Vorzug. Wenige begüterte Familien gab es, die nicht ein kleineres oder größeres Weingut besaßen und dann vom eigenen Wachstum ‚propre cru' tranken. Im Herbste taten sich die Bürger in vielen der Kappesbauern Gärten am Most und neuen Weine bene (gut). Mehr als idyllisch waren dort die Schenkeinrichtungen, man lagerte sich sogar auf dem Mist."

Misthaufen wie Weinstöcke sind später dem Straßen- und Wohnungsbau zum Opfer gefallen. Preiswerter Wein wurde seltener. Hierhin liegt ein weiterer Grund für den Siegeszug des Bieres. Gute Weine gab es zwar auch weiterhin zu kaufen, aber sie konnten sich als typisches Kölner Getränk nicht massenhaft durchsetzen – einerseits, weil Wein zu teuer, und andererseits, weil er für das karnevalistische Treiben weitgehend ungeeignet war. Außerdem fiel mit den Weinfeldern die Basis der Identifikation fort, die nun aufs Bier überging.
Der einzige, der in Köln heutzutage noch Wein anbaut, ist der Regierungspräsident Franz-Josef Antwerpes. Der gebürtige Viersener hat von seiner Herkunft her eigentlich wenig Grund, sich dem Weinanbau zu widmen. Die alljährliche, von ihm eigenhändig vorgenommene Lese seines „Klein Kölnhausener Zuckerbergs" ist jedoch immer für ein Pressefoto gut.
Nur sehr zögernd läßt der Regierungspräsident von den etwa 50 Flaschen, die er Jahr für Jahr in Heimarbeit erzeugt, probieren: Einen „unangenehmen Seitenton" nennt er gern als Grund für seine Zurückhaltung. Vermutlich ist es aber auch die Erkenntnis, daß die Südlage an der Zeughausstraße nicht gerade mit dem Burgund konkurrieren kann.
Daher ist die Entscheidung der römischen Stadtgründer, in Köln Weinbau zu betreiben, wohl eher aus Gründen des Heimwehs nach Italien zu erklären als durch besondere klimatische Gunst. So bleibt es den Ahr-Winzern vorbehalten, Deutschlands nördlichste Weinregion zu bewirtschaften – und sie haben in regnerischen Jahren auch schon damit zu kämpfen, ein ausreichendes Mostgewicht für ihre Erzeugnisse zu erzielen.

E Tässje Truus

So wenig Bier in Köln einfach Bier ist, so wenig ist Kaffee einfach Kaffee. Mit Speisen und Getränken werden im Laufe der Kulturgeschichte auch bestimmte Positionen eingenommen – und wieder aufgegeben. Während das „Kölsch" als etwas Eigenes aus der Stadtgeschichte herauswuchs, wurde der Kaffee sozusagen von der Seite her eingepflanzt. Das Abendland verdankt ihn den Türken, mit deren Osmanischem Reich Europa seit der Mitte des 15. Jahrhunderts in vornehmlich kriegerischem Austausch stand.

Die Kaffeetante als ständig präsente Mahnung, dazu die Kaffeetasse, still vergnügt (um 1920)

Die Wirkung des Kaffees ist der des Alkohols genau entgegengesetzt: Kaffee macht nüchtern, wach, lebendig, geistig fit. Wegen dieser Eigenschaften wurde die schwarze Brühe etwa seit dem Dreißigjährigen Krieg zum Modetrank der europäischen Aufklärung. Es waren vor allem die Philosophen von Paris, die unter seinen verstandes-schärfenden Wirkungen die Französische Revolution von 1789 ausdachten und sie in den Kaffeehäusern in intellektuell hochgespannten Gesprächen diskutierten. In dieser Zeit wurde der Kaffee der Position der Aufrührer zugerechnet.

„Bei däm Mann bruchen ich noch e Tässje Truus!"

Den Zugang zu dem in mittelalterlichem Dornröschenschlaf liegenden Köln verschafften sich die französischen Prinzen etwas gewaltsam in ihrer revolutionären Phase von 1794. Dabei brachen sie nicht nur der Aufklärung eine Bahn, sondern auch dem Kaffee. Aber sie schafften es nicht schnell genug, den französischen Typ des Kaffeehauses in Köln heimisch zu machen. Es waren die Brauhäuser und Weetschaffte, die zu Treffpunkten des Widerstands wurden. Da hatte der Kaffee aus guten Gründen keinerlei Chance, zu einem typischen Getränk für Köln zu werden. Dabei soll nicht unerwähnt bleiben, daß in Köln auch schon im 18. Jahrhundert mit Kaffee gehandelt wurde. Ein sich ausbreitender Genuß wurde jedoch immer wieder von der Obrigkeit unterbunden.
Er wurde aber auch später und noch lange Zeit mit größter Skepsis verfolgt. Zu den christlichen Zivilisatoren gesellten sich in der Preußenzeit die bürgerlichen Missonare von Ruhe und Ordnung, die mit feinem Spürsinn auch noch in dem relativ harmlosen Putschmittel verheerende Spätfolgen für den Obrigkeitsstaat witterten. Zur Abwehr wurden massive nationale Töne angeschlagen, derart, daß das Bier das eigentliche Getränk der Deutschen sei. Man schreckte aber auch nicht vor Ausfällen gegen den außereuropäischen Feind und Glaubensgegner zurück:

C-A-F-F-E-E,
Trink nicht soviel Kaffee.
Nichts für Kinder ist der Türkentrank.
Schwächt die Nerven, macht Dich blaß und krank.
Sei doch kein Muselmann,
Der ihn nicht lassen kann.

Dem bleibt nur hinzuzufügen, daß der Kampf schließlich durch die Werbung zugunsten des Kaffees entschieden wurde.

Das heißt nicht, daß die Kölner den Kaffee nicht liebten. Der Verbrauch nahm im Laufe des vorigen Jahrhunderts sogar erheblich zu, wegen des hohen Preises vor allem in der Oberschicht. Aber dabei hatte er überhaupt keine philosophische oder politische Dimension mehr. Man trank ihn sehr viel zuhause, besonders bei allen Treffen und Festen, die nachmittags stattfanden. Im öffentlichen Gemeinschaftsleben entwickelte sich parallel dazu allerdings eine bürgerliche Café-Kultur, in deren prachtvollem Rahmen der Kuchen seinen Siegeszug antrat.

Die ärmeren Leute leisteten sich Kaffee nur an Festtagen. Ansonsten tranken sie Kaffee-Ersatz aus gebrannten Zichorienwurzeln und aus geröstetem Getreide (Malzkaffee). Stand dieser auch für die Sehnsucht nach dem gleichen Genuß, so gab es dennoch allerlei Polemik gegen die, die sich den guten „Bohnenkaffee" tatsächlich leisten konnten.

Vor allem unter den Männern galt das gemeinschaftliche Kaffeetrinken als Angelegenheit der Frauen. Kein Ende kannten die Witzeleien über Kaffeeklatsch, Kaffeekränzje und die alten „Kuventsmöhne", die, wofür auch immer, im Kaffee „e Tässje Truus" sahen, ein Tässchen Trost. Auch wenn die Männer zum Frühstück oder nach allzuviel Alkohol „e Tässje Truus" sehr schätzten, so hielten sie im Grunde doch immer das Kölsch für das ihnen angemessene Getränk. Das Biertrinken gewann jedenfalls ein solches Ausmaß, daß auch das gesamte Essen auf kölsche Art sich daran orientierte. Jenseits von Kölsch und Foderkaat entwickelt sich in Köln keine repräsentative eigenständige Küche.

APPELTAAT ZUM KAFFEEKLATSCH

400 g Mehl
150 g Butter
150 g Zucker
2 Eier
3 El saure Sahne
abgeriebene Schale von ½ Zitrone
1 kg Äpfel
1 P Vanillezucker
2 El Weißwein
50 g gehackte Mandeln oder geriebene Haselnüsse
50 g Rosinen
Zum Bestreuen:
1 P Vanillezucker oder Zucker und Zimt

Das Mehl auf die Arbeitsplatte sieben und die kalte Butter in Flöckchen darauf verteilen. Zucker, Eier, Sahne und Zitronenschale in die Mitte geben und zu einem Teig verkneten. 1 Stunde kaltstellen.
Die geschälten Äpfel in dünne Scheiben schneiden und mit Vanillezucker und Weißwein im geschlossenen Topf kurz dünsten.
Den Teig halbieren und beide Teile dünn ausrollen. Mit der einen Hälfte eine gebutterte Tortenbodenform auslegen und einen Rand hochdrücken, mit den erkalteten Äpfeln belegen und mit den gewaschenen Rosinen und Mandeln bestreuen. Die zweite Teighälfte darüberlegen und am Rand gut andrücken. Bevor die Taat in den Backofen geschoben wird, um bei ca. 200 °C schön braun gebacken zu werden, mit der Gabel einige Löcher hineinstechen, damit der Dampf abziehen kann.

PRUMMETAAT

10 g Hefe
¼ l Milch
300 g Zucker
3 Eigelb
Vanillezucker
150 g Butter
500 g Weizenmehl
1 kg Pflaumen (Prumme)

Hefe in Milch auflösen, etwa die Hälfte des Zuckers, die Eigelbe und den Vanillezucker hinzugeben. Die Masse aufgehen lassen und mit der schaumig gerührten Butter vermengen. Abwechselnd Mehl und Milch hinzugeben und jedesmal kräftig durchrühren.
Die Pflaumen entsteinen. Den Teig auf einem Backblech verteilen und die Pflaumen dicht an dicht aufsetzen, leicht eindrücken. Bei 200 °C etwa eine halbe Stunde im Ofen backen. Herausnehmen und großzügig mit Zucker bestreuen.

Alte Küche – neue Rezepte

Nun haben sie lange genug gewartet, die alten und neuen Gäste, die wir zu Beginn dieses Buches im Speisesaal angetroffen haben und die etwas über die Wurzeln ihrer heimischen Küche erfahren wollten. Jeder mag jetzt wählen, ob er heidnisch, christlich, aufklärerisch, lokalpatriotisch oder karnevalistisch essen oder ob er die Weiterentwicklung seiner Küche verfolgen will. Klar ist, daß sie weniger von der Natur als viel mehr von der Geschichte festgelegt wurde. Viele Besonderheiten haben sich nur deshalb zu einer zweiten Natur verfestigt, weil ihr ursprünglicher Zusammenhang verloren gegangen ist. Da ist nun wirklich spannend, was die Geräusche zunehmender Geschäftigkeit hinter den Küchentüren bedeuten.
Ähnlich dachten auch die Kölsch-Brauer, als sie zur Anuga 1987 einen Wettbewerb ausschrieben. Sie wollten wissen, ob die heute in Köln tätigen Köche mit dem überlieferten Repertoire zufrieden sind oder ob sie sich ganz neue Zubereitungen erdacht hätten oder denken könnten, die zum Kölsch paßten.
Kreativ, wie sie sind, komponierten die Kölner Köche gleich 102 neue kölnische Gerichte. Darunter sind Zubereitungen, die die Freunde der kölschen Küche erst mit dem Erscheinen dieses Buches für sich entdecken werden, denn sie wurden bisher noch nicht veröffentlicht.

Deshalb – sozusagen als Premiere – hier eine Auswahl aus der unkonventionellsten Sammlung neuer Kölner Rezepte:

KÖLSCHE HELLIJESCHING

Das Rezept von Henry Dusold, heute Küchenchef im „Frisee" an der Friesenstraße, schoß beim Köche-Wettbewerb den Vogel ab: Dusold errang den ersten Preis, ein Wochenende in Paris mit Diner in einem Drei-Sterne-Restaurant. Das kleine Gericht zum Kölsch steht noch heute auf der Karte des Restaurants.

(Für 1 Person)
150 g Kartoffeln
¼ l Rote-Bete-Saft
150 g Wirsing
80 g Lachs
Salz, Pfeffer, Muskat
2 kleine Zwiebeln
¼ l Brühe
50 g Sahne

Die Kartoffeln schälen, daraus acht gleiche längliche Stücke schneiden und in den Rote-Bete-Saft einlegen.
3–4 kleine Wirsingblätter blanchieren, den Rest kleinschneiden und ebenfalls blanchieren. Den Lachs in kleine Würfel schneiden und mit Salz, Pfeffer, Muskat und gehackter Zwiebel abschmecken.
Kartoffeln kochen. Eine Kaffeetasse buttern und mit den ganzen Wirsingblättern auslegen. Dann abwechselnd schichtweise Lachs und Wirsing einfüllen. Gut mit Alufolie abdecken und im geschlossenen Wasserbad 20–25 Minuten garen.
Die Kartoffelreste und die Zwiebeln in der Brühe weichkochen und sämig mixen. Sahne dazugeben und mit Salz, Pfeffer und Muskat abschmecken.
Anrichten: Die Kaffeetasse auf einen vorgewärmten Teller stürzen, Sauce angießen, Gericht ringförmig mit den Rote-Bete-Kartoffeln umlegen.

KÖLSCHES SANDWICH

Udo Roitsch vom Schlachthof-Restaurant kennt sich naturgemäß vorrangig mit Fleischzubereitungen aus. Für den Wettbewerb hat er sich jedoch für ein vegetarisches Gericht entschieden. Sein „Kölsches Sandwich" ist der ideale Snack zum Bier und ganz einfach herzustellen. Beim Köche-Wettbewerb errang es den zweiten Preis.

(Für 1 Person)
1 Scheibe Schwarzbrot
30 g Apfelkraut
1 Reibekuchen
(Zubereitung s. S. 176)
50 g Sauerkraut
30 g Crème fraîche
1 kleine Zwiebel

Das Schwarzbrot wird mit dem Apfelkraut bestrichen. Darauf kommt der heiße, trockene Reibekuchen, darauf das rohe Sauerkraut. Mit einem Tupfer Crème fraîche und gehackter Zwiebel garnieren.

DÖPPEKOCHE NACH NIKOLAUS LICHT

Noch ein Party-Rezept, abgeleitet aus dem klassischen „Döppekooche" von Seite 180. Es stammt vom Küchenmeister Nikolaus Licht, Kantinen-Chef bei der Deutschen Entwicklungsgesellschaft (DEG) in Köln.

(Für 6 Personen)
2½ kg Kartoffeln
2 Stangen Lauch
1 Bund Petersilie
3 große Zwiebeln
Pfeffer, Salz, Muskat
Majoran
6 Eier
300 g magerer Speck
600 g geräucherte Mettwurst
3 El Öl

Kartoffeln schälen und reiben, gut ausdrücken. Lauch in Streifen schneiden und blanchieren. Petersilie zupfen und hacken. Zwiebeln in Würfel schneiden. Alles mischen und mit den Gewürzen und den Eiern zu einem Teig verarbeiten.
Den Speck in Scheiben schneiden, einen gußeisernen Bräter damit auslegen und den Teig daraufgeben. Die in Scheiben geschnittene Mettwurst hineindrücken und das Ganze mit einem leichten Ölfilm übergießen.
Bei 220 °C im vorgeheizten Backofen ca. 2 Stunden backen, stürzen und nach Belieben mit den Beilagen servieren.

Beilagen: Feld- oder Endiviensalat mit gehackten Salznüssen
Radieschen als Garnitur, Bauernbrot mit Salzbutter

HAUSGEMACHTE SÜLZE VOM TAFELSPITZ
MIT WÜRFELKARTOFFELN UND ZWEI MAYONNAISEN

Margret Juchem, die Chefin des Restaurant-Bistro „Basilikum" am Weidenbach, verfehlte mit ihrem Rezept nur knapp einen Preis. Schade, denn dieses arbeitsaufwendige Gericht ist eine richtige kleine Delikatesse zum Kölsch.

(Für 8 Personen)
gut 1 kg Tafelspitz
2 Bund Suppengrün
1 Gewürzgurke
1 Bund Petersilie
1 Bund Schnittlauch
6 Blatt Gelatine
Essig
Salz, Pfeffer
Zucker (nach Geschmack)
1½ kg festkochende Kartoffeln
Butterschmalz
Salz
Mayonnaise:
2 Eigelb
Salz
¼ l Öl
2 El Essig oder Zitronensaft
Zucker, Pfeffer
Schnittlauch
1 kleine Gewürzgurke
Kapern
Petersilie
Dijon-Senf
Worcestershire-Sauce
1 Sardellenfilet

Salzwasser zum Kochen bringen, Tafelspitz mit 1 Bund Suppengrün einlegen. Fleisch bei milder Hitze im offenen Topf siedend garen. In der Brühe erkalten lassen.
Tafelspitz in gleichmäßige kleine Würfel schneiden. Das zweite Bund Suppengrün fein würfeln und kurz garen. Die Gurke ebenfalls fein würfeln und die Kräuter hacken. Gelatine einweichen, ⅜ l Brühe abmessen und kräftig mit Essig, Salz, Pfeffer und Zucker abschmecken, etwas erwärmen und die Gelatine darin auflösen.
Fleisch, Gemüse und Kräuter mischen, in eine Kastenform (1 Liter) füllen, die Gelatinebrühe darübergießen und über Nacht im Kühlschrank fest werden lassen.
Geschälte Kartoffeln in kleine Würfel schneiden, in einer großen Pfanne in Butterschmalz gleichmäßig braten und in ca. 20 Minuten garen. Zwischendurch salzen.
Eine leichte Mayonnaise herstellen aus Eigelb, Salz, neutralem Öl und Essig oder Zitronensaft, mit Zucker und Pfeffer abschmecken. Eine Hälfte mit einer Portion gehacktem Schnittlauch vermischen. Die andere Hälfte mit gehackter Gewürzgurke, Kapern und Petersilie verrühren. Mit Dijon-Senf, Worcestershire-Sauce und einem zerdrückten Sardellenfilet abschmecken.
Sülze in Scheiben schneiden, mit den Kartoffeln und den Mayonnaisen auf Tellern anrichten.

KÖLNER SÜLZE VON FLÖNZ UND HOLLÄNDER KÄSE

Das Rezept stammt von Klaus Schreiber, dem langjährigen Küchenchef des Pullman Hotel Mondial.

(Für 6 Personen)
1 Möhre
½ Stange Lauch
1 mittelgroße Zwiebel
Öl
200 g Flönz
200 g mittelalter Holländer Käse
1 l Aspik
Beilage:
Röggelchen mit
Senfbutter und Schnittlauch

Möhre, Lauch und Zwiebel in kleine Würfel schneiden und in Öl anschwitzen. Kalt werden lassen. Flönz und Holländer in größere Würfel schneiden und mit dem kalten Gemüse vermischen. Den Aspik im warmen Wasserbad auflösen. Kurz vor dem Stocken die geschnittenen Zutaten unterheben und in eine Form geben. Im Kühlschrank eine Stunde erkalten lassen.
Für die Senfbutter Senf nach Geschmack mit Butter verkneten.
Die Sülze in Scheiben schneiden und auf einem Teller mit einem Röggelchen, Senfbutter und Schnittlauch anrichten.

FLÖNZ-TAAT MET RUDEM ÖLLICH

Der Koch Frank Voy kochte sich mit diesem Rezeptvorschlag mühelos in die Endrunde. Das Gericht ist eine Torte, die in der Springform gebacken wird.

(Für 6 Personen)
3 Brötchen
½ l Milch
2 Ringe leicht geräucherte Blutwurst
50 g Mehl
80 g Butter
½ Bund Petersilie
¼ Bund Schnittlauch
500 g rote Zwiebeln
3 Eier
1 unbehandelte Zitrone
Salz, Pfeffer, Muskat
Majoran
350 g Blätterteig

Die Brötchen werden entrindet und in die Milch eingeweicht. Die Blutwurst wird abgehäutet, in Würfel geschnitten und in Mehl gewendet.
Die Blutwurst in der Butter kurz anbraten, mit der gehackten Petersilie und Schnittlauchröllchen bestreuen. Auf Küchenkrepp abtropfen lassen. Zwiebeln würfeln, in der restlichen Butter glasig dünsten, mit den ausgedrückten Brötchen, 2 Eiern und der abgeriebenen Zitronenschale vermengen und mit den Gewürzen abschmecken.
Eine mittelgroße ausgebutterte Springform mit einem Drittel des Blätterteigs auskleiden. Das zweite Drittel in drei gleichgroße Stücke teilen und springformgroß ausrollen. Die Hälfte der Blutwurstwürfel in die Springform geben, mit einer Schicht Blätterteig bedecken. Die Hälfte der Zwiebelmasse auffüllen und wieder mit einer Schicht Blätterteig schließen. Das Ganze mit der restlichen Blutwurst und den Zwiebeln wiederholen.
Das letzte Drittel Blätterteig zum Deckel ausrollen, nachdem ein Teil für Verzierungen abgezwackt wurde. Den Blätterteigrand in der Springform zur Mitte hin einklappen, mit verquirltem Eigelb bepinseln und den Teigdeckel auflegen. In die Mitte ein Dampf-Loch einstechen und den Deckel mit Blätterteig-Ornamenten verzieren. Bei 200 °C etwa 20 Minuten im vorgeheizten Backofen backen.

KÖLNER STANGEN

„Eine schmackhafte Beigabe zu einem leckeren Kölsch" – so beschreibt der Koch Ralph Thomas seine „Kölner Stangen".

(Für 6 Personen)
Füllung:
Speckkrautsalat:
500 g Weißkohl
Salz, Zucker, Pfeffer
1 Zwiebel
3 El Weinessig
3 El Öl
150 g durchwachsener Speck
250 g Schweinemett
Salz, Pfeffer, Muskat
1 Paket Tiefkühl-Blätterteig
1 Eigelb

Für den Speckkrautsalat den Weißkohl fein hobeln, mit Salz bestreuen und mit dem Kartoffelstampfer so lange stampfen, bis sich Saft bildet. Saft abgießen, Kraut mit Salz, Zucker, Pfeffer, der fein gewürfelten Zwiebel und Essig würzen, zum Schluß das Öl zugeben. Den Speck in Würfel schneiden und in einer gußeisernen Pfanne auslassen, bis er goldbraun wird. Fett und Speckstücke über den Krautsalat geben und leicht vermischen. Den Salat gut durchziehen lassen.

Das Schweinemett mit Salz, Pfeffer und Muskat anmachen. Den Blätterteig ausrollen. Ein Bett aus Speckkrautsalat darauf verteilen. In die Mitte einen Kern aus dem angemachten Schweinemett legen. Den Teig doppelt um die Füllung schlagen und mit Eigelb bestreichen. Bei 200 °C 15 Minuten backen.

GESOTTENES STEAK VON TATAR MIT SABAYONE VON KÖLSCH

Michael Mittermeier, der Inhaber und Küchenchef des Bonner Weinhauses Muffendorf, hat sich diesen rustikalen Schmaus ausgedacht.

(Für 4 Personen)
500 g Rinderhack
50 g Schalotten
1 Tl Paprikapulver
3 Eigelb
200 g Kapern
15 g Sardellenfilet
Pfeffer, Salz
Sabayone:
3 Eigelb
Muskat
0,2 Liter Kölsch
Salz, Pfeffer
frischer Kerbel
zum Dekorieren
Beilage:
Rheinisches Schwarzbrot
mit Griebenschmalz

Das Tatar mit den gehackten Schalotten, Paprikapulver, Eigelb, Kapern, Sardellenfilet, Pfeffer und Salz anmachen, zu Steaks formen und in siedender Fleischbrühe „medium" garen.

Für die Sabayone die Eigelbe und die geriebene Muskatnuß mit dem Schneebesen vermengen und mit dem Kölsch im Wasserbad aufschlagen. Mit Salz und Pfeffer abschmecken.

Das Tatarsteak auf einem vorgewärmten Teller mit einem Guß Sabayone anrichten und mit frischem Kerbel dekorieren. Als Beilage rheinisches Schwarzbrot mit grobem Griebenschmalz reichen.

STECKRÜBENSALAT MIT SCHWEINEBACKE

Das Gericht stammt von Burkhard Brühl aus Bergheim-Quadrath, der sich gleich mit sieben Rezeptvorschlägen am Köche-Wettbeweb beteiligte.

(Für 4 Personen)
1 Zwiebel
1 Lorbeerblatt
1 Nelke
750 g Schweinebacke
1½ l Salzwasser
750 g Steckrüben
5–6 El Weinessig
3 Tl Senf
Salz, Pfeffer
⅛ l Öl
1 Bund Petersilie

Die Zwiebel pellen und mit Lorbeer und Nelke spicken. Die Schweinebacke zusammen mit der Zwiebel im Salzwasser zum Kochen bringen und bei mittlerer Hitze knapp 2 Stunden kochen lassen. Die Steckrüben schälen, waschen, zuerst in dünne Scheiben und dann in schmale Streifen schneiden.

Die gegarte Schweinebacke aus der Brühe nehmen, etwas abkühlen lassen. Die Steckrübenstreifen inzwischen in der Brühe 7–10 Minuten kochen lassen, mit einer Schaumkelle herausnehmen und beiseite stellen.

Von der Schweinebacke die Schwarte abschneiden, das Fett lösen, die Schwarte in feine Würfel schneiden. Die Würfel in einem Topf mit gut schließendem Deckel in 5–7 Minuten kross ausbraten, dabei den Topf nicht öffnen. Die Würfel mit der Schaumkelle zum Abtropfen auf Küchenkrepp legen.

Das schiere Fleisch in feine Streifen schneiden. Sechs Eßlöffel von der Brühe mit Essig, Senf, Salz, Pfeffer und Öl verrühren. Petersilie fein hacken und daruntergeben. Die Steckrübenstreifen unter die Sauce mischen und 10 Minuten durchziehen lassen.

Die Steckrüben aus der Salatsauce nehmen und auf Tellern anrichten. Die Fleischstreifen daraufschichten und die kross gebratenen Schwartenwürfel darüberstreuen.

GEBRATENE BLUTWURST AUF KLEINEM LINSENSALAT

Das kleine Gericht stammt von Udo Hansmann, der es in der Küche des Hotel InterContinental ausprobiert hat.

(Für 3 Personen)
180 g Linsen
Essig
500 g Blutwurst
80 g geräucherte Speck-würfel
20 g Sellerie
20 g Möhren
20 g Lauch
Salz
Petersilie

Die Linsen kochen und leicht salzen. Einen Schuß Essig hinzufügen. Wenn sie gegart sind, mit kalten Wasser abschrecken und beiseite stellen.

Die Blutwurst häuten, in dicke Scheiben schneiden und in Margarine auf beiden Seiten knusprig braten. Speckwürfel in einem Topf auslassen. Abgetropfte Linsen mit dem kleingeschnittenen Gemüse kurz schmoren und leicht salzen.

Zusammen mit der Blutwurst auf einem Teller anrichten und mit gehackter Petersilie bestreuen.

STOMMELER WIRSINGPOTT

Ob Peter Werheid mit seinem „Wirsingpott" seiner Heimat ein Denkmal setzen wollte? Fest steht jedenfalls: Das ist ein herzhafter Eintopf zum Kölsch!

(Für 12 Personen)
2 kg gemischtes Hackfleisch
4 altbackene Brötchen
8 Zwiebeln
4 Eier
Salz, schwarzer Pfeffer
Dijon-Senf
Grill-Steak-Gewürz
2 Köpfe Wirsing (ca. 3 kg)
4 El Öl
150 g durchwachsener Speck
Beilage:
Pellkartoffeln

Das Hackfleisch, die eingeweichten und ausgedrückten Brötchen, 4 kleingehackte Zwiebeln, Eier und Senf mit den Gewürzen pikant abschmecken. Alles gut verkneten und zu einem großen Brot formen.

Gesäuberten Wirsing am Stück blanchieren, bis sich die Blätter lösen lassen. Einen Bräter mit Öl ausstreichen und mit ca. 12 großen Wirsingblättern auslegen. 8 große Blätter aufheben, den restlichen Wirsing grob schneiden. Auf die ausgelegten Blätter das Hack geben und mit dem geschnittenen Wirsing umlegen. An den Rändern andrücken und anschließend das Ganze mit den verbliebenen Wirsingblättern abdecken. Mit etwas Öl bestreichen. Den Bräter verschließen und im Backofen bei 200 °C ca. 1 Stunde braten, die letzten 15 Minuten ohne Deckel.

Den Speck in Streifen schneiden und kross braten; die restlichen Zwiebeln in Ringe schneiden und mitbräunen. Speck und Zwiebeln über den Wirsing geben. Im Topf servieren. Dazu Pellkartoffeln reichen.

KÖLNER ZWIEBELSUPPE

Zwiebelsuppe kennt man vornehmlich von den Pariser Markthallen. Die Mettwurst ist es, die dieses Gericht von Udo Hansmann kölsch macht.

(Für 4 Personen)
500 g Zwiebeln
40 g Margarine
260 g grobe Mettwurst
1¼ l Rinderkraftbrühe
500 g Kartoffeln
Salz, Pfeffer
weiße Pfefferkörner
½ Bund Petersilie

Zwiebeln schälen und in Scheiben schneiden. Margarine in einem Topf erhitzen, Zwiebeln darin unter Rühren dünsten. Mettwurst in 2 cm große Würfel schneiden und 5 Minuten mit den Zwiebeln braten. Mit der Rinderbrühe angießen, ca. 10 Minuten kochen lassen. Abgetropfte und in kleine Würfel geschnittene Kartoffeln zugeben und weitere 5 Minuten kochen. Mit Salz und Pfeffer würzen, einige zerdrückte weiße Pfefferkörner hinzufügen. Fertige Suppe mit gehackter Petersilie bestreuen.

ZUCCHINI-PLÄTZCHEN

Hans-Peter Todemann hat eine kleine warme Delikatesse erfunden, die man nebenbei zum Bier naschen kann.

(Für 1 Person)
100 g Zucchini
50 g Kartoffeln
Sahne
Mehl zum Abbinden
1 Eigelb
Salz, Pfeffer, Muskat
Garnitur:
30 g Lachs
Crème fraîche
Kaviar
frisches Basilikum

Zucchini und geschälte Kartoffeln in feine Streifen schneiden. Aus Sahne, Eigelb und Mehl eine Pfannkuchenmasse herstellen, mit Salz, Pfeffer und Muskat abschmecken. Kartoffeln und Zucchini damit vermengen, kleine Plätzchen formen und in heißem Fett braten.
Auf einem Teller anrichten, mit Lachs, Crème fraîche, Kaviar und Basilikum garnieren.

BROCCOLI-TORTE

Jürgen Siegl hat diese herzhafte Delikatesse komponiert, die einmal etwas gänzlich anderes zum Kölsch ist.

(Für 6 Personen)
250 g Mehl
150 g Butter
5 Eier
Salz, Zucker
750 g Broccoli
1 Knoblauchzehe
⅛ l süße Sahne
50 g Parmesan
200 g gekochter Schinken

Mehl, zimmerwarme Butter, 1 Ei, Salz und eine Prise Zucker zu einem Mürbeteig verkneten. Eine Springform fetten und bemehlen. Teig ausrollen und in die Form legen, dabei einen 5 cm hohen Rand drücken. Bei 220 °C 10 Minuten vorbacken.
Broccoli mit der zerdrückten Knoblauchzehe blanchieren. Die restlichen 4 Eier mit der Sahne und dem Parmesan verquirlen. Broccoli auf dem vorgebackenen Boden verteilen. Schinken würfeln und hinzugeben. Mit der Flüssigkeit übergießen und bei 200 °C ca. 45 Minuten garen. Heiß servieren.

BIRNE „DOMSPITZE"

Das Rezept stammt aus dem Haus „Früh-Büfett" und ist etwas ganz Seltenes, nämlich ein Nachtisch-Rezept zum Kölsch. Der Erfinder ist Wilfried Nöthen.

(Für 4 Personen)
4 reife Williamsbirnen
1 Zitrone
1 l Wasser
½ l Weißwein
200 g Zucker
2 Stangen Zimt
Karamelsauce:
8 Eigelb
350 g Zucker
0,15 l Weißwein
5 g Gelatine
15 g Butter
0,3 l Wasser
½ l Schlagsahne
10 g gehackte Pistazien

Die Birnen schälen, den Stiel nicht entfernen. Das Kerngehäuse von unten entfernen. Birnen mit einer halben Zitrone einreiben.
Das Wasser aufkochen. Wein, Zucker, Zimtstange und die halbe Zitrone dazugeben. Die Birnen in diesem Sud garziehen lassen. Das dauert je nach Reife ca. 15 Minuten. Herausnehmen und kaltstellen.
Für die Karamelsauce die Eigelb und 200 g Zucker im Wasserbad schaumig schlagen, die Hälfte des Weins nach und nach dazugeben. Die Masse muß eine leichte Bindung haben. In den übrigen Wein die Gelatine einweichen. 150 g Zucker mit der Butter leicht karamelisieren, d.h., die Butter schaumig erhitzen und den Zucker goldbraun werden lassen, mit dem Wasser ablöschen, aufkochen, abkühlen lassen und unter die Eimasse geben. Die Karamelsauce kaltstellen. Die Sahne halbsteif schlagen.
Eine Portion Karamelsauce auf einen Teller geben, die eiskalte Birne in die halbgeschlagene Sahne tauchen und auf die Sauce setzen. Mit gehackten Pistazien bestreuen. Die halbflüssige Sahne läuft langsam von der Birne in die Karamelsauce.

Verzeichnis der Rezepte

Verwendete Abkürzungen:
El = Eßlöffel
Fl = Flasche
Msp = Messerspitze
P = Päckchen
Tl = Teelöffel

Frühstück

„Jöt" als Müsli (S. 69)
Schauspieler-Frühstück à la Millowitsch (S. 138)

Suppen

Biersuppe nach Hermann Josef Reissdorf (S. 203)
Kölner Zwiebelsuppe (S. 217)
Mohammedanische Fastensuppe (S. 102)
Selleriesuppe (S. 73)

Eintöpfe

Ähzezupp (Erbsensuppe) (S. 187)
Katzenjammergericht aus der Kölner Kappesbauernzeit (S. 85)
Stommeler Wirsingpott (S. 216)

Saucen

Chokolade-Sauce über Pücking (S. 149)
Karamelsauce (S. 219)
Sabayone von Kölsch (S. 214)
Sardellen-Sauce zum Laberdan (S. 151)
Zwei würzige Mayonnaisen (S. 212)

Fleisch

Flönz nach Gerda Millowitsch (S. 165)
Flönz-Taat met rudem Öllich (Flönz-Torte mit roten Zwiebeln) (S. 213)
Gebratene Blutwurst auf kleinem Linsensalat (S. 216)
Gefüllte Keule vom Milchzicklein (S. 110)
Gesottenes Steak von Tatar mit Sabayone von Kölsch (S. 214)
Hämmchen (S. 169)
Hausgemachte Sülze vom Tafelspitz mit Würfelkartoffeln und zwei Mayonnaisen (S. 212)
Kölner Sülze von Flönz und Holländer Käse (S. 213)
Nierenschnitte nach Madame Dué (S. 148)
Osterlamm (S. 109)
Pferdesauerbraten nach „Firmenich" (S. 171)
Sonntags-Schweinebraten nach Großmutters Art (S. 73)
Tatarbällchen (S. 138)

Geflügel

Kölner Martinsgans (S. 127)
Putenbraten im Hause Berndorff (S. 132)

KARTOFFELGERICHTE

Döppekoche oder Dijelsknall
  (S. 180)
Döppekoche nach Nikolaus Licht
  (S. 211)
Himmel un Äd nach Franz Keller
  (S. 179)
Mandeltorte von Kartoffeln nach
  Madame Dué (S. 174)
Rievkoche (Reibekuchen) (S. 177)
Rievkoche „Cordon bleu" (S. 178)
Rievkoche mit Lachs (S. 177)
Rohe Kartoffelklöße (S. 127)
Warmer Kartoffelsalat mit Speck
  (S. 180)

GEMÜSE

Blattspinat (S. 98)
Broccoli-Torte (S. 218)
Dicke Bohnen mit Speck (S. 187)
Gefüllte Champignonköpfe (S. 138)
Sauerkraut (S. 189)
Schnibbelbohnen (S. 188)
Spargel (S. 113)
Zucchini-Plätzchen (S. 218)

SALATE

Hirringsschlot (Heringssalat)
  (S. 193)
Selleriesalat (S. 73)
Steckrübensalat mit Schweinebacke
  (S. 215)

FISCH

Kabeljau à la Walfisch (S. 194)
Laberdan (S. 151)

„Rheinsalm" (S. 197)
Miesmuscheln in Weißwein (S. 199)

DESSERTS

„Arme Ritter" (Verwenndbrut)
  (S. 99)
Auflauf von Eingemachtem (S. 152)
Birne „Domspitze" (S. 219)
Karamelcrème (S. 74)

KUCHEN UND GEBÄCK

Appeltaat (Apfeltorte) (S. 208)
Karnevals-Krapfen (S. 84)
Kölner Neujahrsbrezel (S. 77)
Muuzemändelcher (S. 84)
Nikolaus-Spekulatius (S. 130)
Prummetaat (Pflaumenkuchen)
  (S. 209)
Weckmann mit Tonpfeife (S. 130)

GETRÄNKE

Aufgesetzter „Tante Berta" (S. 117)
Maibowle (S. 114)

HÄPPCHEN

Halve Hahn (S. 159)
Kölner Stangen (S. 214)
Kölsche Hellijesching (S. 210)
Kölsch Kaviar (S. 159)
Kölsches Sandwich (S. 211)
Klaus Zimmers Spießchen-Party
  ohne Besteck (S. 141)

PERSONEN-, ORTS- UND SACHREGISTER

AACHENER STRASSE 122, 123
Abendmahl, christliches 25, 95, 97
Abendmahlsgemeinschaft 83
„Abklappern" 107
Advent 128
Adventskranz 128
Adventssonntag, erster 128
Adventszeit 131
Aertsen, Pieter 40
Akisik, Enis 102
Alexianerstraße 170
Alfter 113
Allerheiligen 122
Alltag 68
Altermarkt 48, 59, 62, 174
Altstadt 58, 62
Ambrosius, Heiliger 198, 199
Amerongen, Otto Wolf von 145
Antike 11, 12
Antike, Kochbuch der 13
Antwerpes, Franz-Josef 205
Anuga 44, 209
Apfel 105, 128, 178
Apicius 13
Apostelkirche 89
Appeltaat, Rezept 208
April 198
Arme-Leute-Küche 145, 194
„Arme Ritter" 99
Aschenkreuz 87
Aschermittwoch 82, 87, 193
Aufgesetzter „Tante Berta" 117
Auflauf von Eingemachtem 152
Auster 198
Ädappel 174, 175, 178
Ähz 185
Ähzenbalch 185
Ähzenbär 185
Ähzezupp 185
Ähzezupp, Rezept 187

BABYLON 77, 81, 118, 182, 183
Bado, Roland 22, 23
Banneressen 32
Bannerherr 32
Barbara, Heilige 128
Barbarossaplatz 168
Bartmannskrüge 57
„Basilikum", Bistro 212
Bäcker 78
Bärenschinken 95
Becker, Oberbürgermeister 36
Beines, Ralf 123
Belgien 23
Berckheyde, Gerrit A. 42

Beschot 201
Besteva 155, 158
Beuckelaer, Joachim 121
Biber 95
Bier 201, 202, 205
Bier-Esel, Restaurant 198
Biersuppe 202
Biersuppe, Rezept 203
Birne „Domspitze" 219
Blaue Funken 186
Bläck Fööss 191
Bleichart 204
Blotwoosch 17, 161, 164, 178
Blumenspiele 82
Blut 162, 164
Blutwurst 159, 162, 170
Blutwurst, gebraten 216
Böckem 193
Böckemskääl 193
Bocuse, Paul 22
Bohne 81
Bohnen, dicke, Rezept 187
Bohnenkaffee 208
Bohnenkönig 79, 81
Bohnenkönigin 79, 82
Bonn 17
Borger, Hugo 59
Bowle 112
Brandstempel 51, 52
Bratäpfel 128
Bratenwender, Ignatius 151
Bratspieß 15, 16
Brauer 203
Brauerzunft 136, 202, 203
Brauerzunfthaus 28
Brauhaus „Hahnenbräu" 123
Brauhaus 156, 176, 201, 207
Brauhaus zum Hirsch 156
Brei 14, 68, 77
Breughel, Pieter 67, 144, 198
Brezel 77, 78, 118
Broccoli-Torte 218
Brot 66
Brotopfer 77
Brotsonntag 90
Bruloffshaus 135
Brügelmann, Jan 38, 168
Brühl 147, 174
Brühl, Burkhard 215
Bückling 193
Bürgermeister 48
Bürgertum 152

CASATI, Rino 23
Casparek, Gustav 176

Champignons, gefüllte 138
Chez Alex 23
Chokolade-Sauce über Pücking 149
Christbaum 131
Circumcision 79
Clemens August, Kurfürst 147, 174

„DAITOKAI" 140
Davidis, Henriette 152
Davidis, Kochbuch der Henriette 106, 145
Dämonen 82, 84, 128, 133
„De re coquinaria" 13
Der Kölnische Leckerfreß 149, 151, 181
Dezember 131
Diatret-Glas 12
Die Cölner Köchinn 148
Die neue Kölnische Köchin 152
Dienstag 72
Dijelsknall 180
Dionysos 82
Dionysos-Mosaik 11
Dom-Hotel 197
Domstift 43
Donnerstag 72, 97, 115, 185
Döppekoche 180
Döppekoche, Rezept 211
Dreikönigstag 82
Dué, Kochbuch der Madame 146, 147
Dué, Madame 148, 174
Dusold, Henry 210

EDELSTEINEIER 106
Ei 105, 106, 107
Eichgefäße 48
Eierfärben 106, 109
Eierkippen 108
Eierkrone 105
Eiersuchen 108
Eierverstecken 109
Eigelstein 101, 145, 154
Einfrieren 189
Einlegen 189
Eintopf 13
Einwecken 189
Eisbein 168
„El Gaucho" 140
Ennen, Edith 43, 59
Erbse 181, 182, 185
Erbsenbär 185
Erbsenschmeißen 183
Erbsenstreuen 185
Erbsensuppe 186
Erntedank 118
Esser, Hans
Excelsior-Hotel 168
„Ewige Lampe" 158

FAMILIE, Heilige 18
Fastelovend 91, 146
Fasten 74 ff

Fastenessen 192
Fastenordnung 90, 105
Fastenreform 92
Fastenspeise 94, 149, 192, 198
Fastenzeit 86 ff
Faßbinder 52, 54, 55, 56
Faßbinderzunft 52
Faßbinderzunfthaus 29
Fässer 51, 52
Fegers & Unterberg 57, 58
Fest 14, 68, 74, 78, 111
Festessen, Kölner 74
Filzengraben 52
Firkesstecher 120
Firmenich, Gaststätte 170
Fisch 14, 54, 55, 94, 96, 99, 191
Fischkaufhaus 45, 52
Fischmarkt 62, 96
Flegel, Georg 190
Fleisch 14
Fleischhalle 45, 61, 62 167
Fleischmarkt 62
Fleischnot 166, 170
Florenz 17, 79
Flönz 10, 18, 164, 165
Flönz-Taat 213
„Fosche Schößchen" 87, 99
Franken 13, 41, 105, 116, 122
Frankreich 15, 17, 22
Franziskaner 87
Franzosen 27, 35, 96, 97, 145, 155, 156, 207
Franzosenzeit 122, 155
Französische Besetzung 20
Französische Revolution 145, 206
Freitag 30, 69, 72, 74, 176, 191, 193,
Freßklötsch 153, 155, 156
Freßwelle 22
Friedrich der Große 173
Friedrich Wilhelm III. 35
„Frisee", Restaurant 210
Fronleichnamsprozession 30
Froschschenkel 22
Früh-Büfett 139, 219
Frühling 84, 112, 135, 185, 195
Frühlings-Tisch 142
Frühlingsfeier, germanische 104
Frühstück, Schauspieler- 138
Funke 124

GABEL 25, 26
Gaffelhäuser 27, 156
Gaffeln 25, 26, 27, 32, 124
Gaffeln, Gesellschaftshäuser der 135
Gambrinus 157
Gans 125, 126, 131
Gasser, Manuel 126
Gebildbrot 84
Geburt 133
Geburtstag 78, 135ff.

Germanen 170
Gewicht, kölnisches 48
Gewürze 13, 66
Gilden 25
Glücksbringer 118, 119
Goch, Hermann von 64ff.
Goldener Pflug 23
Gottestracht 27, 44
Griechenmarktviertel 175
Grielächer 158, 160, 202
Grielächerei 155, 158, 159, 160, 195
Großmarkt 62
Großmarkthalle 62
Gründonnerstag 88, 97, 103ff.
Grütze 68, 72
Gürzenich 135
Gürzenich 31, 35, 36, 59, 82
Gürzenich Party-Service 140

HAFER 129
Hahnentor 122, 123
Halve Hahn 159
Hämmchen 168
Hämmchen, Rezept 169
Hämmchenessen 168
Handwerker 14, 65
Hans Muff 129
Hansmann, Udo 216, 217
Hänneschen 155, 158
Haselberg, Johann 59
Hausschlachter 120
Hausschlachtung 122
Hausschwein 119, 166
Häuser, bürgerliche 145
Hautgoût 194
Heilige Drei Könige 135
Heilsbringer 119
Heilsjahr 14, 68, 79, 104, 191
Heinzelmännchen 185
Heischegang 107, 113
Helman, Johann 124
Herbst 118, 166, 174, 204
Hering 51, 52, 191 ff, 198
Heringshandel 52
Heringsröder 52
Heringssalat, Rezept 193
Hermeling, Gabriel 36, 37
Herr, Trude 156
Herrenessen des Großen Senats 36
Herrenhaus Buchholz 114
Heumarkt 56, 58, 59, 62, 197
Himmel un Äd 158, 178
Himmel und Äd, Rezept 179
„Himmelreich", Gaffel 56
„Himmelreich", Haus 56
Hirringsschlot, Rezept 193
Hochzeit 133, 135
Hochzeitsbräuche 185
Hochzeitsessen 135

Hofer, Andreas 155
Hogenberg, Franz 86
Hohenzollern 35
Holzfahrt 115, 116
Holzmarkt 52
Homer 162
Höfer, Werner 176
Hölzgesdag 116
Hungertuch 88ff.
Hühnermarkt 62

IMBISSKOST 133
InterContinental, Hotel 216
Irsigler, Franz 54, 65
Italien 15, 17, 126, 205
Italiener 123

JAHRE, rheinische 78
Jahreszeitrechnungen 78f.
Jesuiten 93, 96, 135, 158
Johannistag 113, 117
Jöt 69
Juchem, Margret 212
Juden 13, 25, 117
Jussenhoven, Gerhard 161
Jürgens, Curd 138

KABELJAU 151, 193
Kabeljau, Rezept 194
Kacks 48
Kaffee 131, 206, 208
Kaffee-Ersatz 208
Kaffeehaus 207
Kaiser Mathias 31
Kaiser Maximilian 31
Karamelcrème 74
Karfreitag 98, 99, 107, 193
Karneval 82, 83, 86,79, 87, 133, 162, 166,
    181, 182, 185, 186
Karnevalsbräuche 182
Karnevalsgerichte 83
Karnevalsgetränk 202
Karnevalsimbiß 202
Karnevalskost 192
Karpfen 131
Karsamstag 103, 105, 107
Kartoffel 146, 173ff., 179, 181
Kartoffelferien 174
Kartoffelfeuer 174
Kartoffelklöße, rohe 127
Kartoffelsalat, warmer 180
Karwoche 94, 97
Katzenjammer 85
Kaufhäuser 61
Kaufmanns-Familien 14
Käx 48
Keller, Franz 178
Keller-Berndorff, Carla 132
Kichererbse 185
Kirchenglocken 88, 106

Kirmes 44, 116
Kirmestrank 116
Kirmesweck 116
Kleinjohann, Dieter 141
Kleinjohann, Gaby 141
„Klein Kölnhausener Zuckerberg" 205
Klersch, Joseph 86, 87, 89, 122, 125, 126,
    130, 195
Kleve, Katharina von 198
Klöster 41
Klöster 81
Klütsch, Johann Arnold 153, 155
Knupp 201
Kochbücher 146
Koelhoff'sche Chronik 124
Kommunion 135
Konfirmation 135
Konservierungsmethoden 146, 189
„Kotze" 162, 164
Kownatzki, Hermann 42
Köbes 201
Köche-Wettbewerb 209
„Köchel-Verzeichnis" 126
Kölner Stangen 214
Kölnischer Leckerfreß 151
Kölsch 201 ff.
Kölsch Kaviar 159, 165
Kölsch-Konvention 203
Kölsche Foderkaat 10, 20, 21, 93, 145, 146,
    151, 153, 158, 160, 179, 191
Kölsche Hilligensching 210
Kölsches Sandwich 211
Krapfen 84
Kräutertrank 111
Kräuterwein 112
Krebse 95
Kreiten, Alois 37
Kremer, Johann 56
Krüstchen 92
Kuchen 66, 208
Kurstgin 93
Kuschelemusch 14, 20, 22, 186, 193
Küche, bürgerliche 17, 20
Küchengeheimnisse 146
Kürten, Franz Peter 78, 85, 107, 185

LABERDAN 151, 193
Lätare 78, 90, 97
Lätare-Essen 90, 91
Lätare-Lieder 92
Leibl, Carl 92
Leichenschmaus 123, 135
„Lichenbräues" 123
Licht, Nikolaus 211
Linsensalat 216
Lintgasse 60
„Liquamen" 13
Louis, Reinold 166
Löhrgasse 195

Löllgen, Brauerei Wilhelm 159, 201
Luchmann, Fritz 166
Lucullus 11
Ludwig XVI. 17
Lukull 10
Lülsdorf, Fischhändler 197
Lüneburg 32
Lymburgh, Margareta von 94

MACHABÄERSTRASSE 112
Magnus, Olaus 53
Mahlzeit, Heilige 131
Maibowle 112
Maifisch 195
Maitrank 111, 112, 117
Malzkaffee 208
Mandeltorte von Kartoffeln 175
Markt 41, 43, 45, 48, 59, 62, 64, 65
Marktmeister 48
Maronen 123
Marsilius, Holzfahrt des 116
Martin, Heiliger 125, 130
Martinsgans, Kölner 127
Martinsinsel 58
Martinstag 125, 126, 131
Marx, Karl 158
Marzipan 174
Marzipanschwein 119
Maß, kölnisches 48
Matthäus 86
Mayonnaise 212
Medici, Katharina de 17
Medici, Maria de 17
Meister, Simon 154
Melaten 122, 123
Merkur 119
Merseburg, Bischof Thietmar von 162
Messe 39, 43, 44,
Met 13
Michael, Erzengel 119
Michaelstag 118, 120
Messe 43, 44
Miesmuschel 198
Miesmuscheln in Weißwein, Rezept 199
Milchzicklein 109, 110
Millowitsch sen., Wilhelm 160
Millowitsch, Gerda 137, 164
Millowitsch, Willy 137, 138, 156, 160, 169,
    178
Mittelalter 13, 17, 25, 30, 43, 51, 87, 94, 96,
    97, 122, 123, 125, 132, 133, 135, 145, 156,
    162, 170
Mittwoch 72, 74
Mohammedaner 101
Mohammedanische Fastensuppe 102
Mohnen, Oberstadtdirektor 133
Mohr, Christian 37
Montag 72
Monte Cassino 87

Muschel 198
Muskat 202
Muuze 83
Muuzemändelcher 83
Müsli 68

NABU 119
Nacht, Heilige 131
Nagelprobe 115
Namenstag 135, 136
Napoleon 123
Narrenbischof 81
Narrenpapst 81
Narrenreiche 79
Neapel 87
Nebukadnezar 81
Neujahr 75, 77, 111
Neujahrs-Brezel 77, 88, 133
Neujahrsfest 125, 131, 133
Neujahrsgabe 78, 119
Neujahrsnacht 78
Neumann, Emil 166
Neumarkt 58, 165
19. Jahrhundert 20, 51, 68, 87, 88, 97, 98, 99,
    106, 107, 112, 116, 118, 122, 145, 146, 151,
    156, 158, 160, 166, 170, 183, 194. 199, 201,
    204
Neunzig, Ralf 178
Nierenschnitte 148
Nikolaus, Heiliger 128, 130
Nikolaus-Spekulatius 130
Nikolaustag 131
Nöthen, Wilfried 219
nouvelle cuisine 22
November 122, 124, 125
Nubbel 185
Nulldiät 101
Nursia, Benedikt von 87

OCHSENESSEN der Goldschmiede 124
Ochsenschießen 124
Odyssee 162
Oktober 118, 124
Opferfeier 122
Orgie 12, 122
Osterbräuche 108
Ostereier 106
Osteressen 83, 104, 105
Osterfrühstück 109
Osterhase 106
Osterjahr 79
Osterlamm 109
Ostermahl 131
Ostermesse 30, 44
Ostern 78, 104, 106, 111, 133
Osternacht 107
Ostertisch 105
Osterwecken 107
Otto III. 45

PACZENSKY, Gert von 100
Palm, Godart 56
Palmsonntag 97
Party 139, 141
Party, Spießchen- 141
Party-Service 139
Pellkartoffel 175, 192
Pessah-Fest 104
Petri-Ketten-Feier 111
Petri-Ketten-Feier 44
Pferd 170
Pferdefett 175
Pferdefleisch 10, 13, 146, 170
Pferdemetzger 170
Pferdesauerbraten 171
Pfingstbrezel 113
Pfingstdienstag 115
Pfingsten 78, 113, 133
Pfingstmontag 115, 116
Pils 202
Pitsch, August 170
Poll 195
Posche 104, 105
Poscheier 106
Poschweck 88
Preußen 20, 35, 97, 155, 158, 174, 181, 185,
    186, 196, 202
Preußenzeit 20, 132
Provinzialkonzil von 1536 92
Prummetaat, Rezept 209
Prunkgeschirr 30
Pullman Hotel Mondial 213
Punsch 112
Putenbraten 132
Puter-Füllung 132

QUALITÄT 51, 52, 54, 55
Quallmann 192
Quatembertage 96
Quatemberwochen 74, 113
Quatermarkt 135

RAMADAN 101
Rat 32
Ratsherren 30, 48
Ratssilber 32, 35ff., 111
Rauhnächte 81, 82
Räuchern 189
Reibekuchen 175, 180
Reibekuchenbacken 175
Reichstag, Kölner von 1505 31
Reis 185
Reiss, Herta 38, 39
Reissdorf, Hermann Josef 195, 197, 203
Reu-Essen 123, 135
Rezepte, neue Kölner 209
Rheinsalm 196
Rheinsalm, Rezept 197
Richerzeche 25, 27, 116
Rievkoche „Cordon bleu" 178

Rievkoche, Rezept 176
Rievkoche-Dom 176
Rievkochenallee 175
Rivkochebud 176
Roitsch, Udo 211
Rom 88, 90, 106, 107, 128, 205
Rosenmontag 86
Rosensonntag 90
Rote Funken 83, 151
Röhrig, Tilman 155
Römer 12, 13,
Römerfahrt 97
Rumtopf 117
Rüböl 175

SABAYONE von Kölsch 214
Salzgasse 52, 170
Salzhändler 52
Samstag 72, 74
Sardellen-Sauce zum Laberdan 151
Saucen 13
Sauerkraut 133, 192
Sauerkraut, Rezept 189
Schabau 202
Schaf 166
Schäfke, Werner 31, 32
Schartgasse 175
Schauessen 27, 31, 35
Schemmergasse 175
Schinderhannes 155
Schlachtfest 122
Schlachthaus 62
Schlachthauszwang 165
Schlachtopferfest 102
Schlachttag 120
Schlaraffenland 14, 68, 88, 156
Schlösser, Jupp 161
Schmidt, Albin 197
Schmitz, Ludwig 166
Schnepfe 93
Schnepfenjagd 93, 94
Schnibbelbohnen, Rezept 188
Schönberner, Herbert 23
Schreiber, Klaus 213
Schützenbruderschaften 25
Schwein 118, 119, 125, 131, 166
Schweinebacke 215
Schweineboom 166
Schweinebraten 73
Schweinefleisch 122, 166
Schweineschlachtung 119
Schwering, Max-Leo 62
Seefisch 194
Sellerie 73
September 198
Severinsmesse 44
Severinstor 145
Siegl, Jürgen 218
Signon, Helmut 175

Silbergeschirr 31
Silberstein, Alex 23
Silvester 133
Sion, Hans 136
Sommer 90, 111, 112, 117, 135, 201
Sommerfeste 115
Sonntag 72, 111, 113, 116
„Soore Hungk" 204
Spanferkel 125
Spanier 173
Spargel 113, 115
Spargel-Weber 114
Spargelstecher 114
Spekulatius 129
Spiegel, Rudolf 165
Spiegelei 103, 106
Spieß, Jakob 94
Spinat 98
St. Gereon 43, 92 116
St. Maria im Kapitol 19, 42
St. Maria in der Kupfergasse 116
St. Pantaleon 42
St. Peter von Mailand-Bruderschaft 157
Staatsbankett 30
Stapel 45
Stapelhaus 45, 48
Stapelrecht 44, 51, 54
„Stäupen" 48
Steckrübensalat 215
Steinbüchel, Karl-Heinz 72
Stempel 48
Stift 92
Stifte 14, 27, 41, 43, 81
Stockfisch 193
Stommeler Wirsingpott 216
Strozzi, Bernardo 95
Sülze vom Tafelspitz, hausgemachte 212
Sülze, Kölner 213
Sumer 77, 182
Süßigkeiten 132

TAGE, die tollen 82
Tatar-Steak 214
Tatarbällchen 138
Taufe 133
Thomas, Ralph 214
Tieropfer 77
Tischdekorationen 141
Tischgemeinschaft, heilige 104
Tischgemeinschaften 24, 25, 27
Tod 81, 122, 133
Todemann, Hans-Peter 218
Toussyn, J. 49, 59
Töller, Gaststätte 168
„Trapp-Trapp" 170
Traubenweihe 118
Trierer Jahr 79
Trinkgebräuche 58
Trocknen 189

Truthahn 132
Tünnes 155, 158
Türken 101, 206

UNTER KÄSTER 59
Unterberg, Fred 112

VATERTAG 116
Veedel 11, 16, 56, 145, 153, 175, 204
Venedig 17, 26
Verbundbrief 26
Versailles 17
Verwenndbrut 99
Viehmarkt 62, 165
Vierkötter, Wilhelm 159
„Vinnekiker" 48
Voy, Frank 213

WACHOLDERSCHNAPS 176
Waidmarkt 58
Wallraf, Ferdinand Franz 120, 154
Warmbier 203
Wasserfaß, Haus 30, 31
Wasserfaß, Herr 92, 94
Weber am Bähnchen 114
Weck 78, 87, 88, 130
Weckbrei 107
Weckmann mit Tonpfeife 130
Weckschnapp 88
Weetschaff 116, 156, 158, 159, 160, 175, 201, 202, 207
Weggemann 130
Weiberfastnacht 82
Weidengasse 101, 201
Weihnachten 78, 118, 120, 128, 131, 133
Weihnachtsessen 142
Weihnachtsjahr 79
Wein 51, 54, 55, 112, 131, 204
Wein, französischer 58

Weingroßhändler 56
Weinhandel, Kölner 56, 58
Weinhandelshäuser 57
Weinhaus „Im Walfisch" 72, 110, 140, 194
Weinhaus Wiesel 22, 197
Weinhaus Wolff 22, 23
Weinhändler 54, 56
Weinimport 54
Weinlese 118
Weinprobe 57, 58
Weinsberg, Das Buch 32
Weinsberg, Hermann von 32, 79, 90, 92, 97, 105, 135, 198
Weißer Sonntag 30, 97
Werheid, Peter 216
Weyden, Ernst 106, 112, 113, 116, 201, 202, 204
Wibbel 111, 112
Wild 132
Wilhelm I. 35
Wimmer, Elfriede 168
Winter 90, 117, 185, 201
Wintersonnenwende 119
Woensam, Anton 46, 54
Worringen 195
Wrede, Adam 25, 174

ZEITRECHNUNGEN 128
Zimmer, Klaus 110, 140
Zimmern, Chronik der Freiherrn von 92
Zimmern, Freiherrn von 30
Zimmers Service 140
Zitrone 202
Zucchini-Plätzchen 218
Zuckerfest 102
Zunfthäuser 52
Zünfte 25
„Zur Bretzel", Haus 78
Zwiebelsuppe, Kölner 217

Bibliographie

Backhaus, Helmut M.: Das Abendland im Kochtopf. Kulturgeschichte des Essens. Ehrenwirth Verlag, München 1978

Die Bibel. Die heilige Schrift des Alten und Neuen Bundes. Deutsche Ausgabe mit Erläuterungen der Jerusalemer Bibel. Herder Verlag, Freiburg, Basel, Wien 1968

Borger, Hugo u. Zehnder, Frank G.: Köln. Die Stadt als Kunstwerk. Stadtansichten vom 15. bis 20 Jahrhundert. Greven Verlag, Köln 1982

Die Cölner Köchinn. Oder: Sammlung der besten und schmackhaftesten Speisen für den herrschaftlichen so wohl als bürgerlichen Tisch, nebst Anweisung verschiedenes Backwerk zu verfertigen, Früchten zu trocknen und einzumachen; eben so einigen Hausmitteln. Cöln, 1806

Cooper, J.C.: Illustriertes Lexikon der traditionellen Symbole. Drei-Lilien-Verlag, Wiesbaden 1986

Casparek, Gustav: Das Kochbuch aus dem Rheinland. Hölker Verlag, Münster 1976

Davidis, Henriette: Illustriertes praktisches Kochbuch für die bürgerliche und feine Küche. Schreiter'sche Verlagsbuchhandlung, Berlin o.J.

Friedell, Egon: Kulturgeschichte der Neuzeit. C.H. Beck Verlag, München 1965

Fuchs, Peter u. Schwering, Max-Leo: Kölner Karneval. Band 1: Zur Kulturgeschichte der Fastnacht. Greven Verlag, Köln 1972

Gasser, Manuel: Köchelverzeichnis. Insel Taschenbuch 96, Frankfurt 1975

Gerlach, Gudrun: Essen und Trinken in römischer Zeit. Rheinland Verlag, Köln 1986

Homer: Odyssee. Übers. v. Johann Heinrich Voss. Deutsche Bibliothek, Berlin o.J.

Jeremias, Alfred: Handbuch der altorientalischen Geisteskultur. de Gruyter Verlag, Berlin u. Leipzig 1929

Jung, Hermann: Der Rheinische Leckerfreß. Das große Kochbuch von der Römerzeit bis heute. Verlag der Buchhandlung Seiger, Moers 1976

Kaltwasser, Ute: Heiliges Köln, sündiges Köln. Greven Verlag, Köln 1985

Klersch, Joseph: Volkstum und Volksleben in Köln. Bachem Verlag, Köln 1979

Das Kochbuch der Römer. Rezepte aus der „Kochkunst" des Apicius. Artemis Verlag, Zürich u. München 1988

Kochbuch der Madame Dué, gewesene Mundköchin beim hochseligen Kurfürsten Clemens August. Für Frey-Frau Paula von Romberg gehorsamst gewidmet. (unveröffentlicht)

Der Kölnische Leckerfreß... oder: Wohlgeordnetes Kochbuch sowohl für herrschaftliche Tafeln als auch für bürgerliche Haushaltungen, zum Gebrauch für ökonomische Hausfrauen und für junge Frauenzimmer. Von Ignatius Bratenwender, der Kochkunst ehrwürdiges Mitglied. Köln 1819. Neu angerichtet und frisch serviert von Point Press Verlag, Köln 1976

Die Küche in Deutschland. Time-Life Nederland, 1970

Kürten, Franz Peter: Volksleben und Lande am Rhein. Rheinvolk-Verlag, Köln o.J.

Kürten, Gerold: Loss mer doch noch jet singe. Rheinvolk-Verlag. Köln 1975

Küster, Jürgen: Wörterbuch der Feste und Bräuche im Jahreslauf. Herder Verlag, Freiburg 1985

Das Große Lebensmittellexikon. Pinguin Verlag, Innsbruck u. Umschau Verlag, Frankfurt 1985

Leson, Willy (Hrsg.): Feste und Feiern im alten Köln. Bachem Verlag, Köln 1977

Lindlar, Jakob: Die Lebensmittelpolitik der Stadt Köln im Mittelalter. Lempertz, Köln 1914

Louis, Reinold: Kölner Originale. Greven Verlag, Köln, 1986

Louis, Reinold: Kölnischer Liederschatz. Greven Verlag, Köln, 1986

Mahal, Günther: Faust starb in Staufen. Melchior Verlag, Vaihingen 1986

Maier, Thomas u. Murena, Heidrun: Köln zwischen Himmel und Ääd. Emons Verlag, Köln, 1984

May, Markus: Die Geschichte der Kölner Mundartdichtung. Kobra Verlag, Aachen 1981

Die neue Kölnische Köchin, oder Anweisung, wie in einem bürgerlichen Hausstande die Küche gut, schmackhaft, abwechselnd und dabei wohlfeil zu führen ist. Auf eigenen, seit 20 Jahren in der Küche gemachten Erfahrungen begründet und herausgegeben von Christine Sch...z und Elise Br...r. Cöln 1853

Parent, Thomas: Die Hohenzollern in Köln. Greven Verlag, Köln 1981

Röhrig, Tilman: Sagen und Legenden von Köln. Wienand Verlag, Köln 1987

Schäfke, Werner: Das Ratssilber der Stadt Köln. Katalog des Kölnischen Stadtmuseums. Wienand Verlag, Köln 1980

Schlieter, Erhard u. Barten, Rudolf: Köln – Café – Kuchen. Greven Verlag, Köln 1987

Signon, Helmut: Alle Straßen führen durch Köln. Greven Verlag, Köln 1975

Spiegel, Rudolf u. Mathar, Franz: Kölsche Bier- und Brauhäuser. Greven Verlag, Köln 1989

Tannahill, Reay: Kulturgeschichte des Essens. Von der letzten Eiszeit bis heute. Neff Verlag, Wien u. Berlin 1973

Unvergessene Küche. Die schönsten Rezepte aus den deutschen Landschaften. Sonderausgabe von der Zeitschrift essen & trinken, Hamburg 1979

Weber, Max: Wirtschaft und Gesellschaft. Grundriß der verstehenden Soziologie. J.C.B. Mohr (Paul Siebeck) Verlag, Tübingen 1976

Weinsberg, Hermann v.: Das Buch Weinsberg. Aus dem Leben eines Kölner Ratsherrn. Prestel Verlag, München 1961

Wienands Kölner Liederbuch. Wienand Verlag, Köln 1988

Wiswe, Hans: Kulturgeschichte der Kochkunst. Moos Verlag, München 1970

Wollschläger, Hermann Maria: Hansestadt Köln. Die Geschichte einer europäischen Handelsmetropole. Wienand Verlag, Köln 1988

Wörterbuch der deutschen Volkskunde. Kröner Verlag, Stuttgart 1974

Wrede, Adam: Neuer Kölnischer Sprachschatz. Greven Verlag, Köln 1978 (7)

Zwei Jahrtausende Kölner Wirtschaft. Hrsg. Kellenbenz, Hermann u. v. Eyll, Klara. Greven Verlag, Köln 1975

ABBILDUNGSNACHWEIS

S. 9, 12 Römisch-Germanisches Museum, Köln

S. 11 Römisch-Germanisches Museum, Köln; Foto: RBA 58066

S. 15 (oben) Kuchenmaistrey. Erstmals erschienen 1485 bei Peter Wagner (Hier: Ausgabe v. Johannes Fischauer, Augsburg 1505)

(unten) Platina Cremoniensis: von der eerlichen zimlichen auch erlaubten Wolllust des Leibs, Augsburg 1542

S. 16 Aus: Hans Fahrenkamp: Wie man eyn teutsches Mannsbild bey Kräfften hält. Die Küchengeheimnisse des Mittelalters (Fischer TB 1912, 1977)

S. 18/19 RBA 47901

S. 26 Besteckpaare des 18. Jhs.; Kölnisches Stadtmuseum; Foto: Sabine Herder, Köln

S. 27 Historisches Archiv der Stadt Köln; Foto: RBA 57771

S. 28 RBA 80573

S. 29 RB 630266

S. 31 Kupferstich, 17. Jh.

S. 33 Holzschnitt v. Nikolaus Solis (?), um 1560; Kupferstichkabinett des Germanischen Nationalmuseums, Nürnberg

S. 34 Kunstgewerbemuseum, Berlin

S. 37 Brandstempel der Kölner Heringsröder (16.–18. Jh.) RBA 177427, 177391, 177408, 177433, 177411, 177400

S. 40 Wallraf-Richartz-Museum, Köln

S. 42 Kölnisches Stadtmuseum

S. 44 Kölnisches Stadtmuseum; Foto: RBA 3375/4

S. 46/47, 54 Ausschnitt aus Holzschnitt v. Anton Woensam, 1531; Kölnisches Stadtmuseum

S. 48 Kölnisches Stadtmuseum; Foto: RBA f2893/94*

S. 49, 59 Kupferstich von J. Toussyn, um 1660; Kölnisches Stadtmuseum; Foto: Bildarchiv Foto Marburg 1071955

S. 50 Kölnisches Stadtmuseum; Foto: Sabine Herder, Köln

S. 52 Kölnisches Stadtmuseum

S. 53 Holzschnitt um 1555

S. 55 Archivum Panstwowe, Krakau

S. 57 Kölnisches Stadtmuseum; Foto: Wolfgang Meier, Köln

S. 60/61 Kölnisches Stadtmuseum

S. 63 (oben) RBA 65152, (unten) RBA 103275

S. 65 Silberner Klapplöffel mit Lederetui; Kölnisches Stadtmuseum; Foto: Sabine Herder, Köln

S. 67, 144 2 Kupferstiche nach Pieter Breughel, 1563; Kölnisches Stadtmuseum

S. 76 RBA 25276

S. 79 Heinz Wexel, Langenfeld

S. 86 Graphische Sammlung Albertina, Wien

S. 89 Zeichnung von Mehring; Foto: RBA 142034

S. 93 Holzschnitt um 1560 aus einem Flugblatt des Verlegers Albrecht Schmidt, Augsburg

S. 95 Palazzo Rosso, Genua

S. 104 Rita Effertz, Köln

S. 120 Germanisches Nationalmuseum, Nürnberg

S. 121 RBA 30478

S. 124/125 Zeichnung von 1550; Kölnisches Stadtmuseum

S. 134 Kölnisches Stadtmuseum

S. 153 RBA 4420

S. 157 Roemerpresse, Köln

S. 163 Holzschnitt von S. M. Sandrat, 1689

S. 167 Kölnisches Stadtmuseum

S. 168/169 Schlittknochen; Kölnisches Stadtmuseum

S. 190 Wallraf-Richartz-Museum, Köln

S. 191 Kölnisches Stadtmuseum; Foto: Sabine Herder

S. 195 Kölnisches Stadtmuseum

S. 200 Kölnisches Stadtmuseum

S. 206 RBA 148082, 169339